AF356623

MAURICE BARRÈS

DE L'ACADÉMIE FRANÇAISE

LA GRANDE PITIÉ

DES

ÉGLISES DE FRANCE

ÉDITION DÉFINITIVE

PARIS

LIBRAIRIE PLON

PLON-NOURRIT ET Cⁱᵉ, IMPRIMEURS-ÉDITEURS

8, RUE GARANCIÈRE - 6ᵉ

Il a été tiré de cet ouvrage :

20 exemplaires sur papier de Chine, numérotés de 1 à 20 ;

30 exemplaires sur papier de Hollande Van Gelder, numérotés de 21 à 50 ;

1150 exemplaires sur papier pur fil Lafuma, dont 1100 numérotés de 51 à 1150 et 50 hors commerce.

LA GRANDE PITIÉ

DES

ÉGLISES DE FRANCE

DU MÊME AUTEUR, CHEZ LE MÊME ÉDITEUR

DANS LA SÉRIE DES OEUVRES COMPLÈTES

Édition in-8° écu limitée à 1150 exemplaires numérotés. — 20 exemplaires sur papier de Chine ; — 30 exemplaires sur papier de Hollande ; — 1100 exemplaires sur papier pur fil.

Une Enquête aux Pays du Levant	2 vol.
Souvenirs d'un officier de la Grande Armée	1 vol.
Sous l'œil des barbares	1 vol.
Un Homme libre	1 vol.
Le Jardin de Bérénice	1 vol.
Les Déracinés	2 vol.
Le Génie du Rhin	1 vol.
Du Sang, de la Volupté et de la Mort	1 vol.
Amori et Dolori sacrum	1 vol.
La Colline inspirée	1 vol.
Un Jardin sur l'Oronte	1 vol.
Le Voyage de Sparte	1 vol.
Colette Baudoche	1 vol.
Au service de l'Allemagne	1 vol
Huit jours chez M. Renan	1 vol.
Greco ou le Secret de Tolède	1 vol.
Les Amitiés françaises	1 vol.
La Grande Pitié des Églises de France	1 vol
Chronique de la Grande Guerre	14 vol.

DANS L'ÉDITION IN-16 DOUBLE COURONNE
sur papier ordinaire

Souvenirs d'un officier de la Grande Armée. 1 vol. — Sous l'œil des barbares. 1 vol. — Un Homme libre. 1 vol. — Le Jardin de Bérénice. 1 vol. — Les Déracinés. 2 vol. — Le Génie du Rhin. 1 vol. — Du Sang, de la Volupté et de la Mort. 1 vol. — Amori et Dolori sacrum. 1 vol. — La Colline inspirée. 1 vol. — Un Jardin sur l'Oronte. 1 vol. — Le Voyage de Sparte. 1 vol. — Colette Baudoche. 1 vol. — Au service de l'Allemagne. 1 vol. — Huit jours chez M. Renan. 1 vol. — Greco ou le Secret de Tolède. 1 vol. — Une Enquête aux Pays du Levant. 2 vol. — Faut-il autoriser les congrégations ? 1 vol. — Les Amitiés françaises. 1 vol. — La Grande Pitié des Églises de France, 1 vol.

EN PRÉPARATION DANS LES DEUX ÉDITIONS :

La Grande pitié des Laboratoires de France.
Le Mystère en pleine lumière.

Ce volume a été déposé au ministère de l'intérieur en 1925.

MAURICE BARRÈS

DE L'ACADÉMIE FRANÇAISE

LA GRANDE PITIÉ
DES
ÉGLISES DE FRANCE

ÉDITION DÉFINITIVE

PARIS

LIBRAIRIE PLON

PLON-NOURRIT ET Cⁱᵉ, IMPRIMEURS-ÉDITEURS

8, RUE GARANCIÈRE - 6ᵉ

IN MEMORIAM PARENTUM

> *Je retrouve ici les deux thèmes
> enchanteurs des sources et des cha-
> pelles.*
>
> CHARLES DEMANGE,
> (*Un Voyage en Grèce.*)

*Une chapelle sur le bord d'une rivière rapide,
une pierre éternelle dressée auprès d'une eau qui
s'écoule, quelle image et quel thème de réflexions
infinies!*

*Je suis assis dans la prairie. L'eau brille, accourt,
enfle sa volute à mes pieds, murmure et disparaît,
et je ne la discerne un moment que pour la perdre
à jamais. Dans le ciel les nuages se font, se défont,
glissent comme un fleuve. En moi des rêves se déroulent. Rivière, nues, pensées, tout s'écoule. Je me
rappelle mes longs après-midi d'écolier, quand Bur-
deau donnait la parole au vieil Héraclite. Le monde,
disait-il, est un fleuve où toujours le flot succède au
flot, et l'on ne descend pas deux fois dans le même
fleuve. Que connaissez-vous de stable et de perma-
nent? L'argile dont les choses sont faites reçoit toujours de nouvelles formes. Rien n'est, tout devient.
Ainsi parlait le vieil Héraclite, et j'écoute son dies*

iræ *mêlé au bruissement de la rivière rapide. En passant, l'eau fuyante jette sa phrase toute brève, la redouble, la répète encore et son murmure court les siècles. C'est le plus doux glissement, divin par son mystère et par sa pureté. O nymphe, ô jeunesse constante de la vieille rivière, ô divinité!*

Qui puis-je remercier? Où vais-je porter les senti-ments qui m'émeuvent? Je ne dois pas admettre qu'ils se défassent comme l'eau et les nuages. Der-rière le voile splendidement peint qui se déroule, je distingue que c'est toujours le même ordre qui sub-siste. Au bord de cet écoulement universel, j'aspire à dresser une affirmation de stabilité et d'identité.

Thème inépuisable de la chapelle sur la rive! Je n'aime rien tant que cette méditation pétrifiée sur le bord de cette eau qui s'enfuit, tandis que l'air fraîchit et que retentissent l'appel et les trilles de l'oiseau éternel dans les saules. C'est ici le lieu sûr où nous déposons pour les sauver nos sentiments les meilleurs, et ceux que cette voûte ne peut pas recueillir, qu'ils aillent au fil de la rivière et se perdent.

LA GRANDE PITIÉ DES ÉGLISES DE FRANCE

CHAPITRE PREMIER

UNE DÉSOLATION PRÉPARÉE PAR LA LOI

Dans ce mois de janvier 1907, à vingt reprises j'ai ouvert, parcouru le rapport que vient de nous donner la Commission du budget : l'inventaire des meubles les plus précieux qui garnissent nos édifices religieux. Les ennemis du catholicisme paraissent s'inquiéter du désastre d'art qu'ils ont organisé et M. Couyba nous énumère les vitraux, toiles, statues, chasubles, reliquaires, etc., etc., dignes à son goût d'être sauvés.

La liste est fort incomplète pour les régions que je connais. Bien que la France soit le pays le plus dévasté de l'Europe, on y trouve beaucoup plus de fragments précieux que l'honorable rapporteur n'en dénombre. Il en convient, il va poursuivre

son inventaire, il s'engage à classer, « avant le
11 décembre 1908, terme du délai fixé par la loi
de séparation », tous les objets mobiliers qui, dans
nos églises, « présentent, au point de vue de l'histoire ou de l'art, un *intérêt national* ». Ce sont ses
propres paroles qu'il souligne lui-même. Il nous
appelle à l'aide. Faut-il le conseiller? Dois-je lui
dire : « Couyba, vous avez oublié la Notre-Dame
de Grâce qui décore le portail de la chapelle, au
vieux cimetière de Charm....s. Elle est du quinzième,
je crois, et charmante de vérité, d'humilité... »
J'en ai quelque scrupule; car si Couyba connaît
une fois cette vierge, il la mettra dans un musée,
n'importe où, et plus jamais elle ne portera dans
sa main la première grappe noire des vignes de
chez nous. Mais d'autre part, si Couyba l'oublie,
les marchands la ramasseront et, de figure sainte,
elle va devenir bibelot vénal. Tourne qui tourne,
c'est destruction. Les objets que préfère Couyba
seront déportés, exilés; et ceux qu'il dédaigne,
vendus. Les uns comme les autres disparaîtront
des lieux qui les produisirent. Je me détesterais
de collaborer à cette œuvre de mort.

On a pris, pour dresser cette double liste sinistre,
un chansonnier radical. Il eût fallu un poète tragique ; il fallait faire sonner toutes les cloches des
trépassés... Je les entends, et mon esprit indigné
s'élève, tournoie, s'oriente et s'enfuit d'instinct,
comme vers un refuge, vers le pays de ses vénérations, sur la terre où furent construites toutes les
pensées qui m'animent... Me voici à quatre cents
kilomètres de Paris, dans un canton vosgien re-

couvert de neige, et parmi des solitudes séparées de
la Moselle par les collines où s'appuieront nos
artilleurs dans la prochaine guerre. Là, Gughey
dort au bas d'un coteau, parmi de verdoyants vergers où repose tout l'ennui des villages lorrains.
Et son éloignement des grandes voies explique
qu'il subsiste dans cette retraite un trésor d'art
antérieur aux ravages des soldats de Richelieu.
J'admire Couyba de connaître Gughey-aux-Aulx,
car j'avoue que j'y suis venu, pour la première
fois, en septembre dernier.

Septembre, c'est le mois où les femmes age-
nouillées trient les pommes de terre dans les
champs ; leurs coiffes les abritent des derniers
rayons de l'année ; les hommes sèment les labours,
et déjà les marteaux retentissent sur les cuves de
la vendange. Par cette fin d'un après-midi déjà
court, je fus surpris, jusqu'à l'émotion, de découvrir dans la pauvre église les débris d'un vitrail
précieux du seizième siècle, puis quatre colonnes
renaissance sculptées et brodées avec une divine
fantaisie païenne, puis de savants bas-reliefs donnant les scènes de la Passion, et enfin, auprès de ce
décor d'une allure aristocratique, neuf statues en
pierre, du quinzième, du seizième et du dix-
septième siècle. (La plus ancienne est une Pietà,
un groupe polychrome ; la plus touchante, une
sainte Claire paysanne, figure large, pleine de force
paisible.) Que d'âmes furent pressées pour produire
ce point de spiritualité ! J'imagine que je touche
le cœur de ces froides campagnes. Ces nobles débris,
dans un musée de Paris, retiendraient peu le re-

gard : ici leur valeur est inestimable. A la fois mystiques et classiques, ils valent par tout ce qu'ils enchaînent. Ils sont nés d'un mariage de ce canton avec la catholicité et accordent d'humbles forces locales avec un sentiment religieux universel.

Ces images effritées, pareilles à des mots dits tout bas, qui réveillent et persuadent, je les écoutai longuement. Je me demandais quels aspects de l'âme ou de la nature ont été fixés dans ces formes vénérables ; je cherchais à ranimer en moi les sentiments que nos pères exprimaient par cette diversité de personnages glorieux. Hélas ! je ne prévoyais pas qu'il était dans ma destinée d'assister, impuissant, au milieu des législateurs de la France, à la déposition des saints et des saintes auxquels ma race avait promis l'éternité...

Le curé vint me rejoindre. Il me raconta qu'il avait reçu, depuis un an, deux visites, celle d'un fonctionnaire des Beaux-Arts qui avait décidé de « classer » l'ensemble des sculptures, et celle d'un marchand de Dijon qui en avait offert 50 000 francs. Il me dit ensuite qu'un Bassompierre (s'agit-il du fameux maréchal de France, si grand buveur et si bon conteur?), au temps jadis, avait construit, à Gugney, un pavillon de chasse et fait venir une équipe, un atelier ambulant de sculpteurs qui profitèrent de l'occasion pour exécuter, çà et là, des travaux dont les vestiges embellissent encore Charmes et Brantigny.

Ainsi parla M. le curé. C'était me dire, en deux anecdotes, comment les œuvres d'art provinciales sont nées et comment elles meurent.

Ce qui subsiste du vide-bouteilles de M. de Bassompierre est devenu le presbytère. M. le curé voulut bien m'y recevoir. Il me fit reconnaître dans les trois petites pièces qu'il habite l'ancienne grande salle avec sa vaste cheminée encore intacte et son plafond aux poutres apparentes. Puis il me choisit sur un pied de vigne qui orne sa cour une grappe d'excellent raisin.

M. le curé n'est pas à même d'entretenir une église ; le budget municipal non plus. Quand les murs de l'église se lézarderont, les statues cultuelles seront évacuées dans un trésor de cathédrale et les colonnes, les bas-reliefs, le vitrail « dans un lieu public national ». C'est la loi. Pressons-nous de jouir des dernières heures de Gugney.

Durant l'automne, je suis revenu, plusieurs fois, auprès de cette beauté qui va mourir. Quand ce pays solitaire est noyé sous des nuances de tourterelle, c'est une féerie qu'un rayon du soleil d'octobre illuminant soudain les vergers et les herbages. J'aime la paix, le silence, la tristesse de ce village, où bruissent les noyers sous le vent. Je puis prier les images de son église. Il n'est pas nécessaire de posséder une foi parfaite pour prendre un plaisir de vénération devant l'image sereine de la foi. C'est ainsi qu'un méchant, lui-même, goûterait la douceur d'une bonne action accomplie sous ses yeux. La sainte Claire de Gugney me ramène dans un étroit horizon, le mien, et mon esprit refoulé s'élève d'autant mieux vers le ciel. Je me livre aux immenses mouvements doux de la terre de Lorraine, je contemple ses villages égayés d'arbres à fruits, ses petits bois de hêtres, de charmes et de chênes, je m'enivre de sa lumière douce et noble qui met sur les premiers plans des couleurs de mirabelle et, sur les lointains, un mystère d'opale, de jeunesse et de silence. Je distingue dans la prairie les éphémères colchiques violets, dans la plaine les graves villages séculaires et, sur l'horizon, nos déesses, nos vertus lorraines, Prudence, Loyauté, Finesse, qui sont des personnes immortelles.

Les lois de notre esprit ne vont pas se modifier pour suivre les caprices des législateurs. En vain, deux équipes s'acharnent sur notre Lorraine ; des Prussiens qui détruisent notre langue ; des sectaires qui veulent détruire notre religion, c'est-à-dire le langage de notre sensibilité. Ni les uns ni les autres ne peuvent sous leurs semelles user notre terre : elle produira toujours une aspiration, un enthousiasme qui veut être discipliné. Quand les clochers seront effondrés et les statues saintes exilées auprès des Dianes et des Mercures gallo-romains dans les salles poussiéreuses de nos musées départementaux, une génération surgira, qui voudra relever les temples de l'âme dans nos villages français.

Je suis obsédé de ce péril des églises. Nous préoccupons-nous assez de leur situation (1)? J'en par-

---

(1) Voir les notes à la fin du volume.

lais l'autre jour avec un conseiller d'État qui ne voulait pas m'entendre.

— Mais, lui disais-je, elles ont des ennemis... Vous riez?... L'histoire est là pour nous autoriser à tout craindre. Il y a des gens, et dans l'élite même, qui souhaitent leur mort. Et puis vraiment, on aime trop le bibelot et la vieille pierre sculptée aujourd'hui! Toute la brocante veut se jeter dessus nos églises comme jadis les marchands de biens sur les grands domaines. Et on laissera faire avec une secrète joie. Vous vous rappelez l'âpre enthousiasme qu'inspiraient à Paul-Louis Courier les dévastations de la bande noire? Et sur la fin de sa vie, Victor Hugo n'en était-il pas arrivé à accepter la désaffectation de Notre-Dame de Paris?... En tout cas, de par la loi, personne à cette heure n'est plus chargé de protéger, ni d'entretenir les édifices cultuels, c'est-à-dire tout notre art, toute notre architecture religieuse.

— Tranquillisez-vous, me répondait l'aimable fonctionnaire. Les chasubles sont innombrables et les murailles solides. On s'arrangera toujours. Nos vieilles églises en ont vu bien d'autres.

— Peut-être, mais ce qu'elles n'ont jamais vu, c'est la loi les mettant hors la loi.

Je lis et je relis ces débats de la loi de Séparation. Il n'y a pas un chapitre de l'histoire de l'intelligence en France qui montre un pareil mépris de ce que l'intelligence a créé au cours des âges. Certes, nos églises sont faites aux épreuves! Elles renferment des trésors et des idées, et voilà deux fortes raisons pour qu'elles n'aient jamais joui de cette sécurité que connaissent les choses et les êtres sans noblesse. En tous temps, leurs joyaux entassés par les siècles, verrières, émaux, ivoires, tapisseries, châsses d'or et d'argent, retables, dentelles, broderies, ont tenté la cupidité. En tous temps, elles ont été livrées aux fureurs et aux troubles, parce qu'elles font appel aux passions de l'âme. Oui ! c'est la destinée de ces maisons de paix d'être le centre des tourbillons de bataille. Mais aujourd'hui leur situation est sans précédent. Aujourd'hui, pour la première fois dans l'histoire de France, c'est légalement que nos églises courent le danger de mort. Leur garde est tombée aux mains de ceux qui les détestent, pour qu'ils en fassent leur bon plaisir. Les textes sont très clairs. Les associations cultuelles qui auraient eu les moyens et la charge d'entretenir les édifices religieux ne se sont pas constituées. Et dans cette situation voici la thèse gouvernementale qui prévaut en jurisprudence : *les communes propriétaires peuvent entretenir les églises, mais n'y sont pas obligées : elles sont libres de ne faire aucune dépense d'entretien. Si l'édifice est en trop mauvais état, elles n'ont qu'à le désaffecter, et, s'il menace ruine, qu'à le démolir.*

Nos pauvres églises ! aucun doute possible, les voilà saisies par leurs ennemis, enveloppées, placées dans une position où elles doivent périr, de par la loi. Ce n'est pas un cauchemar, les voilà exposées comme des martyres dans l'arène.

Exposées à quoi? A la Bête.

CHAPITRE II

LA DYNAMITE DANS LES CLOCHERS
LE DRAP DES MORTS DANS LE RUISSEAU

A la fin de 1909, un beau soir, M. l'abbé Auvray, curé de Grisy-Suisnes, gros bourg du pays de Brie-Comte-Robert, célèbre par la beauté de ses roses, reçut la visite du garde champêtre, qui l'avisa d'avoir à faire connaître dans les quarante-huit heures au maire, M. Triboulet, s'il était disposé à effectuer de ses deniers, dans l'église, les réparations nécessaires. Nécessaires et considérables : la toiture tombait par morceaux dans le chœur et la nef, et l'architecte officiel estimait la dépense à 48 000 francs. M. Auvray avait trouvé 25 000 francs qu'il mettait à la disposition de la municipalité, mais ne pouvait faire plus... Six mois passèrent, puis le garde champêtre revint au presbytère et s'étant fait donner sous un pré-texte les clefs, qu'il mit brusquement dans sa poche, il prévint le curé qu'un décret avait paru et que l'église était désaffectée... Dans la semaine, une affiche signée de MM. Triboulet, maire, et Paillard, huissier, annonça la vente à l'encan « des effets et objets du culte ».

M. Henry Carbonelle, de *la Liberté*, a suivi les enchères. Écoutez son récit :

« Quand j'arrive à Grisy, je croise, sur la route qui conduit de la gare au village, trois ou quatre jeunes gens du pays, qui se sont rendus acquéreurs de vêtements d'enfants de chœur. Ils ont endossé les soutanes et coiffé les petites calottes rouges. Ils gesticulent et chantent des refrains obscènes.

« Dans l'église, une cinquantaine de personnes sont rassemblées autour de Mᵉ Paillard, qui fait l'office de commissaire-priseur. Mᵉ Paillard opère devant le maître-autel, debout sur des tréteaux ; près de lui, son petit clerc note les prix.

« — ... A 15 francs le confessionnal... 15 francs !...

« — 16, 17, 18...

« Le confessionnal trouve acquéreur à 19 francs.

« Un ouvrier, pour 40 sous, emporte triomphalement une chaise. Une sainte Vierge en pierre, décapitée et privée de ses bras, atteint le prix de 401 francs, tandis qu'un saint Joseph tout neuf et tout blanc est péniblement adjugé à 1 fr. 50. Il est vrai que la Vierge décapitée date du quinzième siècle. L'harmonium trouve preneur à 115 francs ; la cloche, qui pèse 500 kilos, est adjugée 800 francs.

« — C'est trop cher, murmure à côté de moi un marchand. Un franc le kilo, c'était bien payé.

« La nuit tombe ; on allume des cierges. Quelques fumeurs en profitent pour approcher de la flamme leurs pipes ou leurs cigarettes. On adjuge toujours :

5 fr. 50 le Christ, 35 francs le tapis d'autel, 28 francs la canne du suisse, 25 francs une *Descente de Croix.* Mais la nuit est tout à fait venue dans l'église, qui ressemble maintenant à un magasin de brocanteur ; il faut s'arrêter.

« — Demain, je ne peux pas ! dit l'huissier.

« Il discute avec le maire. Finalement, de sa voix tonitruante, M⁰ Paillard déclare :

« — La vente continuera samedi prochain, jour de Noël, à une heure.

« En regagnant la gare, je retrouve, à la porte d'un cabaret, les jeunes gens facétieux, toujours vêtus de leurs soutanes ; ils ne chantent plus, ils boivent. »

Après les meubles, on vendit les matériaux, et les démolisseurs arrivèrent. Un journaliste de *l'Echo de Paris*, M. Clair Guyot, les a vus à l'œuvre :

« Quand j'arrivai, nous dit-il, les murs étaient déjà rasés et les pierres entassées en monceaux réguliers autour de l'ancienne nef. Les hommes peinaient pour desceller, à l'aide d'énormes leviers, les fondations d'un contrefort. Sous leurs efforts plusieurs fois renouvelés, les pierres se disloquèrent enfin et l'équipe cria victoire.

« — Ah ! mon vieux, dit un des ouvriers, ça y est tout de même. N'empêche qu'ils construisaient bien à cette époque !

« — Bien sûr, ajouta un autre, qu'ils ne croyaient pas qu'un jour on oserait démolir leur église. S'ils voyaient ce qu'il en reste aujourd'hui !

« Sur ces entrefaites arrivèrent une bande d'enfants qui sortaient de l'école et le garde champêtre.

« — Ah bien ! dit celui-ci, ça me semble qu'on

a travaillé ferme ce tantôt... Avez-vous trouvé
quelque chose?

« — Oui, répondit un terrassier, une pièce en
bronze, une vieille pièce de 1610. Le patron était
si content qu'il nous a payé un litre.

« Le patron, ce n'est pas, comme on pourrait
le croire, l'entrepreneur. Le patron, c'est monsieur
le maire.

« — Ça ne m'étonne pas, reprit le garde champêtre, il se doutait bien qu'il devait y avoir quelque
chose, là, car pendant ton déjeuner il est venu
fourgonner avec sa canne... Au fait, as-tu regardé
dans ce creux? Ça doit être encore un macchabée?

« Le terrassier commença de piocher. Les gamins se dissimulèrent derrière un tas de pierres
pour n'être pas chassés au bon moment. Sous les
coups de pioche, le carrelage de l'ancienne nef
s'écroula, et, la terre s'éboulant, des ossements
humains apparurent. Alors, laissant là leurs outils,
les ouvriers arrachèrent avec les mains les restes
de ceux qu'on avait autrefois déposés dans l'église.
On sortit d'abord un crâne qui, percé d'un coup
de pic, fut lancé au loin. Puis on déterra l'os
iliaque et les fémurs, énormes.

« — Celui-là, dit un des ouvriers, il était cos-
taud... Ah! mon vieux, le ratichon il ne croyait
pas qu'on viendrait le sortir de là... Attends un
peu, on va lui faire danser un rigodon.

« Alors, tenant entre ses genoux l'os iliaque,
il y ajusta les fémurs qu'il agita ensuite en cadence,
tout en sifflant. Les autres riaient.

« J'en avais assez, j'ai fui. »

Il n'est pas acceptable que de telles scènes passent sans protestation et flétrissure. Je dois suivre mon sentiment intérieur. Et sans prendre conseil de personne, j'écris à M. Briand :

« Charmes, le 4 janvier 1910.

« Monsieur le Président du Conseil,

« M. le maire de Grisy-Suisnes vient de mettre en adjudication les dépouilles de son église communale. C'est le commencement. D'année en année, nous allons voir les édifices religieux s'écouler, d'un bout à l'autre de la France. Allez-vous assister, les bras croisés, à cette transformation de la face de notre pays ?

« Je vous entends, vous me répondez que c'est la faute du Pape. Je ne veux pas entrer dans ce débat. Vous êtes au pouvoir pour sauvegarder toutes les richesses et tous les intérêts français. Nos églises sont au premier rang de nos richesses de civilisation. Nous les avons reçues de nos aïeux, nous devons les transmettre à nos fils, nous n'avons pas à nous laisser étourdir par ceux qui les déclarent inutiles. Tous les hommes de culture en France et à l'étranger refusent d'admettre qu'il se trouve un gouvernement assez barbare pour détruire ces sources de vie spirituelle. N'allez pas me dire que vous sauvegardez les églises les plus précieuses. Qui donc peut juger de leur prix, et la plus modeste n'est-elle pas infiniment précieuse sur place? Que m'importe que vous conserviez une église plus belle à Toulouse, si vous jetez bas l'église de mon village (2)?

« Je ne veux pas croire que vous acceptiez avec indifférence ces débuts d'une ère de vandalisme. Il n'est pas possible que de si grandes choses, qui intéressent l'histoire et l'âme de la France, soient sacrifiées ignoblement au cours d'une querelle politique.

« Veuillez recevoir, Monsieur le président du Conseil, l'expression de mes sentiments très distingués.

« Maurice Barrès. »

Mon courrier me prouve aussitôt que mon inquiétude répond à une émotion générale. De toutes parts des correspondants connus ou inconnus m'envoient des encouragements. Ce matin voici une lettre d'Henry Cochin, le député du Nord (pour l'arrondissement de Bergues, jadis illustré par Lamartine) et l'auteur de précieux ouvrages sur l'Humanisme et la Renaissance.

« 10 janvier 1910.

« Mon cher Collègue,

« J'ai appris avec émotion et reconnaissance que vous aviez décidé de poser une question à M. le président du Conseil au sujet de la démolition de l'église de Grisy-Suisnes. Votre protestation ne pouvait être plus opportune. Le danger que vous signalez est général. Ce n'est pas le seul village de Grisy qui va voir, avant quelques mois, abattre son clocher et raser son église.

« Dans le seul département de l'Yonne on signale cinq démolitions ou achevées ou en train de s'achever. L'une des cinq églises, celle de Taingy (canton de Courson, arrondissement d'Auxerre), est un remarquable monument de la fin du quinzième siècle ; elle a gardé jusqu'à nos jours, dans son portail, dans plusieurs fenêtres et divers détails d'architecture, tout le charme et la finesse du joli gothique flamboyant.

« Ce caractère d'art et d'antiquité ne lui a pas servi de sauvegarde, pas plus que le fait d'avoir été signalée à un récent congrès d'archéologie, décrite dans des recueils spéciaux (*Répertoire archéologique de l'Yonne*) et même remarquée par le Touring-Club.

« Toutes les tentatives faites pour sauver l'église de Taingy ont échoué : la pioche y est ; les tuiles sont déjà enlevées.

« Je vous envoie en hâte cette triste nouvelle, mon cher collègue, et je vous demande la permission de donner publicité à ma lettre, vu l'urgence qu'il y a à faire connaître de pareils faits.

« J'ajoute le nom de trois communes de l'Yonne dont les églises sont récemment démolies : Noé, Saint-Maurice-Thizouailles, Arthonnay, et d'une commune où la démolition est décidée : Mélisey.

« Veuillez agréer, etc.

« Henry Cochin, député. »

Et la série continue. Aujourd'hui, c'est dans l'Oise que la Bête opère.

A Cinqueux, un des piliers de l'église avait cédé. A défaut d'argent, un peu de bonne volonté et quelques fortes sapines habilement placées auraient tiré d'embarras. La municipalité préféra appeler un capitaine, un sous-officier et six sapeurs du 1er régiment du génie, pour faire sauter le clocher. Il y fallut trois charges successives de mélinite, de cinq à six kilos chacune. Et maintenant, dans la nef crevée et béante, le passant aperçoit avec stupeur les vitraux et les boiseries renaissance en miettes, les autels renversés, les statues brisées. On a procédé légalement sans doute. Mais « légalement » est un adverbe robuste ; il supporte bien des fortunes. Les siècles, les tempêtes, la Jacquerie, les guerres des Anglais, les révolutions avaient désolé Cinqueux en épargnant sa vieille église romane et son clocher du onzième siècle, un des plus anciens de France. La légalité s'est chargée d'en venir à bout (3).

Quel peut être l'état d'esprit de M. Triboulet de Grisy-Suisnes et de tous ces maires de Cinqueux, d'Arthonnay, de Saint-Maurice-Thizouailles, de Noé, de Taingy et autres lieux que les journaux ou mes correspondants signalent? On s'en fait une idée par une lettre que l'un de ces vandales adresse au Touring-Club. Cette grande et utile association informée que la municipalité de Volx, dans les Basses-Alpes, voulait abattre une chapelle romane, bien placée et de bon style, a fait dans l'intérêt public, une démarche auprès du maire. Ah !

la jolie réponse qu'elle s'est attirée ! C'est un document effroyable.

« Monsieur, lui répond ce maire, j'ai l'honneur de vous informer qu'en effet... les dispositions sont prises afin de faire s'effondrer la vieille chapelle avec quatre cartouches de dynamite... Elle est, comme vous le dites, un patrimoine de nos ancêtres, mais elle nous rappelle des époques où nos pères ont dû subir le joug d'un clergé autoritaire et cruel. Songez donc, elle date, paraît-il, du douzième siècle ; elle a vécu à l'époque de l'Inquisition, de la Saint-Barthélemy et des Dragonnades, etc. (4). »

Seigneur, pourquoi les faites-vous si bêtes ?

Sa stupidité m'attire, murmure le saint Antoine de Flaubert qui voit, dans son cauchemar, un monstrueux animal se dévorer les pattes sans le savoir. C'est la phrase que je me surprends, moi aussi, à murmurer. Il y a une sorte d'ivresse à se trouver en présence de tels adversaires. N'importe, il faut en finir et je suis bien pressé d'avoir la réponse de M. Briand. Il n'y a que le gouvernement et ses préfets qui puissent utilement intervenir auprès de tels phénomènes.

M. Briand m'a répondu :

« Paris, 24 février 1910.

« Monsieur le Député et cher Collègue,

« Vous avez été vivement ému par la mise en adjudication d'une église désaffectée à Grisy-

Suisnes, et vous m'avez adressé, à ce sujet, le 4 janvier dernier, une lettre rendue publique.

« Vous me faisiez connaître votre intention de soulever, à propos de cette affaire, un débat à la Chambre, et j'avais cru, en conséquence, devoir ajourner les explications que vous sollicitiez de moi. Mais cette discussion ne paraissant pas pouvoir être portée dans un bref délai à la tribune, je tiens à ne pas laisser plus longtemps sans réponse les observations que vous m'avez présentées.

« Vous n'hésitez pas à prévoir que la démolition de l'ancienne église de Grisy-Suisnes ne serait que le « commencement. D'année en année, m'écri- « vez-vous, nous allons voir les édifices religieux « s'écrouler d'un bout à l'autre de la France ».

« Vous voulez bien croire cependant que je n'accepte pas « avec indifférence ces débuts d'une « ère de vandalisme ». Je ne puis que vous remercier de la confiance que vous me faites l'honneur de me témoigner en cette circonstance, mais il m'est impossible d'approuver les différentes considérations qui font l'objet principal de votre lettre.

« Je dois vous rappeler que la désaffectation des églises n'est pas une des conséquences nécessaires de la loi de séparation des églises et de l'État, et que, sous l'empire du Concordat, ces mesures administratives étaient prononcées, comme aujourd'hui, et ne provoquaient ni critiques ni inquiétudes.

« Il m'est impossible d'admettre avec vous que le culte cessera peu à peu d'être célébré dans les

églises catholiques et que par suite de cet aban-
dan, « la figure physique et morale de la terre
« française » se trouvera transformée.

« Les désaffectations ne peuvent, en effet, dans
l'hypothèse que vous avez envisagée, être prononcées par décret qu'après la cessation, constatée
pendant plus de six mois consécutifs, de tout exercice du culte dans les édifices religieux. Il résulte
de cette prescription légale que ce sont les prêtres
eux-mêmes et les fidèles qui décident, en fait, par
leur abstention prolongée, la désaffectation de
leurs églises, avant même que celle-ci soit pro-
noncée en Conseil d'État.

« En ce qui concerne plus spécialement les désaffectations devenues inévitables par suite d'insuffisance d'entretien, je me refuse à prévoir que
les catholiques, moins dévoués à leur foi que les
adeptes d'autres confessions religieuses (lesquels
assument la charge de la réparation de leurs
temples), négligeront de subvenir, ou tout au moins
de concourir partiellement, aux frais nécessaires
pour la conservation de leurs églises qui ont pour
eux une inestimable valeur de sentiment.

« A Grisy-Suisnes, au moment où le Conseil
d'État a examiné le projet de décret de désaffectation, tout acte du culte avait cessé d'être
célébré dans l'ancienne église depuis près de deux
ans. Cet édifice menaçait ruine et les intéressés
avaient été mis en demeure de pourvoir, s'ils
croyaient devoir le faire, aux réparations nécessaires. Les fidèles intéressés, qui disposaient déjà
d'une autre église, édifiée dans une propriété par-

ticulière, ayant volontairement négligé de répondre à cette invitation, le Gouvernement, à la demande de la municipalité, s'est vu contraint de soumettre au Conseil d'État un projet de décret pris dans l'intérêt de la sécurité publique.

« L'église désaffectée était en conséquence un immeuble rendu à la libre disposition de l'autorité municipale, qui a cru devoir le mettre en vente. Si l'édifice avait été signalé comme offrant un intérêt artistique, le Gouvernement n'aurait pas manqué d'examiner les mesures à prendre pour en assurer la conservation. Vous n'ignorez pas, du reste, que, grâce à une prescription spéciale de la loi de séparation, les églises présentant une réelle valeur historique ou artistique doivent être classées.

« J'ai tenu à vous rappeler ces faits et à vous exposer ces considérations, pour vous permettre de constater que les craintes exprimées par votre lettre sont à la fois excessives et injustifiées.

« Agréez, Monsieur le député et cher collègue, l'assurance de ma haute considération.

« BRIAND. »

Quand M. Briand plaidera devant le jury de la Seine pour quelque Jack l'éventreur, s'il vient à dire qu'à toutes les époques il y a eu des femmes qui sont mortes, cet argument ne lui fera pas gagner son procès. Pour nous prouver que nous avons bien tort de nous inquiéter des églises que l'on jette bas de toutes parts et que je suis prêt à lui énumérer, il me dit qu'à toutes les époques et même sous le régime concordataire il y a eu des désaffectations d'églises, des églises qui arrivaient au terme de leur carrière. C'est entendu. Mais je lui parle des églises qui ne demandaient qu'à vivre, et où des êtres ineptes, avec des éclats de joie, portent la pioche et la dynamite.

Qu'il ne fasse pas l'homme qui ne veut pas comprendre. Il sait, et chacun peut prévoir, que la loi de séparation couvrira bientôt la France de ruines... Ici, je l'entends qui m'interrompt pour me crier : « A qui la faute ? » Monsieur le ministre, parlons utilement. Ne vous égarez pas en récriminations. Je ne cherche pas les responsabilités historiques. Je vous signale une série de faits. Tenons-nous-en à l'objet de ma lettre. Je vous ai dit et je vous répète : « Vous êtes au pouvoir pour sauvegarder tous les intérêts français. Les églises sont au premier rang de nos richesses de civilisation. Que va-t-il advenir d'elles ? Quelles sont les vues du gouvernement ? Dévoilez-nous votre pensée et votre plan. »

Vous semblez, monsieur le ministre, désavouer ces guets-apens. Vous me savez gré d'admettre que vous n'acceptez pas avec indifférence ces débuts d'une ère de vandalisme. Soit, je veux supposer que cette guerre aux églises ne vous séduit pas. Je me rappelle que vous avez protesté contre l'annulation, par un préfet, d'un crédit destiné aux réparations d'une église ; vous avez déclaré, à cette occasion, que « rien ne s'oppose à ce que les communes réparent à leurs frais les églises dont elles sont propriétaires ou contribuent à les réparer ». Mais cet incident, où vous avez fait preuve d'esprit de gouvernement, montre assez qu'il y a dans votre administration des ennemis terribles des églises et que certains de vos préfets voudraient les voir par terre. Il faut nous expliquer. Les difficultés relatives aux réparations sont immenses. Une grave lacune existe dans notre législation en ce qui concerne les églises non classées. Je ne fais pas ici de politique, ou plutôt je vous invite à une politique supérieure à toutes les querelles de partis. Je vous parle de civilisation. Aujourd'hui, dans leurs églises, les catholiques sont, d'après votre mot saisissant, de « simples occupants sans titre »; les monuments religieux sont livrés au bon vouloir des municipalités. Parmi celles-ci, il en est que la passion politique la plus dégradante a amenées au désir d'abattre ce qu'elles considèrent comme des reliques du fanatisme. Que pensez-vous faire pour protéger ces hautes expressions de la spiritualité française? Quelles mesures de défense prendrez-vous contre ces nouveaux barbares qui, hier, dans les rues de Grisy, au sortir de l'encan, traînaient au ruisseau le drap des morts?

En somme, M. Briand ne m'explique rien. Mais peut-être les lettres publiques se prêtent-elles mal à des explications complètes. Je vais aller causer avec lui.

CHAPITRE III

JE CAUSE AVEC M. BRIAND

Il est sept heures du soir. Les deux salles d'attente au rez-de-chaussée de l'hôtel Beauvau sont désertes, assez tristement éclairées. L'huissier avertit le ministre, qui m'ouvre aussitôt la porte de son cabinet, me fait asseoir au coin de son bureau, en face d'une grand feu de bois, m'offre une cigarette, allume la sienne et nous causons.

M. Briand aime à causer ; il aime et il excelle à créer une atmosphère de détente où il puisse se servir de son don principal qui est la persuasion. Se promener de long en large, en fumant et en répétant : « Écoutez-moi bien... Je ne vous dis pas... Eh bien ! alors vous m'avez suivi... Ah ! je vous comprends... vous vous êtes dit... vous êtes justement préoccupé... » Voilà son affaire et, m'a-t-on dit, son principal travail.

Donc il causa, de sa voix souple et dure, le corps lassé et le regard effroyablement positif. Il me raconta de la manière la plus intéressante la séparation, ses origines, les fautes des autres, ses propres efforts, et plusieurs actes d'ingratitude commis à droite et à gauche.

— Je plains sincèrement de très honnêtes gens, me disait-il, tous ces catholiques qui, je le sais, sont désolés de n'avoir pas eu la permission de fonder des cultuelles, d'administrer leurs intérêts respectables et d'entretenir ces églises qui vous préoccupent si justement, monsieur Barrès. Mais à qui la faute? C'est à Rome que doivent s'adresser vos reproches et non pas ici, convenez-en.

Je ne conviens de rien du tout et j'aurais bien envie au coin de ce bon feu de raconter à mon tour des histoires. Il y a des années, je dînais quelquefois à une table amie avec M. Renan. Il se plaisait à prophétiser que l'Église de France périrait par le schisme, et d'ailleurs en montrait de la satisfaction. Anatole France a précieusement gardé la leçon de notre vieux maître (5). « Après la séparation, écrit-il, l'État ne s'emploiera plus à faire le discernement des évêques orthodoxes et des évêques hétérodoxes, et les fidèles se partageront entre les uns et les autres... On verra s'établir une multitude de sectes rivales. L'unité d'obédience sera brisée... (6). » Il y a là une tradition qui justifie amplement à mes yeux la méfiance des catholiques... Mais ce n'est pas pour faire de la philosophie historique que je suis venu place Beauvau, et je réplique :

— Enfin, monsieur le ministre, nos églises tombent ou vont tomber en ruines. Comment parer à ce désastre? Qu'est-ce que vous allez faire pour les empêcher de mourir (7)?

Il eut un geste un peu las du bras et de l'épaule gauches, un geste pour me ramener à un bienfaisant optimisme et au juste sentiment des choses.

— Mais non, monsieur Barrès, vos craintes, laissez-moi vous le dire, sont excessives et injustifiées, les églises ne tombent pas.

— C'est une question de fait et les faits ne me donnent que trop raison... En tout cas, elles tomberont par le simple jeu de la loi. Vous le contestez, monsieur le ministre? Cela résulte pourtant des textes. Les communes propriétaires ne sont pas obligées à entretenir leurs églises. Là-dessus, nous sommes bien d'accord, n'est-ce pas?

— Oui, monsieur Barrès.

— Et les catholiques non plus ne sont pas obligés à l'entretien?

Ici le regard du ministre se réveilla. Je venais de le toucher au défaut de la cuirasse. Dans sa loi, il n'a pas plus trouvé le moyen de contraindre les catholiques que de contraindre les communes, et son embarras serait extrême si les fidèles, décidant de se désintéresser d'immeubles sur lesquels on ne leur donne aucun titre, laissaient les églises joncher le sol de leurs débris... Se crut-il visé? Pensa-t-il que je le menaçais de cette conspiration des catholiques? Avec le mouvement d'un félin qui se ramasse, il se mit en défense, et d'une voix âpre :

— Le clergé a des ressources immenses. Si l'on m'y force, je dirai quels véritables concerts, avec tourniquets à la porte, on installe dans certaines églises, et j'établirai les sommes qu'on encaisse...

On préfère les employer à soutenir des patronages qui sont des œuvres de guerre au lieu de réparer les églises. Qu'on ne m'oblige pas à le dire à la tribune !

Je le regarde avec curiosité. Cet éclat me fait comprendre son état d'esprit, sa blessure secrète. Cet homme si fin souffre d'avoir subi un échec par défaut de finesse. Il avait aspiré à réorganiser l'Église de France, à la faire vivre dans un nouveau cadre, dans l'association cultuelle ; il prétendait jeter la vie religieuse française dans le moule de ses propres conceptions. Mais le moule a craqué. De par la volonté du Pape, aucune cultuelle ne s'est constituée utilement, et voilà caduque la loi Briand. Elle n'existe pour ainsi dire plus. De retouche en retouche, elle a abouti à quelque chose qui n'est qu'imprécision. Le gouvernement a compris l'impossibilité de poursuivre l'application rigoureuse des principes qu'il avait votés et d'opposer à l'infaillibilité du Vatican l'intransigeance du Palais-Bourbon. Sur trente-six points, on en est revenu à la situation antérieure, et les catholiques demeurent inorganisés. M. Briand se demande avec une légitime inquiétude quel est son personnage. Il a été félicité de toutes parts d'avoir donné, pour son coup d'essai dans la vie publique, un statut au catholicisme français, et voilà que tous ses mérites se trouvent remis en question. Si, par hasard, il n'était pas le continuateur de François Ier et de Napoléon ! « Du sublime au ridicule, disait ce dernier, il n'y a qu'un pas. » Évidemment, il s'imagine que je vais le faire remarquer et que, sous couleur de défendre les églises, je n'ai qu'un but : démontrer à la Chambre que sa loi ne tient pas debout, que son chef-d'œuvre est inexistant et qu'il avait tout prévu, comme dit Clemenceau, hormis ce qui est arrivé... Tout de suite il fait front.

Qu'il comprend mal mes intentions ! Je ne l'aurais pas cru si peu perspicace. A la tribune, il n'a pas son pareil. Il possède à un degré extraordinaire la faculté de saisir les impressions d'une foule, il n'est pas seulement de ces orateurs qui comprennent immédiatement l'effet de leurs paroles ; qui voient celui-ci bâiller, cet autre ricaner, ce troisième se pencher vers l'oreille de son voisin, et qui distinguent ce qui porte ou échoue. Il ne se borne pas à enregistrer, il utilise sur l'instant ses observations. C'est trop peu dire qu'il sent son auditoire, il le pressent, il en devine les mouvements avant qu'ils soient formés et, véritablement, de ses deux mains toujours tendues devant lui, il semble saisir, façonner, modeler à sa guise l'Assemblée. C'est son génie. Sur l'heure, il retire un argument qui n'a pas plu, il fortifie une note bien accueillie. Le public est sous sa parole une glaise qu'il pétrit. Quel artiste ! disais-je un jour. Quel bonneteur ! disais-je encore. De parole facile, de voix très agréable, de geste enlaçant et de ton conciliant, il crée la persuasion. C'est du très joli travail. Mais, dame ! hors de la tribune, il redevient comme tout le monde, il ne sait plus au juste à qui il a affaire. C'est un cavalier qui a perdu son cheval, le centaure devient bipède. Il se traîne, il tâtonne. Son génie a perdu ses antennes. Dans ce cabinet, il ne voit rien du tout à ma préoccupation. Voilà-t-il pas qu'il s'imagine que je collabore à quelque intrigue contre son ministère ! Évidemment, ce serait trop simple d'admettre qu'un député s'occupe des églises par amour des églises. Il est parti sur une fausse piste, il se croit attaqué et prend l'offensive.

Avec une chaude indignation, il reproche aux prêtres d'employer leur argent à entretenir des œuvres spirituelles plutôt qu'à entretenir des chefs-d'œuvre de pierre ! comme si ce n'était pas leur devoir strict ! Ils doivent d'abord courir aux âmes. Pour nous autres, laïques, que ce souci supérieur n'absorbe pas, veillons à protéger des pierres qui intéressent la nation autant que la religion. C'est la tâche que je me suis donnée et j'y reviens.

— Enfin, monsieur le ministre, je ne sais pas où vous avez vu les catholiques se désintéresser de leurs bâtiments religieux, mais je suis prêt à vous énumérer des communes qui, pour rien, pour le plaisir d'avoir une ruine au milieu du village, refusent aux fidèles le droit d'entretenir avec leur bel argent leurs églises.

— Mais non, mais non, monsieur Barrès, on exagère, ces communes n'existent pas.

— Du moins, reconnaissez qu'elles peuvent exister, votre loi fournit aux municipalités sectaires un moyen sûr pour anéantir les églises.

M. Briand ne le nia pas, mais il prétendit que les maires les plus sectaires n'y auraient pas d'intérêt, vu que le Conseil d'État établit qu'une église ne peut pas être désaffectée s'il y a des offres de concours.

Bien faible argument, puisque les municipalités peuvent toujours refuser ces offres des catholiques et que, l'argent accepté, elles peuvent indéfiniment différer les travaux.

Mais aucune difficulté n'arrêtait le ministre.

— Croyez-moi, me disait-il, ne bougez pas, laissez faire. Des mœurs se créent; le Conseil d'État, dans une suite d'arrêts et d'avis, a beaucoup travaillé pour l'apaisement (8). C'est un corps excellent, modérateur, très sage. Grâce à lui se crée une jurisprudence. L'état de fait, en se prolongeant, se transformera en état de droit par le seul effet de sa durée. Je comprends, monsieur Barrès, votre préoccupation très respectable, surtout de la part d'un artiste, mais elle vous amène à vous exagérer la situation. Il faut se méfier de certains renseignements. Ni dans l'administration, ni dans le pays, il n'y a la mauvaise volonté que de bonne foi vous croyez y voir. Je ne suis pas pour la politique de coups de bâton. Les églises jouent un rôle dans la vie de ce pays; nos paysans y tiennent, ils s'y retrouvent chaque semaine : elles sont pour eux des centres de marché. Devant l'église, on se rencontre, on discute les affaires...

Cette conception du rôle des églises plaît beaucoup à M. Briand. Il y revient volontiers. C'est une conception laïque. Je m'en fais l'écho avec plaisir. Si j'avais entendu de M. Briand un seul mot qui montrât qu'il sait et qu'il sent ce que sont en vérité les églises, je serais embarrassé de le rapporter, car je craindrais de lui faire du tort par indiscrétion, mais je puis rendre témoignage qu'il existe une harmonie parfaite entre sa fonction et ses propos. Une si grande question ne l'a jamais fait sortir de son rôle, et pas une fois je ne l'ai vu se dépasser. Ce problème des églises doit lui apparaître purement et simplement comme un groupe d'ennuis. Se demander s'il aime le catholicisme, ce n'est pas une question qui le rejoigne. C'est une question sans objet. Il n'est pas catholique ni anticatholique. Au seul énoncé de ces deux mots, je vois son œil vaguer comme l'œil d'un mauvais élève sur les deux mappemondes pendues au mur. Que des considérations de cet ordre soient mises en jeu, le voilà qui regarde avec désespoir du côté de la fenêtre, vers ce qui est vivant. Ce qui est vivant pour ce juriste, c'est la Chambre, c'est le Sénat, c'est le Conseil d'État. Il ne pense qu'à ces grands corps. Des gens sérieux ne s'occupent pas de quelques vaines lamentations autour des églises. C'est petite chose qui s'apaisera. Une jurisprudence est en train de se faire ; elle suffira pour vous donner satisfaction : ne bougez pas.

Je n'en tire rien de plus, rien qui me serve, rien qui le desserve. Il est tout prudence et optimisme. C'est un praticien de campagne qui a raté le raccommodage d'une jambe et qui déclare avec une bonhomie bienveillante à la famille assemblée : « Ne bougez pas ! qu'il se repose ! laissons faire la nature. »

A quoi bon prolonger cette conversation? Je ne le ferai pas sortir de ses positions, de son impassibilité courtoise et de ses monosyllabes. Ah ! cet étrange regard que j'ai là devant moi, ces yeux dilatés où il y a trop de blanc, rien que du blanc, un regard froid, qui attend, surveille, se méfie et ne livre rien. C'est le regard du boxeur, du duelliste, de l'homme en garde. Et en même temps, dans la demi-lueur où le laisse la lampe posée près de lui, la seule lumière qu'il y ait dans cette immense pièce, je distingue chez le ministre quelque chose d'excédé. Cet homme, qui ne sent pas la poésie des églises de village, respire cette espèce de romanesque brutal qu'exhalent tant de héros balzaciens. J'emporte de cet entretien, où viennent d'éclater ses supériorités, une vue, bien faite pour désabuser celui qui l'éprouverait trop jeune, des vertus qui font ces brillantes fortunes, Il s'est appliqué à ne me rien céder, à ne pas me froisser et à me fournir de lui-même une idée apaisante. Courtoisie, conciliation, clarté d'esprit, rapidité, et puis, il faut le dire, exclusif désir de ne pas donner prise ; je ne chicane pas les mérites du politique parlementaire, mais que son registre est court, que ses victoires sont petites et mesquines !

CHAPITRE IV

LA LEÇON D'UN VIEIL HYMNE

Je garde une impression d'étonnement et de tristesse mêlés d'avoir vu cet homme, si merveilleusement net et prudent, ainsi arrêté, empêché, s'interdisant toute flamme. C'est pénible de voir un être en pleine vie et un spécimen notable d'humanité, privé à ce point de spiritualité. Ah ! quel homme !

Les églises de village, considérées comme un centre de rendez-vous pour les paysans qui veulent discuter et régler leurs affaires, voilà donc l'idée de celui qui gouverne la France ! Voilà tout au moins l'idée derrière laquelle il doit s'abriter s'il veut tout ensemble les ménager et satisfaire sa majorité ! Eh bien ! c'est une conception qui manque d'ampleur, et non seulement du point de vue philosophique, mais du point de vue politique où j'entends bien que l'on veut se tenir dans le cabinet de la place Beauvau.

Vraiment, pendant que nous causions l'autre jour, j'aurais dû essayer de faire entendre à

M. Briand ce qu'est une église aux yeux de l'Église. Je ne suis pas plus grand clerc que lui, mais j'ai pris la peine de me renseigner.

Je me rappelle un jour d'été que je me promenais à Clermont-Ferrand avec mon ami dom Pastourel. Nous venions de visiter pour la dixième fois la noble maison de Bien-Assis où l'on touche et respire la vie même de Pascal, et qui maintenant, me dit-on, n'est plus guère abordable, tant les fabriques de Michelin l'enserrent et la submergent. Et tandis que nous remontions en ville, mon cher compagnon me disait :

— Vous saurez tout ce que vous voulez savoir des églises, si vous lisez l'office de la dédicace. C'est l'ensemble des cérémonies auxquelles on procède pour dédier un édifice au culte, pour le rendre sacré, de profane qu'il était. Surtout, lisez avec soin l'hymne célèbre placé au centre de cet office, et qui le résume, en exprime le sens profond.

Ainsi me parlait dom Pastourel, et tout en marchant, il me récitait et commentait chaque strophe avec une force et une poésie qui ont pour toujours placé dans mon esprit l'essentiel de sa leçon.

Aujourd'hui, d'instinct, je suis allé chercher dans mes livres cet hymne de la dédicace. Je le relis, j'y retrouve mes souvenirs et j'y vois une doctrine, fixée depuis le septième siècle, qui, ma foi, vous a tout de même un autre horizon que les vues de M. Briand.

> *Urbs Jerusalem beata,*
> *Dicta pacis visio,*
> *Quæ construitur in cœlis*

Vivis ex lapidibus,
Et Angelis coronata
Ut sponsata comite.

Jérusalem, ville bienheureuse
dite la vision de la paix,
qui est construite dans les cieux
avec des pierres vivantes,
et qui est couronnée d'anges
comme d'un cortège nuptial.

Voilà posée dès la première strophe l'idée profonde de l'Église : il existe une triple analogie entre les pierres de l'édifice, les bienheureux de la Jérusalem céleste et les fidèles qui militent ici-bas. Et d'un bout à l'autre de l'hymne, le thème va se développer sur cette puissante confusion voulue, sans que l'on sache jamais de quel édifice il s'agit, du tangible ou du mystique. Cette construction de pierre est en même temps une construction spirituelle, l'assemblée des croyants et l'épouse du Christ.

Nova veniens e cœlo,
Nuptiali thalamo
Præparata, ut sponsata
Copuletur Domino.

. . . .

C'est une nouvelle Jérusalem qui vient du ciel
préparée pour le lit nuptial,
afin qu'elle soit épousée
et embrassée par le Seigneur.

Comment peut-on pénétrer dans cette maison, dans cette société, dans cette Jérusalem céleste? La strophe troisième va nous le dire. Ils ont leur entrée de droit tous ceux qui souffrent au nom du Christ. Cette condition, me faisait remarquer dom Pastourel, précise bien le caractère non ésotérique du christianisme. Notre religion ne contient rien qui doive rester le privilège de quelques initiés. A cet égard, elle est tout le contraire des anciennes religions grecques et orientales où l'*adytum*, la *cella* était réservée à une élite, le péristyle seul étant accessible au vulgaire. Chez nous, l'hymne le dit expressément, l'*adytum* est ouvert à tous.

> *Portæ nitent margaritis*
> *Adytis patentibus;*
> *Et virtute meritorum*
> *Illuc introducitur*
> *Omnis, qui ob Christi nomen*
> *Hic in mundo premitur.*

> *Les portes brillent de pierres précieuses,*
> l'adytum *est ouvert;*
> *tous ceux qui souffrent au nom du Christ*
> *ont le droit d'y pénétrer.*

Ces souffrances, qui ouvrent l'accès de l'Église, ont aussi présidé à sa construction. C'est à coups de marteau qu'un ouvrier façonne, appareille les pierres; et c'est encore sous le marteau que le divin ouvrier façonne, appareille les âmes. Les pierres et les âmes se perfectionnent sous la dou-

leur, et c'est elle qui leur donne un rang dans la
hiérarchie de l'édifice.

Tunsionibus, pressuris
Expoliti lapides,
Suis coaptantur locis
Per manus artificis,
Disponuntur permansuri
Sacris ædificiis.

Les pierres polies
par les meurtrissures et les coups,
sont assemblées à leur place
par les mains de l'ouvrier,
et fixées pour demeurer toujours
dans le saint édifice.

Et l'ouvrier constructeur de cette église, le
Christ, y a été placé par son père : il demeure dans
les fondations de l'édifice, il forme la pierre angu-
laire, il relie le double mur. C'est par leur foi dans
le Christ que les fidèles sont une société et com-
munient avec les morts.

Angularis fundamentum
Lapis Christus missus est,
Qui parietum compage
In utroque nectitur,
Quem Sion sancta suscepit,
In quo credens permanet.
. . . .
. . . .

Quel dommage que M. Briand n'ait pas connaissance de ce beau texte ! Il y découvrirait la

pensée exacte et profonde de ces catholiques qu'il se propose d'organiser. Et c'est bien le moins, quand on veut régenter une collectivité, d'en comprendre la nature essentielle. Après avoir lu ce vieux poème, toujours vivant, répété chaque année, depuis quatorze siècles, dans toutes les églises de France, qui s'y reconnaissent, il saurait de science certaine ce que l'édifice religieux représente dans la doctrine catholique : des âmes cimentées par une même croyance, la communion des vivants et des morts, une haute demeure construite pour proclamer, affirmer et maintenir la foi, bref un *credo*, tout de force et d'élan, au centre et au-dessus de nos villes.

Ah ! je regrette vraiment de n'avoir pas pu l'autre soir réciter l'hymne à Briand. Ça n'eût pas été pour le seul plaisir de lui révéler de belles proses cadencées. Elles contiennent une moralité politique. On y voit qu'entre tous les éléments qui composent les églises, les pierres ne sont pas les plus importants aux yeux des catholiques, et qu'en conséquence, il ne faut pas compter sur leur bonne volonté indéfinie pour sauvegarder nos arts romans, gothiques, renaissants et rococo. Un de ces quatre matins, écrasés par la situation qu'on leur fait, ils peuvent aller tout entiers à celui de leurs devoirs qui prime tous les autres, à l'affirmation de leur foi et au souci des âmes. Alors que deviendra ce magnifique trésor national ?

En vérité, il serait important que M. Briand connût ce que nous chantent, avec l'autorité des siècles, les vieilles strophes latines, et qu'il se mît bien dans la tête que pour le croyant, la vraie église est moins bâtie de pierres brutes que de pierres vivantes.

> *...Construitur in cœlis*
> *Vivis ex lapidibus.*

Mais il n'est pas raisonnable de raconter tout cela dans le cabinet de la place Beauvau. Mon parti est pris ; assez causé avec les ministres ! Je vais m'adresser au pays et, du haut de la tribune, porter la question devant tous.

CHAPITRE V

PREMIER DISCOURS DES ÉGLISES

La discussion générale du budget de l'Intérieur m'offrait le moyen d'exposer à la tribune le péril des églises et mes raisons. Le 16 janvier, vers la fin de l'après-midi, M. Brisson présidant, j'obtins la parole. Voici, d'après l'*Officiel* du 17 janvier 1911, mon discours et le récit de cette discussion où la Chambre, d'abord aux deux tiers hostile, me hachait d'interruptions, et puis peu à peu se laissait gagner par la grandeur du sujet.

M. MAURICE BARRÈS. — J'ai adressé, il y a quelques mois, une lettre publique à M. le président du Conseil, pour lui signaler les dangers que courent nos églises depuis la loi de séparation, et pour lui demander quelles mesures il songe à prendre afin de protéger la physionomie architecturale, la figure physique et morale de la terre française. (*Très bien! très bien! à droite.*)

La réponse publique qu'il m'a fait l'honneur de m'adresser ne contient pas une solution claire, rassurante, décisive.

Les églises continuent de s'écrouler.

La liste est longue de celles qui jonchent le sol de leurs matériaux. Et ce désastre ne peut que s'étendre, à mesure que les années viendront, car aujourd'hui les églises profitent encore du bon entretien que le régime concordataire leur assurait, mais la pluie, la neige, les hivers vont faire leur besogne. Ajoutez que sur bien des points de nos campagnes on est trop pauvre pour soutenir l'église et que sur d'autres elle est minée par les manœuvres de sectaires acariâtres et virulents.

Comment protéger nos églises contre les saisons, contre la pauvreté et contre les sectaires? C'est un des plus graves problèmes laissés en suspens dans le nouveau régime des cultes.

Cette solution que la loi ne donne pas, on la cherche partout, d'une façon spontanée, en dehors du gouvernement (9). Depuis que nous n'avons plus de Concordat, il s'en ébauche, des formes les plus variées, dans chaque commune de France. De tous côtés, la municipalité « propriétaire » et le prêtre « occupant sans titre » engagent des conversations. Mais quelles conversations! trop précaires et sur des données trop incertaines. Autour des églises, d'un bout de la France à l'autre, c'est une anarchie. Vos préfets prennent des décisions contradictoires. La pensée gouvernementale semble encore en formation.

Monsieur le Ministre, je n'avance rien là que je ne puisse prouver. J'ai fait une longue enquête à travers le pays. Je vais en résumer les résultats devant la Chambre. Puis je dirai pourquoi, à mon avis, chacun de nous doit vouloir, en dehors de toute préoccupation confessionnelle, que les églises demeurent debout. Ces deux points seront toute mon intervention que je tâcherai de faire brève.

Tout d'abord, pour qu'on ne m'accuse pas de dramatiser la situation et pour rester dans l'exacte vérité, hors de laquelle il n'y a rien qui puisse intéresser cette assemblée, je tiens à bien affirmer que nulle part la bonne volonté des catholiques pour l'entretien des églises ne fait défaut, et que, Dieu merci ! dans le plus grand nombre des communes, les conseils municipaux, reconnaissant à l'église de leur village le caractère de propriété communale que lui a donné la loi, cherchent à la maintenir, comme les autres édifices communaux, dans la mesure de leurs ressources.

Mais cette bonne volonté, que je salue, n'est pas unanime. Sur un grand nombre de points, l'église est entourée de partis pris d'ordre politique, dangereux pour elle et qui s'échelonnent par degrés depuis l'inertie et l'immobilité peu bienveillantes jusqu'à l'agression ardente.

Cet immense détail, quel qu'en soit l'intérêt, il n'est pas possible que je l'apporte à la tribune. Du moins les diverses situations sur lesquelles je désire appeler votre attention, je puis les classer dans un petit nombre de catégories, et de chacune de celles-ci je vous donnerai des exemples typiques. Je ne vous citerai qu'une dizaine de cas, mais veuillez vous rappeler, Messieurs, qu'ils en représentent des centaines que j'ai là dans mon dossier.

Le premier groupe que je veux vous signaler, c'est celui des municipalités qui, sans prétexte valable, se refusent à rien dépenser pour maintenir l'église devenue leur propriété. De cette catégorie, je ne peux pas donner un meilleur exemple que la commune de Lignières, dans l'Aube.

A Lignières, le maire a fait fermer l'église sous prétexte que la sécurité n'y était pas suffisamment assurée. Malgré de pressantes instances, depuis quatre années la municipalité ne veut rien faire. Et pourtant, de par la loi de séparation, cette commune s'est enrichie d'une somme considérable de 15 000 francs qui appartenait à la fabrique et qui rapporte environ 363 francs avec lesquels on pourrait parer au mal.

Il est d'autres communes où les catholiques s'offrent à faire une partie des dépenses et se bornent à demander au Conseil municipal qu'il fournisse l'appoint nécessaire pour sauver l'édifice devenu propriété municipale.

Croirait-on qu'il y a de nombreuses municipalités pour se refuser à cette collaboration? A Souvigné, dans le département des Deux-Sèvres, le Conseil municipal avait résolu de détruire le clocher. « Eh bien, dirent les fidèles, pour cette besogne stérile, pour cette destruction, vous allez dépenser de l'argent. Permettez-nous de compléter de notre poche la somme que vous êtes prêts à sacrifier; nous arriverons ainsi à faire la somme nécessaire pour une restauration. Vous ne dépenserez rien de plus que ce que vous avez voté et notre commune en sera plus riche; elle gardera sa propriété en même temps que nous autres catholiques, nous aurons un lieu de culte. » Le Conseul municipal refusa. Alors les catholiques proposèrent de prendre à leur charge toute la dépense. On voulut bien accepter. Ils eurent de la chance ! Car vous allez voir qu'il y a des conseils municipaux où leur sacrifice eût été bel et bien repoussé.

En effet, nous arrivons à une troisième catégorie de faits que nul homme de bon sens ne voudrait croire exacts, si l'on n'était à même d'en apporter des preuves. Vous allez voir des conseils municipaux qui, non contents de se refuser à voter aucun argent pour les réparations les plus urgentes, vont jusqu'à interdire aux catholiques de faire à leurs frais ces travaux (10).

A Méricourt, dans le Pas-de-Calais, des réparations ont été reconnues nécessaires. Le curé a offert de les effectuer avec ses moyens. Le Conseil municipal a refusé et lui a défendu de toucher à l'église.

A Buxeuil, dans l'Aube, même cas : le curé offre de se charger des réparations ; il accepte les dures conditions proposées par le Conseil ; il présente pour cautions les habitants les plus honorables et les plus solvables, mais le maire en fin de compte interdit toute réparation.

A Ville-sur-Arce (Aube), il n'y aurait presque rien à faire : une simple réparation à l'entrée de la nef. Le curé ne demande qu'à s'en charger. Mais le maire, qui a été poursuivi en dommages-intérêts pour avoir fait sonner les cloches à l'occasion d'un enterrement civil, croit trouver là une occasion de se venger. Il ordonne la fermeture d'une partie de l'église et il s'oppose aux réparations.

J'appelle avec confiance l'attention de la Chambre sur les cas de cette catégorie. Ils dénotent un esprit de tracasserie et de sectarisme qui ne peut être approuvé par aucun homme politique. *(Applaudissements à droite et au centre.)*

Dans des cas pareils, me dira-t-on, pourquoi les catholiques ne se tournent-ils pas du côté de l'administration? N'est-elle pas là pour nous départager, pour rétablir infatigablement le bon sens, la paix, dans les fourmilières locales? Et puis elle a du tact! *(Sourires.)* Ah bien oui! Écoutez ce qui se passe à Saint-Gervais-sur-Couches, en Saône-et-Loire.

M. Germain Périer. *(Saône-et-Loire).* — Cette commune est dans ma circonscription.

M. Maurice Barrès. — Je n'ai pas visité, mon cher collègue, cette église; mais les répertoires spéciaux la mentionnent comme une belle église romane. Des réparations y sont nécessaires. Les catholiques offrent d'en couvrir les frais. La municipalité ne leur répond pas.

M. Germain Périer. — La municipalité est toute prête, au contraire, à leur donner satisfaction. Vous êtes mal renseigné en ce qui concerne cette commune; car la municipalité n'est pas du tout hostile à la réparation de l'église (11).

M. Maurice Barrès. — Mon cher collègue, la Chambre voudra bien me croire : les cas que je lui apporte et que j'ai triés entre des centaines d'autres, je les ai soumis, selon mes moyens, à l'enquête la plus complète.

M. Aristide Briand, *président du Conseil, ministre de l'Intérieur et des Cultes.* — Il faut se méfier.

M. Maurice Barrès. — Oh ! croyez bien que je me suis méfié même avant d'être à la tribune. Je me suis méfié dès l'instant où je me décidais à apporter ici des faits et des noms propres. Quand j'accueillais et contrôlais les dires de mes correspondants, je me représentais nettement que je trouverais ici, en face de moi, des contradicteurs. Qui nous départagera?

M. Germain Périer. — Si, à Saint-Germain-sur-Couches, les autorisations nécessaires n'ont pas été données, le retard ne peut être imputé qu'au sous-préfet de l'époque dont je connais la manière de voir en matière de questions religieuses et qui a voulu faire du zèle, mais je puis vous certifier que le maire de Saint-Gervais-sur-Couches, que j'ai l'honneur de connaître, n'est pas du tout opposé à ce qu'on répare l'église, bien au contraire !

M. Duclaux-Monteil. — Ce n'est pas un sectaire.

M. Maurice Barrès. — Vous remarquerez que j'emploie ce cas pour prouver que sur certains points, il y a mauvaise volonté de la part de l'administration. Je veux démontrer qu'en ce qui touche cette question des églises, la pensée du gouvernement est encore en formation. *(On rit.)*

A l'extrême-gauche. — Comme sur bien d'autres.

M. Maurice Barrès. — Elle est en formation :

je veux me persuader qu'aussitôt qu'elle aura pris forme elle nous donnera satisfaction. Pour l'heure, le curé de Saint-Gervais n'obtenant pas de réponse du maire — d'après mes documents — s'est tourné vers le sous-préfet et a demandé une visite d'architecte. Le sous-préfet lui a répondu : « Nous ne vous connaissons pas ; vous n'êtes qu'un tiers, vous n'avez pas qualité pour demander la visite d'un architecte. »

Mais il y a danger, insiste le prêtre ; quelle marche dois-je suivre?

Et le sous-préfet de répliquer : « S'il y a danger, le maire seul a mandat pour le constater et pour me prévenir. »

Vous voyez la véritable scène de comédie ; vous voyez ce prêtre renvoyé par ce sous-préfet pince-sans-rire et beau diseur à ce maire sourd et muet. *(Rires.)* C'est une comédie. Mais elle a pour fond de décor...

M. LE PRÉSIDENT DU CONSEIL, MINISTRE DE L'INTÉRIEUR ET DES CULTES. — Le sous-préfet, dans la circonstance, n'a agi que conformément à son devoir. Il n'était pas possible d'accepter d'un tiers des propositions formulées dans les conditions que vous venez d'indiquer, car ce tiers n'avait pas la qualité pour faire appeler l'architecte chargé par la municipalité de surveiller l'édifice communal, pour arrêter avec lui le devis des réparations qui pouvaient être nécessaires. La personnalité qui est qualifiée pour agir ainsi est le maire ; c'est à lui que l'offre de concours doit être régulièrement transmise.

A gauche. — Parfaitement.

M. LE LIEUTENANT-COLONEL DU HALGOUET. — Si un architecte ne visite pas l'église, comment les fidèles pourront-ils faire une offre de concours ?

M. MAURICE BARRÈS. — Je ne désire et nous ne désirons tous que voir clair ; je suis absolument d'accord avec M. le Ministre et avec ceux d'entre vous qui disent : « Parfaitement ; » mais si nous étions en commission pour préparer la loi, je demanderais que cette situation de Saint-Gervais fût retenue, examinée, réglée. Un maire refuse de demander la visite d'un architecte, il faut qu'il y ait un appel possible. Car voilà un cas que l'on reverra trop souvent : un maire par négligence ou mauvaise volonté, s'abstenant de convoquer l'architecte, le curé se tournant alors vers le sous-préfet et le sous-préfet répondant : « Je n'y peux rien ; débrouillez-vous avec votre maire. » Pendant ce temps et comme fond de scène, des paysans français, des fidèles, des contribuables, agenouillés sous une voûte en train de s'écrouler.

Au reste, j'ai tort de m'indigner. Je comprends que mon rôle est moins de vous apporter mon sentiment que des renseignements. Eh bien, continuons de voir comment l'administration élève le mutisme à la hauteur d'un système.

Laissez-moi vous lire une note significative qui me vient du maire de Messei, dans l'Orne :

« Depuis le mois de mai, alors que quatre architectes ont donné leur avis formel tendant à la reconstruction du clocher qui constitue un danger public ; alors que le maire a multiplié ses instances auprès de l'administration ; alors que la saison rend les travaux de plus en plus difficiles, la commune ne peut obtenir l'autorisation préfectorale pour faire la dépense que le conseil municipal, d'accord avec une population entièrement catholique, a votée. »

Et quel est ce maire ainsi traité? C'est un des doyens du Parlement français ; c'est notre éminent collègue du Sénat, M. de Marcère.

M. LE PRÉSIDENT DU CONSEIL. — Jamais je n'ai rien...

M. MAURICE BARRÈS. — Permettez ! C'est M. de Marcère lui-même qui m'a donné cette note en me disant : « Il serait peut-être instructif de montrer comment un des doyens des mairies françaises est traité. »

D'ailleurs, Monsieur le Président du Conseil, voulez-vous me permettre de vous citer mon cas? Je n'ai pas été plus heureux que M. de Marcère. Le 15 novembre 1910, je vous ai écrit pour attirer votre attention sur le mémoire a vous adressé par M. le curé de la paroisse de Reterre, dans la Creuse. Ce prêtre a réuni les fonds nécessaires pour reconstruire son église ; il est d'accord avec son conseil municipal, mais il ne peut pas arriver à obtenir de l'administration l'autorisation de commencer les travaux. Votre préfet se tait. Vous vous taisez. Où est le gouvernement?

M. PRADET-BALADE. — Il fallait commencer les travaux quand même.

M. MAURICE BARRÈS. — Un exemple encore

du mauvais vouloir de l'administration. Écoutez l'histoire du maire de Lapenche.

Ce maire d'une commune de Tarn-et-Garonne a rêvé la démolition d'une église isolée, Sainte-Eulalie, plus spécialement consacrée au culte des morts. Cette église ne menace pas ruine. Bien que vieille de plusieurs siècles, elle est en bon état. Le maire voudrait un décret de démolition. Il s'adresse au préfet qui lui répond textuellement : « Il vous appartiendra... de faire prendre par votre conseil municipal une délibération prononçant la désaffectation de la chapelle de Sainte-Eulalie. » Cette délibération est prise, et le 16 janvier 1910, le conseil municipal décide que l'église de Sainte-Eulalie sera démolie. Peu de jours après, le maire de Lapenche, en écharpe, accompagné de son adjoint, de deux conseillers municipaux, d'une escouade de ses partisans, du garde champêtre et de deux gendarmes, arrivait à l'église avec un entrepreneur de travaux de maçonnerie muni de charrettes, d'échelles, de cordes et de pics. Mais l'alarme est donnée ; les catholiques se massent devant leurs vieux murs et, spectacle charmant, ce sont les deux gendarmes qui, pleins de bon sens, calment le magistrat. *(Rires à droite et au centre.)*

M. LENOIR. — Ce sont des racontars chez le curé !

M. MAURICE BARRÈS. — Eh ! mon cher collègue, je défends ici des citoyens français. *(Très bien! très bien! à droite et au centre.)*

M. JACQUES DUMESNIL. — Romains.

M. MAURICE BARRÈS. — Vous ne partagez

pas leur manière de voir ; mais ne suis-je pas dans mon rôle, dans ma vérité en apportant ici cette défense? *(Applaudissements à droite.)*

M. Lenoir. — Il faudrait que quelqu'un pût prendre la défense du maire.

M. Raffin-Dugens. — Ce sont ceux que vous défendez qui ont commencé jadis. *(Exclamations à droite.)*

M. Pierre Leroy-Beaulieu. — Où sont les dragonnades et l'inquisition?

M. Lenoir. — Rappelez-vous cet enterrement, il y a quelques jours, où le curé déblatérait contre la mémoire du défunt. Vous verrez où sont les sectaires.

M. Maurice Barrès. — Liguons-nous pour combattre les sectaires, où qu'ils se trouvent. *(Applaudissements à droite et au centre.)*

Enfin, pour finir cette énumération qui était nécessaire afin de donner une base réelle à mon argumentation, écoutez le cas de Brue-Auriac, dans le Var. Vous y surprendrez, comme trois mains dans le même sac, la triple action injustifiable de la municipalité, du préfet et du Gouvernement.

Le décret de désaffectation de l'église de Brue-Auriac a été demandé et obtenu le 22 juin 1908 à l'insu du curé et des catholiques. Ce décret est illégal, nul et de nul droit, ayant été pris par le Ministre des Cultes, alors qu'il devait être rendu en Conseil d'État et après mise en demeure dûment notifiée. Cette illégalité flagrante n'émeut pas le préfet. *(Exclamations ironiques à gauche.)*

Je comprends, Messieurs, que vous soyez choqués... Le préfet répond en substance : « L'autorité ne revient jamais sur sa décision. *(Rires à droite et au centre.)* Votre église est désaffectée. Une seule solution est possible, c'est que vous nous rachetiez cette église. Mais, d'avance, soyez convaincus que nous ne la vendrons qu'à beaux deniers. »

Alors les catholiques ont offert de se charger de la restauration de l'église, évaluée à 6 300 francs par les architectes. Mais la municipalité, qui voyait là une bonne occasion de se faire de l'argent, exigea qu'on lui remît en outre une prime de 5 000 francs. Cinq mille francs, c'est une somme ! Il y avait là une véritable tentative d'extorsion de fonds. Les catholiques s'y résignèrent, mais ne purent offrir que 2 000 francs. La municipalité n'a rien voulu rabattre. L'église de Brue-Auriac demeurera fermée, comme l'est, à côté, l'église du village de Seillans, qui ne fut rouverte qu'un jour depuis 1907 pour en faire sortir les fonts baptismaux que la municipalité voulait transformer en auge à cochons. *(Exclamations à droite et au centre. — Mouvements divers.)*

M. LE PRÉSIDENT DU CONSEIL. — Voulez-vous me permettre de vous donner un renseignement sur la situation de cette ancienne église?

Vous avez dit, Monsieur Barrès, qu'elle avait été désaffectée par un décret illégal en ce qu'il n'avait pas été pris en Conseil d'État. Mais pour vous prononcer ainsi, vous ignorez certainement que ce décret s'appliquait à une église fermée antérieurement à la loi de séparation, qui ne servait plus à l'exercice du culte depuis 1898, date à laquelle l'accès en avait été interdit par mesure de sécurité publique. Le décret de désaffectation a donc été pris conformément aux prescriptions de la loi de 1905.

Je vous devais ces explications, parce que la façon dont vous parlez de cette désaffectation tendrait à faire croire que cette ancienne église était ouverte au culte, que, sans raison légitime, on l'a désaffectée par un décret illégal, et qu'ainsi une œuvre de sectarisme a pu s'accomplir. Eh bien ! non, il n'y a eu ni acte illégal ni œuvre sectaire (12). Je tiens à répéter que depuis 1898 l'édifice dont il s'agit ne servait plus au culte, et que l'accès avait dû en être interdit depuis cette date lointaine, pour sauvegarder la sécurité publique. *(Très bien! très bien! à gauche.)*

M. Maurice Barrès. — Le décret de désaffectation a été pris le 22 juin 1908 et c'est toutes ces années-ci que les catholiques voulaient utiliser leur église.

A l'extrême-gauche. — Pourquoi pas avant ?

M. Maurice Barrès. — Approuvez-vous des municipalités qui prétendent que les fidèles, pour avoir le droit de dépenser leur argent dans l'église, auront tout d'abord à verser une prime ? Non. Eh bien ! cela prouve que la situation de nos églises est incertaine et dangereuse. On pourra épiloguer sur chacun des cas ; mais il est trop certain qu'il y a un péril vrai et grave derrière ces exemples.

M. Léon Perrier (Isère) *et plusieurs de ses collègues.* — Très mal choisis !

M. Maurice Barrès. — Alors, vous trouvez naturel qu'une municipalité exige une prime de 5 000 francs pour autoriser la réparation d'une église?

A l'extrême-gauche. — La question n'est pas là !

M. Maurice Barrès. — Je vous demande pardon, la question est là ! *(Interruptions à l'extrême-gauche.)*

Nous avons tous l'habitude des réunions publiques et nous savons qu'on peut toujours par des rumeurs et des négations pures et simples s'efforcer de détruire un argument dans les mains de celui qui l'emploie. Mais laissez-moi mettre ces faits au *Journal officiel,* ils ont leur valeur et ils guideront les réflexions des hommes sincères. Je ne crois pas que personne puisse dire, après de tels faits bien examinés, après de tels échantillons, que la situation est satisfaisante et qu'il n'y a rien à faire. *(Applaudissements au centre et à droite.)*

Cependant cette situation met en gaieté un certain nombre de nos administrateurs. Le sous-préfet de Clermont, dans l'Oise, reçoit une délégation des habitants de Cinqueux navrés de la destruction de leur clocher par la dynamite. Il leur dit : « De quoi vous plaignez-vous? Je vous ai fait des ruines superbes. Les étrangers vont venir les visiter. Mettez devant un tourniquet, et faites payer vingt sous d'entrée ; cela vous fera de l'argent. » *(Exclamations à droite.)*

Au centre. — Il faut le nommer préfet !

M. MAURICE BARRÈS. — Voilà comment des gens que nous payons tournent en dérision des sentiments que nous respectons. *(Très bien! très bien! à droite et au centre.)*

M. LE PRÉSIDENT DU CONSEIL. — Mais le fait est-il exact ?

M. DALIMIER. — Où avez-vous trouvé ces paroles ? Dans quel document ?

M. FOUNIER-SARLOVÈZE. — Le fait est parfaitement authentique, il a été publié dans tous les journaux du département et il n'a pas été démenti.

M. DELPIERRE. — Je représente l'arrondissement de Clermont et je n'ai jamais entendu parler de cette histoire.

M. MAURICE BARRÈS. — Mon cher collègue, je vous indiquerai ceux qui rapportent le fait (13).

M. DELPIERRE. — Je ne demande pas mieux.

M. LUCIEN VOILIN. — Est-ce une réponse écrite ?

M. MAURICE BARRÈS. — On me demande s'il s'agit d'une réponse écrite. O naïveté ! Non, ce n'est pas une réponse écrite sur du papier de la sous-préfecture, dûment paraphée du sous-préfet ; mais c'est la réponse qui a été faite à de braves gens.

M. ÉDOUARD VAILLANT. — C'est un racontar.

M. MAURICE BARRÈS. — Messieurs, je le demande au Gouvernement et je le demande à la Chambre. Prenez-vous parti de ces destructions ?

M. LE PRÉSIDENT DU CONSEIL. — Eh bien ! oui. Le clocher dont il s'agissait...

M. Maurice Barrès. — Je vous vois venir. Ne déplaçons pas la question. Je sais à quel monstre de souplesse j'ai affaire. *(On rit.)* En rappelant la demande des catholiques de Cinqueux, j'ai voulu démontrer que le sérieux, le pathétique de cette question des églises, qui échappe à un certain nombre de nos collègues échappe également à certains de vos administrateurs. Quand une démarche est faite auprès d'un fonctionnaire par des contribuables, — j'emploie le mot « contribuable » dans l'idée qu'il aura ici plus de poids que le mot de « fidèle », — acceptez-vous que ce fonctionnaire les nargue? Ah! vous voudriez me parler du fond de la question! Non! je cite le cas de Cinqueux uniquement pour vous prouver l'état d'esprit d'une partie de l'administration et l'irrespect d'un jeune fonctionnaire à l'égard de ce qui est vénérable. *(Applaudissements à droite.)*

M. le Président du Conseil. — Ce qui fait l'objet principal de votre discussion...

M. Maurice Barrès. — Il y a aussi quelque chose que je voudrais vous faire observer, Monsieur le Président du Conseil, c'est que j'ai un caractère analogue au vôtre : je suis souvent tenté d'interrompre. Mais à ces moments-là M. le Président de la Chambre ne manque pas de me dire : « Laissez, Monsieur Barrès, vous aurez votre tour de parole. » Je vous dis aussi : laissez, Monsieur le Président du Conseil.

M. le Président du Conseil. — Alors, il ne faut pas me poser de questions.

M. Maurice Barrès. — Comment! Il ne faut

pas vous poser de questions ! Alors, il ne faut pas être Président du Conseil !

M. LE PRÉSIDENT DU CONSEIL. — Si je vous ai interrompu, c'est parce que vous m'avez posé une question qui appelle une réponse immédiate.

M. MAURICE BARRÈS. — Je vous poserai une, deux, trois, quatre, cinq questions, et il y en aura une pour finir à laquelle je serai très honoré si vous voulez bien répondre, quand vous le jugerez à propos, et que j'aurai moi-même abandonné la parole. *(On rit.)*

Voilà des faits. J'en pourrai citer jusqu'à demain. Voilà quelques-uns des mille épisodes du grand fait général qui est voulu et préparé par plusieurs : la démolition de nos églises. Je devais mettre ces cas exemplaires sous les yeux de la Chambre pour justifier les considérations d'ordre moral qui vont faire l'objet de la seconde partie de mon discours.

Je viens vous demander, Monsieur le Président du Conseil, — mais sans désirer que votre réponse m'interrompe et surgisse au milieu de mes explications, — prenez-vous votre parti de ces destructions? Vous semble-t-il admissible que le caprice d'un jour et le complot d'une secte jettent bas ce qui est une œuvre des siècles et une des plus profondes pensées de notre pays, je veux dire cette immense végétation d'églises?

Et qu'il n'y ait pas d'équivoque ! Je ne m'adresse pas au sous-secrétaire d'État des Beaux-Arts, mais au chef du Gouvernement. Je ne viens pas parler pour les belles églises. Je veux croire aujour-

d'hui que leur beauté les préservera, ou plutôt —
car mon enquête m'a prouvé que par centaines
elles sont en danger — j'ajourne ce débat spécial.
Aujourd'hui je vous demande la sauvegarde pour
toutes les églises, pour celles qui sont laides, dé-
daignées, qui ne rapportent rien aux chemins de
fer, qui ne font pas vivre les aubergistes... *(Exclamations ironiques à gauche. — Mouvements divers.)*

Je ne m'imposerai pas un seul instant de plus.
Si je n'arrive pas à faire comprendre ma pensée,
je suis prêt à abandonner la tribune. *(Parlez!
parlez!)*

Les belles églises, par elles-mêmes, soulèvent
des intérêts matériels dans un pays ; elles ont assez
aisément des défenseurs ; elles font gagner de l'argent à l'aubergiste, au voiturier... *(Nouvelles interruptions à l'extrême-gauche.)*

A droite. — Laissez donc parler !

M. LE PRÉSIDENT. — Messieurs, veuillez laisser
M. Barrès mener sa discussion comme il l'entend.
(Très bien! très bien!)

M. CHARLES BEAUQUIER. — Je demande la
parole.

M. MAURICE BARRÈS. — Je vous demande la
sauvegarde pour toutes les églises, pour celles-là
même dont personne ne dit : « Quelle belle salle de
bal cela ferait, quel musée ! Il faut la conserver. »
Enfin, je viens parler en faveur des églises qui n'ont
pour elles que d'être des lieux de vie spirituelle.

J'ai hésité à me charger de cette tâche. Je me
demandais si l'honneur de défendre les églises,
je ne devais pas le laisser à ces collègues, éminents

par leur talent de parole et par leur science juridique, qui appartiennent à un parti confessionnel.
Mais il m'a paru que l'argument catholique qu'ils
feront valoir risquerait de ne pas trouver ici un
écho chez tous. Au contraire, je veux m'appuyer
sur des sentiments que partage la quasi-unanimité
de cette Assemblée. Oui, j'imagine qu'il y aurait
moyen de produire en faveur des églises de France,
plusieurs arguments qui peuvent, qui doivent être
accueillis par chacun de nous, à quelque parti
qu'il appartienne. *(Très bien! très bien! au centre
et à droite.)*

Je me bornerai toutefois à l'une des raisons qui
me persuadent le plus moi-même.

La pensée profonde qui m'attache aux églises,
c'est une pensée qui est familière à tous les
membres de la majorité. Je viens me placer au
centre de votre programme. Cette pensée, cette
thèse sur laquelle je veux m'appuyer, la démocratie moderne l'a héritée de la philosophie du dix-
huitième siècle.

M. François Fournier. — Ne soyez pas mo-
derniste! *(Exclamations à droite. — Mouvements
divers.)*

M. Maurice Barrès. — C'est votre thèse que
tout homme a droit à l'épanouissement de toutes
ses facultés. C'est la thèse qui relie les philosophes
du dix-huitième siècle à notre démocratie moderne
et que je croyais que chacun de nos collègues avait
reçue — mais je vois qu'il y a des exceptions *(Très
bien! très bien! à droite)* — des penseurs de la démocratie, des Louis Blanc, des Michelet, des Vic-

tor Hugo. Elle peut paraître erronée ; elle est généreuse, vraie en partie et pour les besoins de la discussion, je l'accepte. Partons de là ensemble.

Il s'agit d'assurer à chaque individu le plus complet rendement de sa personne. *(Très bien! très bien! au centre.)*

Pour cet effet, vous comptez sur l'école.

Oh ! j'entends bien, sur l'école de demain, complétée (14) par des œuvres postscolaires, suivies elles-mêmes — nous en avons vu l'essai — de cours populaires, de promenades dans les musées, de conférences dans les universités populaires, de tout un ensemble de créations qui, dans votre esprit, doivent encadrer, soutenir l'homme tout au long de sa vie et mettre à la disposition de chacun toutes les sciences et tous les instruments du savoir.

Eh bien, quand vous parviendriez à donner à tous les enfants du village le sentiment le plus juste de ce que sont les méthodes scientifiques, quand vous auriez pénétré de rationalisme tous les esprits, vous n'auriez pas donné satisfaction à toutes les aspirations de l'homme. *(Applaudissements à droite. — Mouvements divers.)*

Je vous l'ai déjà dit, ne me plaçant ici aucunement à un point de vue confessionnel, je ne songe ni à contester les droits nécessaires de la raison, ni à humilier celle-ci devant aucun dogme. *(Très bien! très bien! au centre.)* Je dis simplement qu'il ne faut pas compter sur le rationalisme non plus que sur la science pour cultiver toute l'âme. Connaissez mieux la nature humaine, celle des simples et celle des plus grands : il y a chez nous tous un fond mystérieux et qui ne trouve sa satisfaction que dans ce phénomène mystérieux lui-même qu'on appelle la croyance. Il y a une part dans l'âme, et la plus profonde, que le rationalisme ne rassasie pas et qu'il ne peut même pas atteindre.

Demandez plutôt aux chefs de ce mouvement de libre pensée qui nous emporte. Allez rue Monsieur-le-Prince. Auguste Comte y construisit une église. Allez là-bas en Provence, vous y trouverez l'oratoire que Stuart Mill y éleva. Stuart Mill, celui que Gladstone appelait le saint du radicalisme ! Tous ne construisent pas des oratoires, tous ne vont pas jusqu'à donner une forme sensible à leurs aspirations religieuses, mais tous, au terme de leurs travaux, ils trouvent l'inconnaissable et ne se résignent pas à vivre sans aucune espèce de communication avec lui. Ils veulent l'atteindre, s'y abreuver. C'est un besoin profond de leur être. Leur raison claire constate son impuissance et autorise alors l'intervention du sentiment, du rêve, de la vénération, des pressentiments, de l'intuition, bref de toutes les forces les plus profondes de leur âme. *(Applaudissements au centre et à droite.)*

M. Bouge. — Voilà un magnifique langage.

M. Maurice Barrès. — Cette inquiétude, cette tristesse, cet inassouvi au milieu du laboratoire, c'est ce que Albert Dürer a représenté dans cette sublime gravure de Melencholia au-dessous de laquelle on pourrait écrire : Insuffisance de la science pour contenter une grande âme. C'est l'aventure de Faust, l'aventure de tous les Faust, des plus hautes et plus savantes intelligences.

Et prenez bien garde, Messieurs, que cette émotion de qualité religieuse, ces forces profondes orientées vers le mystère qui est au fond de toute réalité, elles existent chez chacun de nous.

Sans doute, le cours de la vie, la médiocrité et la fatigue des besognes quotidiennes nous empêchent, et nos chétives aventures sont moins fécondes en réflexions que la magnifique détresse de Faust et de Pascal. Cependant la naissance, la fondation d'une famille, la mort, les extrêmes malheurs comme les maladies dont on a l'idée que l'on ne pourra pas sortir, le sens de l'injustice constante et continue de la vie ramènent l'attention du plus simple sur ce qu'il y a d'incompréhensible et d'implacable dans la destinée humaine. Le gémissement d'une vieille femme agenouillée dans l'église de son village est du même accent, traduit la même ignorance, le même pressentiment que la méditation du savant ou du poète (15). *(Vifs applaudissements.)*

C'est qu'aussi bien quelques notions de plus ou de moins n'y changent rien, nous sommes tous le même animal à fond religieux, inquiet de sa destinée, qui se voit avec épouvante, encerclé, battu par les vagues de cet océan de mystère dont a parlé le vieux Littré et pour lequel nous n'avons ni barque ni voile. *(Très bien! très bien!)*

Sous le porche de l'église, chacun laisse le fardeau que la vie lui impose. Ici le plus pauvre homme s'élève au rang des grands intellectuels,

des poètes, que dis-je? au rang des esprits : il
s'installe dans le domaine de la pensée pure et du
rêve. Rien de fastidieux ni de bas n'ose plus l'approcher, et tant qu'il demeure sous cette voûte,
il jouit des plus magnifiques loisirs de la haute
humanité. Même la douleur s'efface dans le cœur
des mères en deuil et fait place aux enchantements
de l'espérance.

Ces grands états d'émotivité religieuse, vous
croyez pouvoir les dédaigner, ne rien faire pour
eux. Peut-être même croyez-vous pouvoir les
anéantir. Vous le croyez parce que tels de vos
maîtres (j'entends des maîtres de votre intelligence) vous y ont incités. Mais faites attention !
Aujourd'hui, ceux que vous reconnaissez pour vos
maîtres ne vous disent plus cela. Bien au contraire !
Les tenants de la méthode expérimentale, ceux
qui ont voulu l'appliquer même aux choses de
l'âme et constituer une science psychologique,
vous disent que de ces parties profondes de l'être,
de ce domaine obscur surgissent toutes les puissances créatrices de l'homme, toutes les intuitions,
celles que la raison pourra contrôler, aussi bien
que celles qui dépassent la raison.

Il y a tout au fond de nous un domaine, le plus
riche domaine d'aspirations confuses, un domaine
obscur, et ces psychologues scientifiques le reconnaissent comme la nappe profonde qui alimente
nos pensées claires. Les plus grandes et les plus
fortes pensées dont nous prenons conscience sont
comme des pointes d'îlots qui émergent, mais qui
ont des stratifications immenses sous la mer.

De plus en plus, les esprits se tournent vers cette région subconsciente de l'âme.

Vous ne pouvez pas ne pas tenir compte de cette grande activité intérieure. Cette vie mystérieuse, cette conscience obscure, ce besoin du divin, c'est un fait et qu'il n'est pas en notre pouvoir d'abolir dans l'homme (16).

Que d'exemples saisissants je pourrais donner des exigences de cette vie profonde de l'esprit ! Et quand la Chambre sera amenée, comme je le prévois, à examiner la question de la Sorbonne, je crois qu'il sera facile de montrer que ces étudiants qui se plaignent des savantes éruditions toutes sèches de leurs maîtres (éruditions par ailleurs fort intéressantes), ce sont des jeunes gens dont la vie profonde réclame une nourriture et qui souffrent (souvent à leur insu) de ce que l'on cultive en eux seulement la surface de l'âme. *(Applaudissements à droite et sur divers bancs au centre.)*

Mais je n'insiste pas. Ces vérités appartiennent aujourd'hui à la masse des esprits. Et je n'aurai pas besoin d'un plus long raisonnement pour vous montrer qu'elles éclairent et règlent complètement le sujet qui nous occupe.

Cette conscience obscure, en effet, c'est elle qui a voulu l'église du village et qui continue à la vouloir, comme c'est elle qui a déchaîné l'inquiétude de Faust et fait ouvrir *la chapelle d'Auguste Comte* et l'oratoire de Stuart Mill.

Eh bien ! une fois les églises de nos villages jetées par terre, avec quoi donnerez-vous satisfaction à tout ce monde d'aspirations auxquelles nos églises répondent? où cultiverez-vous ces facultés de la vie émotive qui s'abritent, s'affinent et s'apaisent depuis des siècles dans l'Église?. où trouverons-nous, si l'Église est fermée, cette satisfaction qu'elle donnait à l'inquiétude mystique, cet apaisement de l'angoisse profonde et, pour tout dire d'un mot, cette espèce de discipline du fond redoutable de l'âme (17)?

Oui, Messieurs, le fond religieux est à la fois très fécond et très redoutable, et l'Église y met une discipline.

Pour quiconque a médité sur ces abîmes de la vie sous-consciente, l'Église demeure ce que l'homme a trouvé de plus fort et de plus salubre pour y porter l'ordre. Seule aujourd'hui, elle répond encore aux besoins profonds de ceux-là mêmes qui semblent les plus réfractaires à son paisible rayonnement. Seule elle étend ses pouvoirs jusqu'à ces régions « où, comme dit Gœthe, la raison n'atteint pas et où cependant on ne veut pas laisser régner la déraison ».

J'entends bien quelqu'un sur ces bancs qui me dit que dans certains cantons de notre pays, pratiquement, le peuple semble se désintéresser de l'Église.

M. Jacques-Louis Dumesnil. — Oui.

M. Maurice Barrès. — Eh bien, mon cher collègue, veuillez y réfléchir; le simple fait que ces murailles chargées de sensibilité orientent très vaguement, d'une manière insuffisante, mais enfin orientent la pensée, est un élément inappréciable de la philosophie du village (18). *(Très bien! très bien! à droite.)*

Il y aurait beaucoup d'inattendu, si la vieille église disparaissait du milieu des maisons qu'elle domine.

Écoutez ce que vous disent le prêtre, le pasteur et le médecin de campagne. Ils s'accordent pour affirmer, pour constater que le terrain perdu par le christianisme, ce n'est pas la culture rationaliste qui le gagne, mais le paganisme dans ses formes les plus basses : c'est la magie, la sorcellerie, les aberrations théosophiques, le charlatanisme des spirites. *(Protestations à gauche.)*

Messieurs, je ne vous dis pas : voilà ce qui est partout, j'appelle votre attention sur ce fait qu'à mesure que le catholicisme disparaît du village, on ne voit pas surgir des hommes munis de cette méthode scientifique qui vous est chère. Eh! non, on voit réapparaître çà et là, chez beaucoup d'êtres, je ne dis pas chez tous, la magie, la sorcellerie, les aberrations théosophiques, le charlatanisme des spirites... *(Nouvelles protestations à gauche.)*

M. Dalimier. — Où avez-vous vu cela?

M. Maurice Barrès. — J'ai vu tel instituteur qui faisait tourner des tables. *(Exclamations à gauche.)*

Je suis étonné que vous ne me permettiez pas de nuancer mon tableau. *(Parlez! parlez!)* Je ne viens pas vous apporter — ne soyons pas si simpliste — un grief de plus au dossier des instituteurs. *(Réclamations à gauche et à l'extrême-gauche.)*

M. Dalimier. — Il n'aurait pas plus de valeur que les autres.

M. Charles Benoist, *se tournant vers la gauche.* — Mais vous êtes en train, vous, de ressusciter le tabou pour les instituteurs ! *(Rires au centre.)*

M. Maurice Barrès. — Il est intéressant de chercher à comprendre les divers étages du sentiment religieux dans la population française. Je puis vous citer tel village du Midi, dans la partie de l'arrondissement d'Agen qui confine au Tarn-et-Garonne, où l'on place dans le cercueil les souliers du mort et de l'argent, les souliers pour qu'il puisse aller au bout de son voyage, l'argent pour qu'il soit à même de donner une satisfaction à la divinité infernale. *(Mouvements divers.)*

M. Léon Perrier (Isère). — La religion chrétienne est pleine de ces superstitions. Voyez saint Expedit !

M. César Trouin. — Et saint Antoine de Padoue ?

M. Maurice Barrès. — Je vous cite ce menu détail, qui fait image, pour vous montrer à quel point, sous une épaisseur plus ou moins forte de christianisme, demeurent d'obscures survivances du paganisme, toute une barbarie prête à remonter à la surface, des débris du passé, des détritus de religion, auxquels la civilisation n'a aucun intérêt à laisser la place libre. L'église du village assainit le sol au milieu duquel elle est plantée. *(Exclamations à l'extrême-gauche. — Applaudissements au centre et à droite.)* Ceux qui veulent la jeter bas croient, je suppose, qu'ils vont élever les paysans à un état supérieur, à une spiritualité plus haute, mieux épurée.

Un membre à gauche. — Parfaitement !

M. Maurice Barrès. — Bien ! J'appelle leur attention sur ce point très important ; s'ils examinent l'état des choses avec soin, ils verront leur erreur. C'est une régression qu'ils préparent. *(Très bien ! très bien ! au centre.)* Oui, Messieurs, l'église plantée sur la place du village assainissait le sol. Autour d'elle la plante humaine se développait dans un air de civilisation. Si vous la jetez bas, aussitôt il semble que les exhalaisons malsaines qu'elle avait étouffées s'élèvent de nouveau. *(Applaudissements au centre et à droite.)*

Plusieurs membres à gauche et à l'extrême-gauche. — Pas du tout !

M. Maurice Barrès. — C'est tout de même un chapitre important de l'histoire de la civilisation qui ne peut pas se trancher par des « non » tout court. *(Très bien ! très bien ! au centre. — Interruptions et bruit à gauche.)*

M. le Président. — Messieurs, veuillez laisser parler l'orateur ; ses vues n'ont rien de blessant et elles sont très intéressantes. *(Très bien ! très bien !)*

M. Maurice Barrès. — Mes chers collègues, vous pouvez accepter le point d'interrogation que je vous pose, sans qu'on vous accuse d'abandonner les idées si précieuses et si nettes auxquelles vous êtes tout naturellement attachés. *(Très bien ! très bien ! au centre.)*

Vous ne vous compromettez pas en me laissant

aller jusqu'au bout de mes explications. *(On rit.)*

Je ne veux d'autre preuve de cette barbarie toute prête à réapparaître que les scènes scandaleuses qui se sont passées à Grisy-Suisnes sur les décombres de la vieille église.

La démolition de cet édifice avait rendu nécessaire l'exhumation des morts que la piété des fidèles y avait déposés. Le maire, qui avait voulu cette destruction, aurait dû se préoccuper que cette besogne s'exécutât avec respect et décence. Il la surveilla, en effet, flanqué de son garde champêtre *(Sourires)*, mais c'était qu'il espérait que la pioche des ouvriers mettrait au jour le « trésor des curés », comme il disait. Des témoins nous ont décrit tout au long les ignominies auxquelles se livrèrent des hommes brutaux, excités par les pourboires de ce chercheur de trésor. On nous les a montrés faisant danser le rigodon aux corps qu'ils déterraient, au milieu des petits enfants accourus de l'école. *(Exclamations.)* Le cœur se soulève de dégoût.

M. Jacques-Louis Dumesnil. — C'est absolument inexact (19). Comme représentant de Seine-et-Marne, je connais la question et je ne puis laisser passer de telles affirmations sans protester. Je ne mets pas en doute votre parole personnelle, mais j'ai le droit d'infirmer complètement les renseignements qui vous ont été fournis.

M. Maurice Barrès. — Mon cher collègue, je comprends le sentiment auquel vous obéissez, mais les renseignements que j'apporte m'ont été fournis par un journaliste que j'avais moi-même...

(Exclamations à gauche.) Je ne vous dis pas que j'y suis allé, mais je vous dis — vous avez tout intérêt à voir comment j'établis mes faits — je vous dis que j'ai vu, le soir même, celui qui a été le témoin de ces faits, qui les a rapportés, et que j'avais engagé le matin même à aller sur les lieux. J'ajoute qu'un essai d'enquête a été tenté par l'administration. On est allé trouver le curé, on espérait qu'il dirait : « Oui, c'est moi, qui ai fourni les renseignements. » Mais on s'est gardé d'interroger le journaliste qui, le soir même, au retour de Grisy, a rédigé le compte rendu très précis, très détaillé, de ces scandales et d'une manière bien plus saisissante que je n'ose faire ici.

J'ai fini.

Vous me rendrez cette justice que je ne vous ai apporté aucune considération tirée de la politique de parti, ou de l'apologétique dogmatique. Je me suis placé devant les faits, devant le fait religieux. Il n'est pas permis à des législateurs de ne pas tenir compte d'une réalité. Le sentiment religieux existe ; l'église du village est ce sentiment rendu visible. Ces églises sont idéologiques, les seuls édifices idéologiques qu'ait le peuple (20), c'est-à-dire chargés uniquement d'idées qui ne représentent pas de la besogne. Respectez donc ces pierres nécessaires au plein épanouissement de l'individu.

Monsieur le Ministre, en dépit de quelques divergences que j'ai saisies au long de ce discours, je vois qu'ils sont nombreux ici ceux qui croient qu'au nom d'une néfaste politique d'un jour, il ne faut pas compromettre quelque chose de séculaire et qui joue un tel rôle dans l'histoire de notre pays et de la civilisation. *(Très bien! très bien! au centre et à droite.)* Eh bien ! que pensez-vous faire pour protéger ces hautes expressions de la spiritualité française? Quelles mesures de défense prendrez-vous contre ces nouveaux barbares qui, hier, au sortir de l'encan, traînaient dans les ruisseaux de Grisy le drap des morts?

Pour ma part, je suis venu défendre à cette tribune l'église de village au même titre que je défendrais le Collège de France (21). *(Très bien! très bien! au centre et à droite.)*

Messieurs, vous avez reproché à la théologie de mutiler la vie, ne faites pas de même. Vous avez reproché à la conception théologique du monde d'être un cercle trop tôt fermé dans lequel le monde étouffait ; prenez garde à votre tour qu'après avoir prétendu étendre ce cercle jusqu'à lui faire embrasser la totalité de l'univers, vous ne vous laissiez aller, dans un stérile esprit de lutte et de rancune, à le fermer trop tôt et à laisser en dehors une grande partie de ce qui est l'aliment de la vie de l'âme. *(Vifs applaudissements au centre, à droite et sur divers bancs à gauche. — L'orateur, regagnant son banc, reçoit les félicitations de ses amis.)*

A peine avais-je gagné les couloirs que le directeur des Cultes me rejoignit et me demanda si je voulais communiquer à son ministre la liste des églises que je venais de citer en exemple.

— Mais, lui dis-je, dans l'analytique, vous allez trouver tout mon discours.

— C'est pour ne pas perdre de temps.

Je n'avais aucune raison d'écarter cette requête ; j'y donnai satisfaction, mais j'en conclus que le ministre faisait immédiatement télégraphier aux préfets pour vérifier auprès d'eux mes dires.

Le lendemain matin, à neuf heures, au début de la séance, M. Beauquier posa la thèse qu'il devait par la suite reprendre dans chacune des discussions consacrées aux églises : « Puisque Dieu est tout-puissant, il peut réparer ses églises et ne pas les laisser tomber... S'il ne fait pas ce miracle, c'est qu'il ne le veut pas, et s'il ne le veut pas, nous devons nous incliner devant sa volonté. »

On applaudit et on rit. Je précise, on rit d'admiration. On se sentait heureux, émancipé. Les voyageurs racontent que le moujik russe éprouve cette sorte de joie quand il se dégage de ses croyances rudimentaires. Pour ma part, il y a trente ans, j'ai pu vérifier par mon expérience propre quelque chose d'analogue chez de pauvres étudiants en médecine de première année. On m'assure qu'à la Martinique, le jour du Vendredi-Saint, les nègres crucifient un cochon et que, le dimanche de Pâques, ils donnent la chasse au pachyderme ressuscité. Ils en éprouvent, dit-on, une violente ivresse de libre pensée. Je songeais à ce trait de mœurs exotiques en contemplant les derniers mouvements de la bamboula suscitée par M. Beauquier. Malheureusement j'arrivais trop tard pour entendre l'honorable orateur. Au moment où je gagnai ma place, M. Augagneur lui succédait à la tribune.

L'ancien gouverneur de Madagascar déclara qu'il prévoyait l'écroulement de beaucoup d'églises. D'ailleurs, il en prenait son parti, aussi allégrement qu'il eût fait de la ruine des huttes où les Sakalaves et les Fahavalos enferment leurs fétiches : « Les églises intéressantes au point de vue artistique sont classées. Les autres n'intéressent que les pratiquants. C'est à eux de prendre des mesures... »

Et pour encourager leur zèle, à la façon des planteurs de jadis qui faisaient marcher les nègres sous le bâton, il menaça les catholiques. Il rappela avec orgueil avoir jadis demandé qu'on retirât aux fidèles l'usage de toute église mal entretenue par eux, et déclara qu'on n'inventerait pas mieux. D'ailleurs l'idée qu'une commune osât jamais dépenser un sou pour l'entretien de son église lui faisait horreur. « La loi de Séparation interdit que les fonds publics soient affectés à subventionner des œuvres confessionnelles. Alors même que la majorité des habitants seraient catholiques, une commune ne peut pas, d'après l'esprit de la loi de Séparation, consacrer ses fonds à la réparation de l'église. »

C'était attaquer directement Briand qui, lui, enjoint à ses préfets d'autoriser les communes à réparer leurs églises.

M. Malvy, rapporteur du budget de l'Intérieur, celui-là même qui, par la suite, devait renverser le ministère sur une question religieuse, prit à son tour la parole. Plus amer, plus glacial, plus pressant, il renchérit sur M. Augagneur. « Il n'est pas douteux, dit-il, que l'obligation d'assurer à leurs frais la conservation des édifices laissés gratuitement à leur disposition subsiste pour les catholiques, alors même qu'ils ne sont pas organisés. » La gauche l'applaudit, et M. Briand voyant le danger s'écria de sa place :

— C'est évident.

Approbation extraordinaire d'un homme trop faible, ou peut-être d'un cavalier consommé qui rend les mains quand la bête s'échauffe.

Tout l'effort de M. Malvy était de passionner la séance, et de mener la Chambre si loin que le ministre ne pût la suivre. Dans un débat que j'avais placé en dehors de la politique des partis, il attisa la rancune électorale jusqu'à conclure en disant : « Le problème des réparations des églises serait bien simplifié... si les catholiques tellement résolus et actifs pour former des associations ayant un but politique et de propagande antirépublicaine *(Applaudissements à gauche et à l'extrême-gauche)* étaient aussi actifs et aussi résolus pour créer des associations dont le seul but serait de défendre les intérêts de leur culte et de leur foi. » *(Nouveaux applaudissements sur les mêmes bancs.)*

Briand prit la parole. Il fit son métier de ministre. Je veux dire qu'il se préoccupa de durer, et par conséquent adopta le ton du plus grand nombre. Pourtant, ce ton, en le faisant sien, il l'atténua. Et, si j'ose cette comparaison, il se tenait à l'arrière de son bord en ouvrant ses tonneaux d'huile.

Il faut croire que, durant la nuit, ses préfets lui avaient confirmé l'exactitude de mes renseignements, car il ne put infirmer aucun des faits que j'avais apportés à la tribune ; seulement il refusa d'y voir de simples exemples choisis entre mille autres. A l'en croire, le bon apôtre, c'était là tout ce que j'avais pu trouver d'églises en péril. Il en prit occasion pour monter au Capitole et se féliciter des conditions heureuses dans lesquelles s'établissait le nouveau régime des cultes. S'il y avait un problème des églises, la faute en était aux seuls catholiques. Il en rougissait pour eux. « Il faut bien le dire, Monsieur Barrès, c'est en somme un débat assez pénible pour les catholiques que vous avez institué aujourd'hui. Ces humbles églises de village ont une valeur de sentiment, incitent à des préoccupations tout à fait légitimes. Mais cette valeur d'affection particulière et profonde, tout ce qu'invoquent leurs vieux murs, comme vous le disiez si éloquemment, est *relatif* à des sentiments intérieurs des catholiques. C'est ceux-ci qui sont les premiers intéressés à cet égard et dont le zèle devrait s'employer à maintenir ces instruments et ces témoins de leur foi. C'est parmi les catholiques qu'un grand mouvement irrésistible devrait se produire dans un tel but. Il est assez attristant pour eux que ce soit toujours vers l'État que les citoyens, même dans des cas comme celui qui nous préoccupe, se tournent, après les luttes que nous savons, les refus que nous connaissons, les concessions successives du gouvernement de la République. Adressez-vous, avec votre éloquence, avec l'élévation de votre pensée, adressez-vous à ces catholiques chez lesquels vos paroles auront certainement un écho, et vous n'aurez pas à redouter, Monsieur Barrès, la destruction des églises. »

Et précisant sa pensée, il invitait les catholiques à se concerter, à constituer des associations selon la loi de 1901 pour l'entretien des édifices cultuels, à recueillir des cotisations et à employer la procédure des offres de concours.

C'était piétiner dans le système des cultuelles, qu'il savait mieux que personne décidément impossible ; c'était mettre en avant une procédure des offres de concours qui est inopérante ; c'était revenir en arrière et quasi renier le principe admis par lui-même jadis, solennellement, à plusieurs reprises, d'une coopération de l'État à l'entretien des églises non classées et trop pauvres.

Ce dernier point, je crus essentiel de le mettre en lumière, et je remontai à la tribune.

M. Maurice Barrès. — Messieurs, il y a peu, au cours d'une discussion, j'ai été frappé par une phrase que prononçait M. le Président du Conseil et qui ferait une excellente épigraphe en tête de mon plaidoyer pour les églises. « Il n'est pas nécessaire, disait M. Briand, que des cas soient devenus généraux, universels, pour intéresser l'homme politique. Il faut intervenir à temps. » Hier, je n'ai pas dit que les désastres fussent partout imminents, ni le sectarisme virulent sur tous les points du territoire ; j'ai affirmé que le péril existait, réclamait les efforts de notre prévoyance, et je vous ai apporté, à titre d'échantillons, un certain nombre de faits soigneusement contrôlés, des faits typiques.

Vous les discutez. Je m'y attendais. Le distingué secrétaire général de la présidence nous rendrait un grand service s'il essayait de fixer une fois pour toutes, les conditions dans lesquelles peut s'établir une certitude aux yeux du Parlement. *(Très bien! très bien!)* Chaque fois qu'on apporte un fait à la tribune, il est contesté, et toujours de la même manière : l'orateur affirme ; en face de lui, quelqu'un se lève et nie ; sur ce, avec les ressources de dialectique qu'ils possèdent, l'un et l'autre contradicteurs argumentent. *(On rit.)*

Je vous ai cité le propos d'un sous-préfet, propos auquel j'attache une certaine importance, mais enfin pas une importance capitale. On m'a demandé si je pouvais produire ce propos écrit, signé de la main du sous-préfet, Mon Dieu, non ! Mais, en critique historique, on fait cas du témoignage oral, on le pèse, c'est entendu, mais on lui donne un rang. Les personnes qui ont été reçues par le sous-préfet affirment avoir entendu ce propos. Après cela, jugez. Au reste, le problème déborde la discussion de quelques faits significatifs et que je maintiens. Personne ne nie qu'il n'y ait une question des églises. J'ai voulu l'introduire dans les débats de cette Assemblée. Je crois qu'elle y avait sa place. *(Très bien! très bien! au centre et à droite.)*

J'ai dit que, sur les églises, la pensée gouvernementale me paraissait encore en formation ; c'est trop évident et c'est bien naturel. Nous sommes en présence d'une situation nouvelle. Vous n'avez pas réglé l'avenir des églises, vous n'avez pas assuré leur sécurité. Vous le sentez bien, et M. le Président du Conseil mieux que personne. Sa solidité politique, son titre le plus réel, sa raison d'être, c'est d'avoir fait la loi de Séparation. Eh bien ! cette loi de Séparation, elle n'est pas faite, tant qu'elle n'est pas réglée pratiquement dans toutes ses parties.

Nous venons de voir, hier, dans les mouvements de l'Assemblée, et ce matin, dans le discours de M. Briand, la pensée gouvernementale se dessiner. J'ai idée qu'après tout, nous pouvons nous entendre, d'une manière assez vraie, même avec le plus grand nombre de nos adversaires habituels, dans un sentiment de bonne volonté à l'endroit des églises. *(Très bien! très bien! au centre et à droite.)* C'est quelque chose, cette bonne volonté. Il s'agit de maintenir ce foyer de sentiments, cet élément de culture spirituelle, ce point de ralliement qu'est le clocher. Ne pas mettre d'obstacle à ce qu'il dure, ne rien faire contre ce petit îlot qui pose au milieu du village un secours, une force et qui arrache les gens à leurs considérations vulgaires, voilà ce que l'on est en droit d'obtenir des esprits les moins religieux. Nous l'obtiendrons.

Certes, à cette défense des églises, il faudra revenir bien des fois. C'est successivement que nous en traiterons les divers aspects. Et c'est après avoir fait comprendre et sentir le péril dans lequel la loi de Séparation a jeté notre admirable, notre immense floraison d'églises, que nous pourrons, appuyés sur toute l'opinion, obtenir des hommes politiques certaines garanties. Dès maintenant, il est de la plus grande importance que je vous rappelle un fait, un simple fait. Vous avez admis, un jour, la création d'un fonds de secours pour les municipalités qui ne seraient pas à même de faire des dépenses nécessaires en faveur des églises. Il y a eu des promesses. M. Caillaux a même élaboré un projet.

Pourquoi avoir reculé? Nous sommes d'accord qu'il y a lieu de prendre en haute et très sérieuse considération les églises de France. Que ne revenons-nous à ce fonds de secours? On parle de la mauvaise volonté des catholiques! Ce n'est pas soutenable. Elle est admirable partout, la bonne volonté des catholiques. Et les municipalités aussi, le plus souvent, aiment leurs églises. Je ne dénonce de sectarisme que chez une minorité. Mais sur nombre de points, il y a pauvreté. Beaucoup de communes sont trop misérables pour venir, comme elles le voudraient, au secours de ces hautes murailles coûteuses.

Je livre aux méditations de la majorité et du Gouvernement cette idée qu'avaient accueillie MM. Briand et Caillaux : la possibilité pour l'État d'intervenir en faveur des églises par un fonds de secours. *(Applaudissements au centre et à droite.)*

MM. de Villebois-Mareuil, Denys Cochin, Alexandre Lefas m'avaient soutenu énergiquement de leur science et de leur talent. Nous fûmes d'accord, à la fin de la discussion, pour ne pas déposer d'ordre du jour. Le débat se termina sans aucune sanction parlementaire. Aussi bien n'y avais-je cherché qu'une action de propagande. Par-dessus la tête de mes collègues, c'est au pays que j'avais voulu m'adresser. Je savais l'impossibilité d'obtenir à cette heure aucun résultat législatif ; on ne peut pas convaincre, sans longues préparations, des hommes frémissants et des esprits sans liberté ; je ne fus donc ni surpris ni déçu. Mais, tout de même, quelle atmosphère irritée pour accomplir un travail de législateur et pour rechercher en commun la vérité ! Comment est-il possible que des hommes politiques discutent, durant des heures, la vie et la mort des églises sans vouloir aller au fond du problème, ni s'inquiéter un moment du besoin éternel des âmes ?

CHAPITRE VI

L'ENFANT ACCORDÉ AVEC LES ÉTOILES

Au soir de cette séance, ayant corrigé les épreuves de mon discours à l'*Officiel*, je rentrais chez moi vers minuit, par un ciel admirable, quand au coin d'une rue, je tombai sur un petit rassemblement formé autour d'une femme et d'un agent de police. La femme, à demi vêtue, portait dans ses bras un enfant. Elle pleurait et suppliait l'agent de l'accompagner chez elle, parce que son ivrogne de mari l'avait battue et mise dehors. L'agent refusait ; les personnes de sentiment le blâmaient ; celles qui savent la loi l'approuvaient. Cependant le petit enfant, indifférent à ces cris, regardait avec un prodigieux plaisir les étoiles du ciel.

Je n'oublierai jamais, au milieu de cette scène de carrefour et dans les bras de cette malheureuse, cette petite figure extasiée. Elle était émouvante par sa royale solitude. Certes, ils ne sont pas rares, dans la nature, les objets privés de conscience qui s'orientent pourtant vers le ciel. J'admire cette fleur-oiseau des forêts de Java qui, dit-on, se détache tout à coup de sa tige, palpite, voltige et puis meurt. Mais ce pauvre enfant surpasse tous les objets de l'univers, car son regard si pur exprime l'attrait de l'infini. O le jeune souverain ! Scintillantes étoiles, vous demande-t-il vos cadeaux de lumière ? Non pas, il vous offre une flamme jaillie de lui sous vos flammes du ciel.

A peine détaché du sein d'une femme, voilà déjà que l'enfant désire et que son âme s'évade. Son père et sa mère, désunis entre eux, ne s'assortissent avec rien, et ces forcenés réclament à la vie des bonheurs qu'elle ne contient pas, mais lui, il n'a pas encore perdu le secret de nos destinées, il sait — d'une science antérieure à sa propre expérience — que c'est avec les étoiles seules que sont accordés les fils de la terre.

CHAPITRE VII

LA PÉTITION DES ARTISTES

Nous connaissons que nous avons ébranlé l'opinion publique par une sorte de mouvement irrésistible, une chaleur qui s'exhale de terre et de tout l'horizon, et qui vient nous mettre au cœur un surcroît de force et d'espérance. Je sentis tout de suite que mon discours avait porté et qu'il répondait à une angoisse générale. Une multitude de personnes et de tous les partis se levèrent pour me dire : « Sur ce point, nous sommes avec vous. »

J'avais déclassé la question, je l'avais placée, pour tous, sur le sommet où je la vois moi-même, au centre du village et bien au-dessus de ses querelles. Par liasses les lettres m'arrivèrent.

Et d'abord des communes scandaleuses que j'avais citées à la tribune. La petite troupe des fidèles y redoublait ses gémissements accrus d'un beau cantique d'espérance. Cette lumière soudain projetée de si haut, à travers toute la France, sur le pauvre édifice et ses vils ennemis avait produit l'effet d'un coup de talon dans une fourmilière.

« Tout s'agite chez nous, m'écrivait-on, et, des quatre coins du département, c'est un but d'excursion, le dimanche, de venir voir la muraille lézardée dont les journaux de Paris ont parlé. » Il subsiste dans les pires villages un vague sentiment que jeter bas l'église, c'est une mauvaise action, et si les alentours regardent, on est gêné. D'eux-mêmes, plusieurs maires, sur l'heure, revinrent au bon sens. A Souvigné, Buxueil, Saint-Gervais-sur-Couches, Messei, Reterre, les braves gens obtenaient à peu près satisfaction. Le préfet du Pas-de-Calais, devant tous les maires du canton réunis pour le conseil de revision, blâma le maire de Méricourt, M. Lodieu, — c'est son nom, — et le somma d'avoir à laisser le curé réparer son église à ses frais. On juge de l'effet local et de la satisfaction de mes clients.

Je n'ai pas pu employer à la tribune de la Chambre, ni dans mes articles, le quart des pensées que faisaient naître en moi tant de communications reçues d'une multitude d'amis que je ne verrai jamais. Tristes ou joyeux, naïfs ou savants, ils m'ont guidé, soutenu dans ma grande tâche. Que n'ai-je la facilité de feuilleter avec mes lecteurs mes dossiers ! Ces lettres composent un magnifique plaidoyer pour l'Esprit contre la Bête et donnent une idée de l'émotion publique en faveur des églises.

Écoutez, par exemple, ces lignes charmantes d'enthousiasme et d'amour : « ...Je puis vérifier — m'écrivait de l'Aube un homme qui, par modestie, bien à tort, ne permettrait pas que je cite son nom — je puis, hélas ! vérifier la justesse de vos vues dans ce département où, de toutes parts, les églises, laissées depuis plusieurs années sans réparations, menacent ruine. Construites en pierre tendre, elles traversent une période critique, analogue à celle où succombèrent ici vers 1530, les églises bâties au douzième siècle. On les reconstruisit alors presque toutes, et dans la plaine de Troyes, dans la Champagne pouilleuse, dans les vallées du pays d'Othe, s'élevèrent ces fins clochers de charpente et d'ardoise que nous admirons encore. Aujourd'hui, qui va les relever, les soutenir, ces églises, toutes charmantes dans la verdure des humbles cimetières qui les entourent ? La grâce de la Renaissance et peut-être aussi (car elles sont l'œuvre anonyme des maîtres maçons locaux) l'instinctive modération du caractère champenois, ont assagi la fougue du gothique flamboyant. A l'intérieur, elles gardent leur mobilier d'autrefois : vitraux somptueux, chaises, bâtons de confrérie, Christs tragiques du quinzième, Pitiés douloureuses, saintes semblables à des fillettes sages qui retiendraient un sourire, le sourire doucement moqueur et candide que vous avez mis au coin des lèvres de Colette, leur petite sœur lorraine... Souvent, je m'attarde à rêver entre leurs murailles, dans les beaux étés où je parcours les villages, et j'aime profondément le charme simple et pur, l'harmonie que ne rompt pas même, ou si rarement, la dissonance d'une statue trop moderne. Dans cinquante ans, le tiers d'entre elles sera tombé. A Saint-Phal, à Montgueux, ce sont des voûtes qui s'effondrent ; à Nogent-sur-Aube, le clocher s'enfonce tout d'une pièce entre les piliers du transept ; à Villecerf, l'édifice menace ruine ; à Lignières, la commune demande la désaffectation. Dans beaucoup de sanctuaires les vitres sont brisées, les oiseaux font leur nid sur l'autel et l'on y respire la tristesse glacée de la mort. Les maires interdisent l'entrée des églises et j'ai vu pleurer devant les portes closes de pauvres vieilles femmes trop infirmes pour aller assister à la messe de la paroisse voisine... »

Que tout cela est finement senti et raisonné, exprimé avec une justesse, une mesure toute française ! Et je ne puis me retenir de vous lire encore ce passage :

« A Laines-aux-Bois, une église s'effondre dans un glissement du sol produit par les eaux. La Société archéologique, qui eût dû se réunir d'urgence, bâille en rond et se désintéresse de tout ce qui n'enrichira pas le bric-à-brac de son musée. Ces gens-là sont incapables de sentir combien toute cette floraison d'art tient à la terre qui l'a produite. Les paysans du conseil municipal ont un plus sûr instinct que tous ces beaux messieurs ; ils veulent sauver un charmant portail renaissance, où des enfants prient parmi des pampres ; ils songent à le faire encastrer dans la façade d'une nouvelle mairie. L'idée vous paraîtra comique ; l'ogive jurera dans une façade rectiligne et scolaire, tel un diamant dans un pavé, et pourtant je l'ai encouragée, cette idée, touché de voir ces braves gens traiter sans dédain et même avec orgueil ces *bon-*

dieuseries, en sentir vaguement la beauté... Je voudrais vous mener à travers cette campagne champenoise aux douces et sobres lignes. Sur le territoire de maintes communes, vous ne verriez plus que des socles de pierre où vous liriez l'*O crux ave, Spes unica*, une date et le nom de quelque humble donateur. Des tronçons de fer sortent encore du socle, attestant la rage imbécile des Barbares. Je ne fais pas de phrases, je ne suis pas croyant, mais je vous assure que je pleurerais devant toutes ces ruines. Que restera-t-il sur le sol de France, lorsque nous n'aurons plus la beauté des choses pour nous consoler de la bêtise des hommes, lorsque « ceci » — la belle mairie en pierres blanches — aura achevé de tuer « cela » — le charme des derniers clochers pointant à travers les arbres... »

De tels sentiments vous mettent-ils en goût pour que nous poursuivions ensemble ce dépouillement de mon courrier? Voici deux lettres qui m'apportent un argument sur lequel, à mon regret, je n'ai pas eu l'occasion d'insister.

« J'ai lu hier, dans l'*Echo de Paris*, votre émouvant article sur les églises de France et la phrase que vous citez : « Depuis que notre église est « fermée, on vit comme des sauvages, on ne sait « même plus quand c'est dimanche. » Combien ceci est vrai, et comment ce point de vue n'est-il pas plus souvent envisagé? N'est-ce pas un argument de premier ordre pour la cause que vous défendez? J'habite deux pays très différents, la Loire-Inférieure et l'Eure-et-Loir. Dans la Loire-

Inférieure, tous vont à la messe et tous pour y aller revêtent les habits du dimanche. Le samedi, les femmes ont été occupées à empeser et à repasser leurs coiffes et les chemises des hommes. Le dimanche matin, la population féminine, soigneusement et joliment coiffée, coquettement vêtue, avec des raffinements de propreté, la population masculine habillée de drap noir, tout le monde se dirige, par groupes, vers l'église. Je néglige le côté spirituel et fondamental de l'acte pour n'en retenir que le côté matériel : l'édifice, la cérémonie, les enfants de chœur, le prêtre en ses habits de soie et d'or, tout donne aux yeux une impression d'ordre et de beauté, à l'esprit une jouissance, au corps une détente. De toute la journée, pas un costume de travail ne paraît dans le pays. C'est le repos, c'est le bien-être. En Eure-et-Loir, rien de semblable. Pas un homme ne quitte ses vêtements de travail. Peu de femmes interrompent leur labeur quotidien. Les vêtements sont ceux d'hier, les pensées celles du lendemain, l'effort celui de tous les jours. Il y a bien quelque armoire où reposent des redingotes et d'antiques chapeaux hauts de forme, mais cela ne sert que pour les enterrements et les mariages, car les foires même n'existent plus, les marchands venant à domicile. Bien peu pour Pâques et la Toussaint, à peine pour la fête locale et le 14 juillet, quitte-t-on ces vêtements de travail qui semblent incrustés à ces corps, à ces corps de sauvages, vous avez dit le mot. Les chevaux de bois de la fête locale, et les bals dans la lourde atmosphère de l'auberge, sont

les seules diversions à l'enlizement de ces corps et
de ces esprits dans les préoccupations matérielles
et l'effort continu qui les absorbent. Si la tenue et
la propreté du vêtement, si les impressions artistiques, si l'idée morale ont une valeur, même en
dehors de toute conception religieuse, quelle sera,
de ces deux populations, celle dont les mœurs seront plus affinées, plus policées? Poser la question, c'est amener la réponse... »

Sur le même thème, un autre correspondant
redouble : « Monsieur, je veux vous répéter ce que
nous contait le grand-père de ma femme, qui avait
vu les églises fermées sous la Révolution. Rien
de plus triste, disait-il, que cette époque pour les
habitants des campagnes. L'office du dimanche
ayant cessé, ils se morfondaient d'ennui. Les
femmes n'ayant plus, pour se montrer, le lieu de
rendez-vous qu'était l'église, ne faisaient plus de
toilette et ne paraient plus leurs enfants. Les
hommes ne se rasaient plus et portaient leur che-
velure inculte ; ils laissaient souvent passer le
jour où ils avaient l'habitude de changer de linge.
A quoi bon, puisque, isolés dans leurs champs, ou
dans leurs bois, ils n'avaient pas à paraître? Les
habitants souvent dispersés dans des hameaux
éloignés ne se réunissaient plus, l'occasion des
offices religieux n'existant plus. On avait la sensa-
tion qu'un immense crêpe recouvrait le pays. »

Et moi, lisant ces deux lettres dont j'approuve
la justesse, j'ajoute : ce n'est pas seulement le
dimanche, c'est encore la place de l'église qui périra
avec l'église. A-t-on réfléchi que dans le village,

presque toujours, les seuls grands arbres sont devant le portail. Ils disparaîtront, les vieux ormes, les beaux feuillages, car ils profitaient du caractère sacré du lieu ; ils s'en autorisaient pour durer, pour résister à l'utilitarisme du paysan qui, de lui-même, n'a que faire de végétation décorative. Ainsi, de quelque côté qu'on examine les destructions qui se préparent, c'est le plus morne enlaidissement de la vie rurale et j'y reviens comme à mon *leitmotiv*, c'est une dégradation de la sensibilité française privée de tous ses modèles.

Que de lettres ! J'en pourrais composer tout un florilège. Écoutez ce cri charmant d'indomptable espérance et de regret, pareil à ces petits poèmes très brefs, à ces chants de *saüdades* chargés de nostalgie qui s'élèvent dans les solitudes de l'Amérique du Sud par les soirées d'été, à l'heure où l'on éprouve de la beauté du monde un sentiment si fort qu'il se termine en douleur : « Si vous aviez entendu nos trois cloches sonnant au-dessus de la rivière, vous auriez encore plus de chagrin de notre église perdue. Certes, on la reconstruira, mais retrouvera-t-on trois notes semblables à celles qui ont cessé de chanter? »

Vous imaginez l'enchantement que de tels accents m'apportaient. Ils m'assurent que je suis dans la grande vérité humaine, au milieu des plus belles régions du songe et de la vie.

Assurément, tout mon courrier n'a pas la délicate émotion d'art que respirent ces fragments, mais quelle ardeur, quel sentiment d'une mission civilisatrice dans les lettres des curés, des humbles desservants de campagne ! S'il se trouve des Français pour croire le catholicisme en péril du fait de la Séparation, qu'ils se rassurent. Notre petit clergé possède l'enthousiasme guerrier et une volonté religieuse qui a ses moyens invincibles. Il faut les voir, nos curés rustiques, en face des préfectures et des municipalités brutalement ou sournoisement hostiles ! Ils défendent le seuil vénérable pied à pied ; ce sont des drames balzaciens qui se déroulent dans les paroisses, autour de l'église croulante et du presbytère lézardé. Belles, fortes lettres plébéiennes des curés, toutes pleines des joies et des irritations de leur petit troupeau : on y sent battre le cœur des campagnes françaises.

Les lettres des évêques ont naturellement moins de saveur. On n'y voit pas le corps à corps. Nos Seigneurs sont moins brutalement engagés dans la bataille, ils observent les choses de plus haut, et puis ils ne peuvent oublier, si ardents, si zélés soient-ils, qu'ils demeurent des dignitaires, tenus à la réserve. Dans leur correspondance règne la circonspection. J'y trouve peu de ces traits vivants, pittoresques, tragiques, qui donnent tant de prix aux lettres de nos desservants ruraux. Chaque état a ses vertus, ses obligations. Ce serait bien irréfléchi de réclamer de très hautes et très prudentes personnes l'élan et la spontanéité d'un jeune vicaire. Mais ces lettres un peu froides, volontairement décolorées, où l'on voit la plume des secrétaires d'évêchés et la manière des teinturiers officiels, me fournissent mes plus sûres statistiques.

À ces encouragements, à ces renseignements, à ces amitiés, qui de tout le pays m'arrivent, certains témoignages se mêlent, d'une espèce plus tangible.

L'autre après-midi, comme je rentrais chez moi, j'ai trouvé dans mon courrier une enveloppe jaune, du plus humble aspect, de celles qui affluent chez un député pour lui demander un secours, un permis de chemin de fer, une recommandation. Elle n'était pas affranchie ; on l'avait apportée à la main. Tout en montant l'escalier, je l'ouvris. Un flot de billets bleus s'en échappa. Je les ramassai et comptai vingt-cinq billets de mille francs. Avec eux, rien d'autre qu'un méchant bout de papier portant ces trois lignes au crayon : « Don anonyme pour les églises de France qui menacent ruine. Accuser réception dans la *Correspondance rose hebdomadaire.* »

Mon premier sentiment, je l'avoue, fut l'irritation. D'où me venait cette somme si imprudemment confiée à cette enveloppe-torchon ? Qu'allais-je en faire ? Quelle était cette *Correspondance rose ?*

Je n'ai jamais pu connaître mon généreux donateur. Après quelques jours passés à découvrir la mystérieuse feuille rose dont parlait le billet anonyme, j'allai remettre la somme au Comité de Défense catholique présidé par le colonel Keller.

De tous côtés, cette idée que l'on peut trouver de l'argent pour les églises, qu'il y a des mécènes dans l'ombre du vieux porche, entre l'aveugle et

le manchot, agité les esprits. Continuellement on
me dit : « Ne prendrez-vous pas l'initiative de nous
réunir? Il faudrait constituer une société des amis
des églises. On trouverait aisément, chaque année,
les sommes nécessaires pour subvenir à l'entretien des édifices religieux. » M. de Narfon, dans *le
Figaro*, fait campagne en faveur de cette méthode.
Il est venu me voir. Je lui ai répondu que cette
conception m'était beaucoup recommandée, que
M. Briand lui-même, au cours de la discussion
publique, m'avait engagé à solliciter les catholiques et les artistes, et à créer une association
qui réunirait des fonds pour les églises, mais que
j'y étais opposé. Rien ne me déplairait plus qu'une
telle manière de procéder. Les églises appartiennent
au catholicisme et à la France. Les confier au bon
vouloir de quelques-uns, c'est une innovation que
je réprouve de tout mon cœur et de tout mon esprit.
Je ne méconnais pas la générosité de ceux qui
s'offrent à la rendre viable, mais je ne veux pas,
dans une telle matière, créer un privilège, ou une
apparence de privilège en faveur des riches. C'est
la nation qui a des devoirs et des droits, à côté
du clergé, envers les églises de France, et je me
donne pour mission de le rappeler à la nation.

Est-ce à dire que je réprouve une entente des
amis des églises? Nullement. Je la crois nécessaire.
Je ne suis pas partisan de se grouper pour accapa-
rer les églises, mais je suis partisan de se grouper
pour les défendre.

Un matin, je vis entrer dans mon cabinet de

travail deux hommes jeunes, distingués, presque timides, l'un fort délicat de santé. Ils se nommèrent. C'étaient deux de mes voisins de Neuilly, deux peintres, MM. Paul et Amédée Buffet, auteurs de tableaux religieux. Ils aimaient les églises comme catholiques et artistes, et venaient fort émus me demander ce qu'il y avait à faire, comment on pourrait rassembler les peintres, les sculpteurs, les verriers, les architectes, pour la défense de nos monuments religieux. Nous nous arrêtâmes immédiatement à l'idée d'une pétition. Dans quels termes la rédiger? Sur un coin de mon bureau, ils combinèrent un texte avec des lambeaux de mon discours. C'était une lettre très brève adressée au Président de la Chambre : « Profondément émus par de nombreuses et récentes destructions d'humbles églises, sans style peutêtre, mais pleines de charme et d'émouvants souvenirs, de pittoresques calvaires et de vieux cimetières, nous venons nous grouper, artistes et écrivains de toutes croyances, sans distinction de partis, qui avons trouvé auprès de ces modestes sanctuaires tant d'émotions et de sensations d'art (22), pour protester et demander au Parlement qu'une protection analogue à celle des monuments historiques, des sites pittoresques et des réserves artistiques, leur soit attribuée. Nous voulons conserver ces restes du passé, ces sources de vie spirituelle ; nous voulons sauvegarder la physionomie architecturale, la figure physique et morale de la Terre de France... »

Ces quelques phrases exprimaient bien notre

émotion commune ; les deux frères partirent aussitôt par la ville.

Chaque matin, pendant des semaines, l'un d'eux, le cadet le plus souvent, venait me trouver, m'apportait des noms, me disait les bons accueils et aussi les pusillanimités qu'il rencontrait. Le ruban rouge sert à signaler l'honneur acquis, mais il ne sert pas toujours à le faire surgir. Ah ! ce que la perspective d'une décoration peut entraîner de calculs et de pauvres craintes ! Que va dire le gouvernement si je signe en faveur des églises ? Ne paraîtrai-je pas clérical ? Cette commande que je sollicite, ne va-t-on pas me la refuser ? Les deux frères s'indignaient, mais ne se décourageaient pas. Bien leur en prit. Après quelques jours de flottement, l'élan se dessina irrésistible. L'Académie française, l'Académie des Beaux-Arts, l'Académie des Sciences morales, l'Académie des Inscriptions, l'Institut quasi à l'unanimité, s'inscrivirent, et la foule des artistes suivit, peintres, sculpteurs, architectes, archéologues (23), compositeurs de musique, littérateurs (24), tous les conservateurs de nos musées, tous les noms glorieux de la France, et puis les sociétés archéologiques, les académies de province, un grand nombre de lycées et de corporations d'étudiants, le Touring-Club, bref tous les groupements qui se donnent pour tâche d'élever le niveau intellectuel du pays.

Ces adhésions éclatantes arrivaient par liasses de tous les coins de l'horizon. Nous ne suffisions pas à la tâche d'ouvrir et de dépouiller les enveloppes. Auprès de ses deux fils, Mme Buffet, la mère, recopiait les listes que nous donnions au fur et à mesure aux journaux. Juste à la fin de ce travail, la noble femme mourut. Je n'ai jamais eu l'honneur de rencontrer Mme Buffet ; je veux inscrire ici son nom avec mon hommage respectueux. Elle a eu le bonheur de passer les derniers jours de sa vie en communion étroite avec ses enfants pour le service de leurs croyances communes. Un tel souvenir doit remplir les deux artistes de la plus douce émotion. Peu de jours après, M. Paul Buffet entrait au cloître.

Cette superbe manifestation des artistes atteindra-t-elle son but auprès de mes collègues? Je le crois fermement. Toutes les puissances d'opinion sont ébranlées. Rien de plus imposant que ce long cortège chaque jour enflé, où croyants et mécréants, esprits raffinés, âmes pieuses, Français de toutes opinions, cheminent vers la haute flèche qu'ils aiment. Et que nul ne s'offense si, dans cette heureuse procession mêlée, tandis que les plus autorisés vont s'incliner devant l'autel, d'autres demeurent sur la grand'place et regardent de loin le portail ! Cette grande question, essentiellement catholique, c'est entendu, je dois la traiter comme une question de civilisation. Jeter bas les églises de France, c'est un acte monstrueux d'ingratitude et d'imprévoyance, une diminution de la valeur humaine. Tous doivent en prendre conscience. Les protestants comprennent qu'il existe une solidarité entre toutes les interrogations et toutes les prières qui se pressent au parvis de tous les sanctuaires. Je crois savoir qu'ils se tiennent pour offensés et menacés par les brutaux qui cherchent à renverser des autels et à barrer à des millions d'êtres le seuil de l'infini. Le recteur de l'Université de Genève me fait l'honnneur de m'écrire : « Je souscris sans réserve à toutes les conclusions de votre discours. » Et, pour parachever cet accord général, voici que m'arrivent des appuis dont l'importance n'échappera pas à ceux qui ont quelque habitude des milieux parlementaires ; voici qu'un inspecteur d'académie, M. Blanguernon (de la Haute-Marne), me fait l'honneur de m'écrire sous ce titre : « Écoles et clochers, » une lettre ouverte dans le journal de M. Buisson, le *Manuel général de l'Instruction primaire* :

« Vous n'avez pas toujours été tendre pour les instituteurs, me dit-il en substance, et dans la campagne que vous menez pour la conservation des églises, vous ne comptiez sans doute pas sur leur concours. Eh bien ! tout de même, il faut que vous ajoutiez leur nom à ceux des savants, des artistes et des prêtres qui déjà vous soutiennent, et je suis aise de vous dire que les maîtres de la Haute-Marne, tout au moins ceux que j'ai formés, ont appris à connaître et à aimer, comme des témoins vénérables de l'histoire locale, ces édifices religieux que vous voulez sauver de la ruine. Nous sommes disposés à vous donner un coup de main. »

C'est un gros appui qui nous arrive là, fortifiant l'approbation que déjà m'avaient donnée M. A. Gervais dans *l'Instituteur français* et M. Louis Ripault dans *le Foyer à l'Ecole*. L'instituteur peut inspirer aux enfants le respect des vieilles pierres et puis, à la mairie, où le plus souvent il est secrétaire, il inclinera aisément le conseil municipal à la conservation de l'architecture religieuse. Double rôle, double utilité. Je m'empresse de répondre à M. Blanguernon :

« Merci, Monsieur l'inspecteur. Le point capital, ce qui me frappe et m'enchante dans votre intervention, l'essentiel dont je vous remercie, c'est que vous placez la question des églises sur son véritable terrain. Ah ! que je vous suis reconnaissant de ne pas glisser au verbiage de l'art, de la beauté, des charmes du passé, toutes demi-vérités qui livrent au caprice l'immense foule des églises, et qui, finalement, serviront à les condamner plutôt qu'à les sauver. Vous allez droit au cœur de la question, en homme pour qui les préoccupations morales existent. Vous êtes un pédagogue, et tout naturellement vous considérez dans la vieille église, dressée au centre du village, sa valeur éducative. La vieille église vous intéresse pour ce qu'elle apporte à la formation de l'âme.

« La formation de l'âme ! C'est la grande affaire, une affaire qui importe à chaque individu et à la civilisation. Vous en êtes constamment préoccupé. J'ai lu vos articles, Monsieur Blanguernon ; il en est un, entre autres, qui est bien touchant. Vous nous racontez la rentrée de l'école, le premier contact du maître et des enfants. Ces gamins, ces fillettes, visages offerts ou fronts murés, ingénuités, ahurissements honnêtes, malices à l'affût, tout cela c'est l'avenir qui se présente, des cerveaux à ouvrir, des cœurs à échauffer. Et vous pensez tout haut : « Saurai-je mettre un dieu dans ces tabernacles de l'avenir ? » Bien des soins vous sollicitent : inscrire les noms des élèves, leur distribuer les livres, les cahiers, autant de menus détails que vous ajournez. Il faut que cette première heure soit libre, claire, qu'elle vous ouvre le chemin des cœurs. Vous le dites d'un mot, un seul, mais qui va très loin : *c'est le moment de l'appel des âmes.*

« Ici, Monsieur l'inspecteur, on entend palpiter votre émotion, une émotion de la meilleure qualité professionnelle et humaine. Vous êtes ému d'amitié paternelle en présence de ces petits êtres ; vous voudriez qu'ils fussent augmentés par l'école, par vos soins, et vous vous préoccupez scrupuleusement d'éveiller, d'élargir, d'ennoblir en eux la faculté de sentir, tout autant, plus encore que de leur donner des notions.

« Cet éveil et cette éducation de l'âme, vous dites justement qu'il faut les chercher ailleurs que dans les livres. Les sentiments que nous dictent les livres valent peu quand nous sommes petits, auprès de ceux qui nous arrivent ayant passé par l'âme de nos parents, et déjà éprouvés dans les assauts de la vie. Quand nous sommes petits, les objets eux-mêmes nous parlent. Au milieu du village, que dit l'église aux enfants ? Je l'ignore. De son discours immense, chacun reçoit selon son âge et son cœur, et plus que d'aucune autre maison. Nous voilà, Monsieur l'inspecteur, par un temps de décembre, les deux pieds dans la boue, en face de la plus pauvre église rurale. Quelle pensée

solide et complète elle dresse devant nous, cette
vieille bâtisse construite pour être battue des
vents et pour exprimer dans ses jeux d'ombre et
de lumière les aspirations les plus délicates, toutes
les pulsations de l'âme. Elle est chargée des pensées
de tous, de tous dans leur plus haut moment.
Bien mieux que des notions, nous en recevons du
ton, plus d'énergie, de force, d'éclat, une âme plus
tendue, mieux capable de pensées graves. Il semble
qu'à cette minute nous prenions connaissance des
trésors enfouis dans notre mémoire et que nous
nous portions jusqu'aux racines de notre vie spirituelle. Et je ne vous parle pas de religion. Mais
le riche passé nous enveloppe et nous met dans les
meilleures dispositions morales. Ce que nous res-
sentons, ce n'est pas une vague ivresse sans cause,
c'est la joie de vivre avec une collectivité et d'associer à l'humilité d'une vie humaine la vaste
expérience des siècles. Des générations d'ancêtres,
dont la poussière forme le tertre où l'église appuie
ses fondations, arrivent encore par elle à la vie,
et ce qu'elle proclame est proclamé par des monuments pareils dans tous les villages de France à
travers les siècles. Quel élan pour l'esprit et quelle
sécurité ! Nous descendons un grand fleuve où
l'eau profonde reflète notre barque si mince et
toutes les étoiles.

« Je m'arrête, Monsieur l'inspecteur. Je ne vous
propose pas que nous entrions dans l'église du
village. Vous m'avez dit dans votre lettre publique, qu'il vous était pénible d'y voir affichée,
sous le porche, la liste des manuels condamnés.

Évitons, aujourd'hui, ce qui pourrait vous contrarier. Ne passons pas le seuil. Aussi bien, même du dehors l'église est parlante. Elle a ses parures, elle a ses discours pour le passant et pour les gens de la place publique, — paroles citoyennes autant que religieuses, sans lesquelles l'histoire du village français devient incompréhensible. Nous y avons tous collaboré, à cette haute maison collective, et, frères ennemis, nous y pouvons venir respirer une atmosphère de paix supérieure. Je vous remercie de l'avoir dit. Après vous avoir entendu, comment nier la valeur éducative de notre architecture religieuse? L'église n'est pas un bibelot. Elle est une âme qui contribue à faire des âmes.

« Des toutes parts, on me fait des concessions, on m'accorde que j'ai à moitié raison ; on veut bien laisser debout les belles églises. Arrière ce raisonnement ! C'est le point de vue de l'amateur, de l'heureux automobiliste qui dit : « On ne peut pas s'arrêter partout ! Si, dans ma journée, en roulant les routes, je rencontre une dizaine de jolis spécimens bien choisis et bien entretenus, c'est plus qu'il ne m'en faut. » Une telle conception contredit absolument votre pensée et la mienne. Nous voulons maintenir l'église du village en nous plaçant au point de vue de l'habitant. Pour lui, pour nous, il n'en est pas de laides. Fût-elle dédaignée, la moindre église rurale enrichit la vie locale et constitue, pour ceux-là mêmes qui la regardent du dehors, une valeur spirituelle. »

...Mais je m'arrête. Il ne faut pas qu'après avoir cédé au plaisir d'indiquer un peu longuement les

précieuses sympathies qui me portent, je me laisse
en outre aller aux effusions de ma reconnaissance.
Il suffit ! on connaît maintenant mes raisons d'espérer. Toutes ces voix posent la question avec une
force et une netteté souveraines. Mes collègues
de la Chambre ne peuvent pas déchirer, annuler
cette formidable pétition des artistes et de tous.

Un Augagneur — je le prends comme un des
chefs de l'anticatholicisme — a beau approuver
la Lanterne qui déclare « impossible de justifier
l'intervention des pouvoirs publics en faveur d'immeubles dont il faut souhaiter la disparition au
nom de l'émancipation rationaliste et laïque », sa
pensée plus juste lui échappe quand il dit : « Les
églises intéressantes, au point de vue artistique,
sont classées ; elles sont par conséquent garanties
par la loi. » En fait, M. Augagneur se trompe gra-
vement ; toutes les belles églises ne sont pas
classées ; mais il voudrait qu'elles le fussent, et,
par là, il s'approche de notre thèse, car le jour où
l'on déclarera : « Nous ne refusons notre bienveillance qu'à celles qui sont laides, » toutes nos
églises seront bien près d'être sauvées. Il n'y en
a pas de laides pour un homme qui a du goût,
pour un Français qui a de l'âme. Et je viens d'envoyer, d'offrir à M. Augagneur la brochure de propagande publiée par le *Comité catholique de défense religieuse*. Je ne lui demande pas qu'il approuve la préface éloquente du colonel Keller,
mais simplement qu'il y regarde quarante photographies d'églises que l'on vient de condamner
à mort, pour rien, pour le plaisir. Lui paraîtront-

elles vilaines? Eh non, je le jure, il les trouvera divines sous leur vieil âge. Qu'elles sont touchantes et dignes d'amitié, ces humbles églises en péril, ces pauvres Cendrillons de village ! Il est impossible que leur grâce, entourée de l'émotion générale, ne soit pas la plus forte. Nos députés ne voudront pas se laver les mains du sort de ces belles demeures, si vivantes, de véritables personnes. Ils n'admettront pas qu'elles soient traitées en ennemies par les communes propriétaires. Et, si quelques villages trop pauvres ne peuvent pas subvenir à l'entretien de leur église, ils se rappelleront que le gouvernement, au cours des débats sur la loi de Séparation, a maintes fois promis de créer un fonds de secours.

C'est l'idée que, poussant plus avant mes approches et la préparation du combat, je vais m'employer à faire valoir auprès de mes collègues dans les couloirs.

CHAPITRE VIII

LA PROCESSION DANS LE JARDIN

Mais voici l'été, la saison des vacances ; la Chambre se sépare, et je vais à la campagne. Je n'y perdrai pas de vue mon devoir. Lettres, suppliques, photographies douloureuses, mémoires, faire-part de mort me suivent, continuent d'enfler mes dossiers, et, ces faits, que je distribue dans d'innombrables articles de journaux, sont vivifiés en moi par des réflexions et des songeries au jour le jour...

Quel milieu agréable et salubre, nos communes champêtres telles que nous les ont faites les siècles ! Écoutez les bruits qui nous sont familiers et qui montent du village voisin, martelage de la forge, piétinement du troupeau, raclement de la chaîne sur la mangeoire, mélopées de l'école, causeries du foyer, son de la cloche, et je ne fais pas fi du tintement des verres au cabaret, ou, dans le Midi, du choc des quilles renversées par la boule sur la promenade. Tous ces bruits, d'inégale importance, montent, se réunissent, se confondent. C'est la rumeur du village français, animant les mirabelliers de Lorraine, les pommiers de Normandie, les oliviers de Provence. Et qui de nous ne l'aimerait ! Tout y est vrai, créé par le temps, chargé de sens. C'est une harmonie, c'est la somme des expériences accumulées par les générations. L'individu y trouve sa nourriture complète. Toutes les parties de l'âme y sont cultivées, menées quasi au point de perfection, juste assez loin de la barbarie, sans aller à ces raffinements qui ne tardent pas à débiliter une race. Les exemples du foyer, les habitudes du travail, les leçons de l'école, la doctrine et l'atmosphère de l'église, rien de tout cela n'est mauvais. Je l'accepte dans sa totalité. Mais certains veulent détruire l'église.

Que reprochent-ils à ces hauts murs qui se dressent au-dessus de nos champs ? Supposons qu'à une époque bien lointaine leur ombre ait été trop grande sur le village. Aujourd'hui qui, de bonne foi, peut prétendre qu'elle le gêne ? Elle contient quelque chose, elle met une réalité à notre disposition. Il y a des heures du jour, des sites, des solitudes, des malheurs qui sont des maîtres de vie intérieure, et qui nous font l'âme plus lourde, plus grave, plus vraie, mais l'église surpasse tous ces maîtres. Rien ne vaut, si l'on manque de cœur, et c'est dans les poèmes de l'église qu'au village on se forme et se nourrit le cœur.

Aujourd'hui, jour de la procession du 15 août, l'église va se déverser en chants sur la petite ville. Vers cinq heures, les cloches commencent de sonner, et bientôt le bruit de la musique s'avance avec allégresse dans la rue où le soleil déjà incliné n'éclaire plus que le haut des maisons... Voici paraître un vaste dos rouge, le suisse, dans son superbe uniforme. Il ouvre le défilé, le règle et le modère en marchant à reculons. Puis sur les deux côtés quelques enfants de chœur, que suit la double colonne des garçons et des filles. Ils portent de minces et brillantes bannières, et des sœurs de la Doctrine, aux ailettes blanches, placées en serre-file comme des sergents de bataille, maintiennent une douce discipline militaire. Tout ce petit monde récite la belle prière « ...maintenant et à l'heure de notre mort... » et c'est d'un effet prodigieux, ce grand mot jeté par une centaine de voix enfantines, cette bonne volonté des plus petits à s'élever vers ces grands objets mystérieux.

A leur suite s'avance le groupe des jeunes filles en blanc qui soutiennent sur des brancards la lourde statue dorée de la Vierge. C'est la pensée de notre chevalerie et celle de saint Bernard, c'est le culte de l'idéal féminin, c'est la tradition celtique et française qui se développe ici en cortège, et qui s'élève dans les airs avec les *Ave Maria*.

Les dames de la ville leur succèdent, groupées en congrégations et portant au cou de larges rubans violets.

Maintenant, c'est le clergé, M. le curé et ses vicaires.

Et, pour fermer la marche, les hommes en habit du dimanche qui, tout d'une voix, répètent inlassablement le cantique : « Je suis chrétien... » Leur accent plus fort de minute en minute et qui défie, ce piétinement des pas et ces voix ont quelque chose de guerrier. Leur refrain, c'est un drapeau bien tenu et qui entraîne. J'entends : « Nous sommes frères. » Et ce bataillon, avec sa cadence, me convainc mieux qu'aucune apologétique.

On ne permet plus à la procession de circuler dans la petite ville. Vivement, au bout de la rue, elle s'engouffre dans un jardin, un très vieux jardin, suspendu sur les anciens remparts et qui fut longtemps la propriété d'une famille noble. Maintenant il abrite les prêtres les plus âgés du diocèse qui achèvent leur vie en regardant la rivière et les prairies, où conduisent deux cents mètres de lacets... A la tête de ces sentiers, au bord de la terrasse, les jeunes filles qui portent la Vierge s'arrêtent et déposent la belle statue, de manière qu'elle préside à la descente et puis au retour du cortège chantant. Avec elles se tiennent la fanfare du patronage, les trois chantres et M. Martin, mon vieux maître de musique, l'archet sur le violon. La fanfare sonne aux champs, les jeunes filles chantent et mon vieux maître joue du violon.

Ces *Ave Maria*, ces louanges, tout se déploie, ondoie dans une clarté simple et enchanterait la douleur. La procession en marchant leur répond. Par instants, les jeunes filles chantent seules ; groupées autour de la statue, elles jettent aux jardins l'hymne de leur cœur. Aussitôt, dans le bas de la côte, les voix des enfants leur répondent, étouffées par les arbres et tendres comme un grand murmure sous les feuilles. C'est la douceur d'une convalescence quand la douleur glisse au lointain.

Le monde devient plus léger, plus diaphane ; les laideurs et les brutalités s'éloignent ; une nostalgie s'éveille dans notre âme, mais adoucie, recouverte, effacée ; nous éprouvons un surplus de sympathie, de reconnaissance, et tout autour de nous s'animent les éléments fluides et impondérables, la lumière, la douceur du soir tombant, les charmilles défaites, la brume de la rivière. J'ai entendu *Parsifal* à Bayreuth ; tout y est lourd, grossier, volontaire, près de cette fête de la pureté.

Enfance, adolescence, maturité, soir paisible de la vie, tous les âges flottaient sur le vieux parc, comme un brouillard du matin accroché dans les arbres, comme une vibration de Mozart après que les violons se sont tus. Quelle éclosion, une telle journée, entre les longs travaux de la vie terre à terre ! C'est ici que la petite ville peut prendre le sentiment de sa beauté morale, et s'évader des soins matériels. Qu'ils soient remerciés, ceux qui font sortir ces belles heures de la masse sombre des jours. J'ai vu passer la poésie dont je suis un fils reconnaissant et privilégié.

CHAPITRE IX

DANS LES COULOIRS — PAX AUT BELLUM

L'agrément de la Chambre, c'est d'être à la fois une foule et une solitude. On y est nombreux et on y est seul. De collègue à collègue, on ne se doit qu'une politesse de gens de bonne compagnie qui voyagent dans le même wagon. Cette liberté fait l'agrément de la maison. Elle se restreint pour celui qui désire être ministre ; elle s'élargit à l'infini pour celui qui n'appartient à aucun groupe. Je n'attends rien, je ne désire rien ; mon indépendance est parfaite...

O quiétude ! Je vous chante dans l'instant même où je vous perds. Une ambition m'est venue ! A toutes les heures du jour, maintenant, je suis le fâcheux qui, un papier à la main, entraîne celui-ci et celui-là, et tout le monde, à tour de rôle, dans l'embrasure d'une fenêtre ; je souhaite plaire à des adversaires, obtenir leur bonne grâce et leur collaboration et leur faire signer le projet de résolution que voici : « La Chambre, considérant que l'ensemble de nos monuments d'architecture religieuse constitue un trésor national et qu'il y a lieu de le sauvegarder, invite le Gouvernement à assurer, par des règles légales, la préservation et la conservation de ces monuments. »

C'est peu de chose, mais ce serait décisif. Pour l'accepter, il n'y a pas besoin d'être catholique, il suffit d'être intelligent. J'ai bon espoir. On insiste sur la bêtise ou la vulgarité de cette Chambre ! Ce n'est pas ma thèse. Elle regorge de gens qui savent faire des choses difficiles et qui, en deux temps et trois mouvements, se haussent à tenir les grands emplois. Pourquoi dans une conversation familière ne les tirerait-on pas hors de leurs préjugés les plus sombres ? Rien à faire, c'est entendu, avec ces êtres sans lumière dont le gros œil méfiant et très vite irrité ne sait rien voir au delà de l'abreuvoir du village, mais pourquoi ne pas causer avec ceux que je soupçonne de combattre les églises par amour des écoles ? Nous avons en commun l'idée d'un héritage de pensées, d'un bien spirituel à transmettre aux enfants. Ils m'offrent une anse par où je puis les saisir.

Un des premiers que j'aborde, c'est M. Ferdinand Buisson, que je rencontre chaque semaine à la Commission de l'Enseignement. Il me répond :

— Mais pourquoi pas ? Je passe mes vacances dans un petit village où je vis en paysan ; on y est très pauvre ; je donne mon obole au curé pour qu'il entretienne le bâtiment de son église. Dès l'instant qu'il ne s'agit pas de revenir sur la loi de Séparation, je signe.

Un socialiste unifié, M. Albert Thomas, universitaire, avec une belle franchise intellectuelle, me donne, lui aussi, son nom et me promet un constant appui.

Bons débuts, encourageants ! mais j'arrive vite à des couches plus dures. Un homme de valeur et de culture, après avoir examiné mes plus émouvantes photographies de ruines, me refuse son appui avec cette dure réflexion :

— Pour se réaliser, la royauté a détruit bien des choses belles et excellentes ; pourquoi voulez-vous que la démocratie ne le fasse pas ?

C'est une réponse exceptionnelle. Le ton ordinaire de ceux qui se dérobent est mieux donné par ce radical qui, sans essayer de justifier les vandalismes que je lui raconte, me dit :

— Qu'y faire, Monsieur Barrès ! c'est l'histoire de toutes les batailles. Il y a des coups qui portent d'une manière malheureuse !

Le brave homme ! Il avait vraiment du chagrin dans la voix. Et je rencontre beaucoup de collègues de son espèce. Ah ! nos églises, on les aime bien au Palais-Bourbon. On les aime presque trop. Je commence à en avoir le frisson. Je pense quelquefois à une troupe de blancs tombés aux mains d'une tribu anthropophage. On les nourrit fort bien et même on les engraisse ; un jour ils sauront pourquoi ! Toutes ces semaines, dans les couloirs, devant les photographies de belles petites églises rurales que je montre, je vois une quantité de gens aux yeux brillants qui se lèchent les babines ! Je me demande avec inquiétude si ce n'est pas pour les manger.

L'autre jour, un radical-socialiste m'écoutait avec bienveillance.

— Soit ! me dit-il, j'accepte que la commune et l'État se préoccupent d'assurer la vie de l'édifice religieux, mais j'y mets une condition. L'église entretenue par la collectivité doit devenir la maison de la collectivité. Il faut que dans nos villages, une fois les cérémonies cultuelles accomplies, elle soit à la disposition des sociétés.

— Quelles sociétés, grand Dieu !

— Les sociétés philanthropiques et autres d'un caractère élevé. En Alsace, vous avez des églises qui servent tour à tour aux catholiques et aux protestants. Et voyez ! les gens de Bâle invitent notre collègue Jaurès à parler dans leur cathédrale.

— Jaurès dans l'église du village ! J'aimerais mieux qu'elle s'écroulât.

Mon radical eut un cri de triomphe :

— Ah ! vous voyez, vous apportez dans la question une préoccupation confessionnelle.

— Non, je refuse simplement d'organiser la guerre civile au village.

Et j'aurais pu ajouter : Introduire l'antichristianisme dans nos églises, c'est les vouer à la mort. Des antichrétiens détestent le sens même de nos édifices religieux. Ils tendent fatalement à les modifier. Qu'on leur livre Notre-Dame de Paris, Chartres, Amiens, Reims et Beauvais pour y installer la déesse Raison, ils auront tôt fait par une suite de mesures, à leurs yeux les plus utiles et les plus convenables, de dénaturer ces hautes nefs où, dans chaque détail, ils trouvent marquée et proclamée la suprématie de la foi, qui est justement ce qu'ils nient. Ce serait folie de compter sur les ennemis du Christ, fussent-ils des esthètes, pour maintenir intégralement un édifice qui est la figure et la pensée, l'expression même du Christ (25).

Ce serait folie, mais cette folle idée, je la distingue chez un grand nombre de mes collègues, et si l'on regarde bien, elle éclate de toutes parts dans le pays. Il y a nombre de communes pour tenter de la réaliser. De tous côtés des maires prétendent enlever au curé son droit de jouissance exclusive. On en a vu prescrire des sonneries civiles à la pointe du jour, à midi, à la tombée de la nuit, afin de supprimer les sonneries de l'*Angelus* qui ont lieu à ces mêmes heures ; autoriser les sonneries pour les obsèques civiles, pour les baptêmes civils, pour les fêtes municipales, pour l'heure des repas, pour la reprise des travaux des champs, pour les réunions du conseil municipal, pour l'appel des enfants à l'école, pour l'ouverture ou la fermeture du scrutin ; permettre à toute personne de faire sonner les cloches, moyennant un salaire au sonneur, pour des cérémonies privées ; enfin réduire le nombre des sonneries religieuses, voire les interdire tout à fait. On a vu un maire faire ouvrir par un serrurier la porte de l'église, y introduire un convoi funèbre, et procéder à un simulacre d'enterrement religieux. On a vu ailleurs les offices célébrés par un prêtre interdit. Et il y a des tribunaux à Rodez, à Château-Chinon, à Nérac, pour approuver ces abus de pouvoir. Sans doute la jurisprudence, jusqu'à cette heure, a rectifié ces empiétements, a maintenu l'usage de l'église aux seuls prêtres, mais la prétention subsiste en doctrine et aspire à triompher. Qu'est-ce que je vous disais donc, qu'on aime les églises? On se les arrache (26).

Sommes-nous là devant un mot d'ordre de l'anticatholicisme (27) ou devant des volontés spontanées et convergentes? Je n'en sais rien, mais cette vue qui m'est ouverte sur le désir de certains anticatholiques de s'installer dans les églises, avive mon impatience de connaître la pensée politique de nos gouvernants. Que veulent les pilotes qui dirigent notre navigation sur cet océan de haine?

A maintes reprises, j'ai essayé d'interroger le nouveau ministre de l'Intérieur, M. Steeg. Il est fuyant, pressé, distrait, obscur. Je ne vois ni ses yeux ni ses intentions. Je ne vois que sa retraite derrière une épaisseur de silence et de phrases broussailleuses. Et moi, sans fusil, sans arme, n'ayant même pas en main un morceau de brioche, je poursuis infatigablement cet animal craintif. Quand j'ai réussi à le joindre, sur tous sujets il est excellent de courtoisie et de clarté, mais qu'une pointe de clocher apparaisse à l'horizon, il se métamorphose en brouillard et s'évapore.

Du moins ai-je pu causer avec quelques-unes des fortes têtes du parti au pouvoir.

— Nous ne sommes pas les ennemis des églises, me disent-ils ; vos raisons valent à nos yeux, mais le moment n'est pas venu.

Et c'est en vain que je leur parle de la pluie, du vent, des gouttières et de la foudre (28) ; ils regardent ailleurs, prennent de grands airs sagaces.

L'un d'eux me dit :

— Les prêtres ont été bien maladroits, Monsieur Barrès.

Puis il se tait en tirant sur son cigare. Je ne sais comment vous rendre son accent et la signification de son silence. Il s'est mis à songer, tout en attendant que je continue. C'est un de ces hommes qui ont frappé l'Église quand ils avaient le pouvoir à conquérir et qui maintenant voudraient bien le garder avec l'aide de celle qu'ils sentent immortelle. Ils ne haïssent plus, puisqu'ils n'y ont plus intérêt. Mais comment « se rabibocher »?

J'ai laissé mon homme à ses méditations. Voici le fruit des miennes. Je crois que l'idée de nos politiques, à cette minute, serait de prolonger la détresse des églises pour garder une arme contre le Vatican et une valeur d'échange. Ils sont assez inquiets de s'être privés des moyens de coercition que le Concordat leur fournissait, et ils calculent qu'en laissant les édifices cultuels en péril, ils tiennent dans une mesure quelconque le clergé... A mon avis, ils acceptent, pour une date indéterminée, le principe de régler le problème des églises, mais ils entendent que ce soit d'une manière qui mette dans leurs mains quelque nouveau moyen de pression électorale... Au reste, s'il faut que les églises meurent, ils en prennent leur parti. Ne sommes-nous pas tous mortels? Les églises sont de vieilles gens, de vieilles grand'mères ; il faut qu'elles meurent, c'est la loi du monde et le bonheur des héritiers. Mais tout se fera décemment, et, dès maintenant, il est bien entendu qu'on prendra un moulage de leurs chers visages sur leurs lits de mort.

Nous nous sommes occupés de cela, l'autre matin, en séance. Nous n'avons pas voté un sou pour les entretenir. A quoi bon prolonger les souffrances de ces malheureuses? Mais Jaurès a éveillé la sympathie universelle pour les musées et les collections de moulages :

— Notre pays, a-t-il dit, est riche de trésors incomparables, et il est évidemment un de ces pays de fine et profonde culture qui peuvent offrir au monde des œuvres qui ne se trouvent nulle part ailleurs. Ce qui nous manque, c'est le don de mise en œuvre...

Et il a demandé qu'on fît une place beaucoup plus large aux détails de notre architecture religieuse dans le musée du Trocadéro.

Nous avons tous applaudi. Grâce au ciel, désormais, les plus honnêtes arrangements sont pris pour le décès des églises ; le mouleur, sa truelle en main, se tient à côté du cadavre... Mais, une idée ! Si, avec ce plâtre, on bouchait les trous de pluie ? Je l'ai dit à la Chambre :

« Nous admirons, au musée du Trocadéro, des moulages de nos principaux types d'architecture et, le plus souvent, d'architecture religieuse ; n'aurons-nous pas une pensée pour les sœurs de ces magnifiques églises, pour des églises qu'on ne classe pas parce qu'elles auraient été, à leur époque, des copies et que les commissions de classement ne veulent garder que les modèles de premier rang. Des copies, des répliques, des doubles? Non pas ! L'artiste, l'architecte et même la population du petit pays introduisaient dans les plus modestes églises un élément personnel, une légère modification, quelque chose qui les rend intéressantes, d'une manière chaque fois nouvelle, pour les artistes et pour les patriotes. Une fois de plus je demande au Gouvernement de vouloir bien prendre en considération un problème si important et qui ne sera pas toujours vivant : les charmantes et touchantes églises, si vénérables, si précieuses, s'inclinent, et, faute de soins, si vous n'intervenez, elles vont commencer à mourir. »

On a applaudi, et puis on est passé à un autre numéro du cirque parlementaire.

En vérité, au milieu de pareilles scènes, comment l'esprit ne se troublerait-il pas jusqu'à douter de sa force ! Faut-il nécessairement que ses créations cèdent aux puissances de mort et que la folle végétation recouvre et délite le temple édifié par le génie ! Où êtes-vous, belles heures de plénitude et d'élan? Ici l'âme se rétracte et s'engourdirait. De tels jours, en fin de séance, à l'heure où l'atmosphère de la salle en s'épaississant répand sur tous les visages d'affreux tons jaunâtres, il est difficile d'échapper à une sorte d'empoisonnement, à une dépression que nous valent, je pense, tant de discours dispersés en poussières malsaines. On s'en revient chez soi navré, avec un sentiment amer et profond de la brutalité des uns et de l'impuis-

sance des autres (29). On voudrait s'enfuir dans la
solitude, s'enfermer dans le monde des sentiments
intérieurs. Et pourquoi pas? Pourquoi, au soir de
ces journées malfaisantes, me refuserais-je d'aller
dans le monde exaltant des idées? Ce n'est pas
déserter la bataille. J'emmènerai avec moi les
images que je viens de recueillir. Il faut pousser
tous ces gens-là comme un troupeau vers les sommets, les faire rentrer dans leur type historique,
les obliger d'avoir une âme et un nom, les rassembler là-haut autour de leurs idoles. Alors cette
ménagerie prend un prodigieux intérêt moral, et
des médiocrités qui allaient nous lasser parlent
fortement à l'imagination.

Je repasse les conversations qui m'ont le plus
frappé, depuis des mois que je cause avec mes collègues. Il y a un léger recul de l'anticléricalisme
typique, au front de bœuf, aux yeux injectés de
sang. Les jeunes radicaux et radicaux-socialistes
sont moins d'attaque, moins musclés. Enfants de
la victoire, nés dans des jours heureux et dans des
circonscriptions qu'ils ont peut-être conquises sur
les vieilles barbes de leur parti, ils ignorent ces
vigoureuses rancunes contre le presbytère qui pré-
sidaient à la formation des purs. Certaines brutalités de la lutte, telles que la laïcisation des hôpi-
taux, la destruction des ordres contemplatifs et
l'abandon de l'architecture religieuse, ne les remplissent pas de fierté. Il leur arrive de reconnaître
aux catholiques quelques supériorités (30). Deux
d'entre eux causaient devant moi des garderies
d'une grande ville industrielle du Nord, d'un de

ces asiles où les ouvriers laissent le matin leurs
enfants aux soins des religieuses et les reprennent
le soir au sortir du travail.

— Il faudrait bien que nous ayons cela, disait
l'un.

— Où trouverons-nous les dévouements?

— Bah! c'est affaire de décorations.

Et ils se mirent d'accord, comme sur un fait
d'expérience commune, pour constater qu'en
dehors du monde religieux, on n'obtenait rien
qu'avec de l'argent et des rubans (31).

Mais, pour atténué qu'il soit, leur anticléricalisme demeure foncier. Ces nouveaux venus se
trouvent embarqués d'une telle manière — là-
dessus pas d'illusions — qu'ils travaillent et travailleront pour que la France se débarrasse de
ce qui porte l'empreinte chrétienne. Et leur anti-
christianisme n'est pas un simple article de programme, une nécessité de leur carrière politique,
c'est bien un préjugé placé à la racine de toute
leur pensée. Tous s'accordent pour croire qu'au
village ils peuvent avantageusement remplacer
l'église par l'école. Ils ne soupçonnent pas la
raison d'être de la religion ; ils ne voient pas qu'elle
correspond à des besoins réels ; ils éprouvent pour
elle un mépris tranquille, sans méchanceté, voire
indulgent, dont leur physionomie est tout illu-
minée. Dans un Albert de Mun, un Groussau,
« ces représentants d'un autre âge », ils peuvent
saluer la perfection de l'art et le caractère, mais ils
ne doutent pas de leur propre supériorité intellectuelle. Aux yeux de tous ces hommes avec qui

je viens de m'entretenir, la religion n'est qu'un ensemble de superstitions, une conception de l'univers dépassée, une vieille forme de l'esprit, une des peaux que l'humanité a progressivement dépouillées et laissées sur son chemin.

Ils le croient dur comme fer. Et qui de nous n'a pas été dressé à le croire? Les maîtres à qui nous devons les enivrements de notre vingtième année nous ont tous aiguillés sur l'antichristianisme. Ils nous affirmaient que nous saurions, de nous-même, trouver comme un Marc-Aurèle, comme un Gœthe, cette sagesse modératrice, cet équilibre, cette lumière et cette abondance, bref cette paix que l'Église offrait à nos pères et que d'ailleurs à vingt ans, nous ne songions guère à désirer.

— Comment diable? me disent parfois en conversation familière quelques-uns de mes jeunes collègues, vous de qui nous connaissons toute la suite des ouvrages et qui n'avez jamais renié ni Taine, ni Renan, ni Sainte-Beuve, comment êtes-vous dans cet état d'esprit de célébrer les églises, non seulement pour leur beauté, mais encore d'un point de vue moral et spirituel? C'est pour les autres, n'est-ce pas?

— Ah! non, par exemple! Non! j'ai horreur de cette conception sèche d'une religion pour le peuple. Je ne suis pas de ceux qui aiment dans le catholicisme une gendarmerie spirituelle! C'est pour moi-même que je me bats. Une église dans le paysage améliore la qualité de l'air que je respire. Parfaitement! Ce qu'il y a de plus vivant et de plus noble chez les gens de France et chez moi s'accroît dans l'atmosphère catholique. Chacun de nous trouve dans l'église son maximum de rendement d'âme. Je défends les églises au nom de la vie intérieure de chacun.

— C'est bien extraordinaire.

— Mais non ! leur dis-je, fort ordinaire. Seulement il faut avoir de l'expérience et de la rêverie. C'est la courbe normale d'une vie à la française et sans doute du plus grand nombre des vies dans tous les climats.

Et je suis tenté de leur raconter une espèce de petite histoire, la mienne, la leur, celle de tout le monde, une allégorie en trois points qui ne vaudrait complètement que si les paroles en étaient rayées et remplacées par de la musique, par cette musique courte et profonde qu'un Henri Duparc sait écrire, musique pareille à ces rivières lentes et noires qui coulent à ras de terre dans une campagne déserte.

PAX AUT BELLUM

Il y a une trentaine d'années, je faisais mon premier voyage d'Italie. J'avais vingt ans. J'apprenais l'italien, j'étudiais l'histoire des arts et l'histoire du *Risorgimento*, je m'émouvais des gloires de la place publique et de celles qui se perfectionnent dans la solitude ; je lisais les poètes et je regardais les charmantes figures des jeunes Italiennes pareilles aux vierges des musées. Autour de moi, tout était poésie, romanesque, éclat, volupté, et je me disais : Quand pourrai-je me placer dans une de ces belles séries? Quand donc en aurai-je fini avec ces lentes préparations de ma vie?

Ces heures déjà lointaines, je les revois nettement, comme des îles brillantes sur la mer, et je me rappelle, entre autres, un jour que j'ai passé à Monte Oliveto, près de Sienne, dans le vieux couvent rouge sur la colline de cyprès noirs. Depuis lors, beaucoup de plaisirs et d'ennuis sont venus s'interposer entre mon esprit et ces images du passé. N'importe ! je respire encore les plaisirs que ce printemps italien dégageait de l'immense paysage raviné, calciné, planté d'arbres de cimetière, et je perçois, comme s'il était d'hier, le désœuvrement qui flottait, par cette après-midi trop longue, sur les brillantes peintures de Signorelli et de Sodoma.

Ces grandes scènes, charmantes et fastueuses, sous les arceaux du cloître, c'est un saisissement divin. Au premier choc, tout notre être s'élance, mais de cette haute émotion, l'instant d'après, retombe à la plate vie. En moins d'une heure j'avais épuisé toutes les ivresses de la solitude. Le couvent était quasi désert ; depuis que les moines en ont été expulsés, seuls y demeurent un prieur et quelques frères qui assurent l'entretien des vastes bâtiments, et cette demi-mort de la maison de prière devenue un reliquaire voluptueux avivait encore ma fermentation. J'allai trouver l'aimable prieur et durant dix minutes je lui exposai de bonne foi que le sublime de la vie, c'est l'intensité qu'elle prend dans une telle retraite, puis, sur son explication de l'emploi de ses journées, je sentais, je déclarais que le sublime ne se trouve qu'ailleurs, et je rejoignais les insipides compagnons que le hasard du voyage m'avait donnés depuis Sienne : un gros Marseillais tout rond, accompagné d'une nièce d'occasion, qui cachaient mal leur bonheur facile, tels Jupiter avec Hébé, derrière tout ce qu'ils avaient pu emporter de l'atmosphère de la Cannebière. Dix minutes, ils étaient la vie même, et tout de suite après, d'un ennui mortel. Je les fuyais pour retourner à la promenade, à la rêverie, à des lectures qui ne savaient pas me retenir.

Autour de moi, tout était neuf, plein de promesses et cependant fermé. J'étais excité par ce beau décor et impatient d'en voir d'autres ; j'interrogeais avec un excès de confiance toutes ces richesses éparses, et leurs réponses me décevaient. Ah ! ces beautés qui nous racontent les plaisirs et les douleurs des autres, ces cloîtres embaumés de fleurs, ces musées étincelants de formes divines, comme ils nous dégoûtent, à vingt ans, de notre plumage grisâtre, et nous font crier : « Des ailes, des ailes ! » A vingt ans, le jeune Disraëli, le futur lord Beaconsfield, était si fort ébranlé par le désir du pouvoir et de la gloire, ressentait une telle excitation nerveuse qu'il croyait percevoir la rotation de notre planète. Il se figurait aller à l'encontre du mouvement de la terre et l'enregistrer comme celui qui prendrait un tapis roulant à l'envers.

Le lendemain, au moment de partir, j'allai avec les deux Marseillais prendre congé du prieur à qui chacun de nous remit, en remerciement de son hospitalité, une aumône pour ses œuvres. Et lui, à son tour, avec une charmante bonne grâce, il voulut nous offrir et nous dédier des brochures consacrées à son beau monastère. Sur la mienne, il tint un instant sa plume levée, et me regardant il dit :

— Que vais-je écrire : *Pax aut Bellum?*

Et moi de répondre précipitamment, comme si l'hésitation seule était déjà une offense à tous ces rêves d'agitation et de gloire qui m'appelaient sur la scène du monde.

— *Bellum!*

Ce fut un scandale. Le Marseillais et sa nièce me tiraient par mon veston. Mais le prieur, avec un sourire paisible, répliqua :

— Non, jeune homme, *Pax.*

Il dit cela avec solennité, en maintenant sur moi son regard, puis il écrivit lentement sur le petit livre que je possède encore, le mot *Pax,* d'une écriture grande et claire, tandis que mes compagnons l'approuvaient d'une manière un peu désobligeante pour un jeune arrogant.

« Alors le jeune garçon s'enfuit sauvagement dans la vie. » Ainsi s'exprime le poète. Et de fait, aux heures de sa première force, un jeune homme s'acharne, foule aux pieds, dédaigne tant de choses qu'on peut le prendre pour un barbare. Je songe à cette fresque aux couleurs vineuses, violacées, pleines d'orage, que Delacroix peignit sur la muraille de Saint-Sulpice, et au jeune voyageur qui, tête baissée, dans une mystérieuse solitude où tressaillent d'un vague étonnement les choses, n'hésite pas d'assaillir l'ange.

Quel sentiment de la hiérarchie spirituelle dans le paysage! Que ces grands chênes jouissent du plaisir d'être robustes! Comme ils étalent et tourmentent leurs branchages sous les lueurs du matin! Et ces buissons, ces rochers, comme ils demeurent dans un puissant repos! Cette nature serait belle à soumettre, ces hautes montagnes à sillonner de routes, ces grands arbres à débiter en planches et en poutres; cette terre si neuve produirait joyeusement une abondante moisson; des parfums, des effluves, des aimants, des secours profonds enveloppent, viennent caresser doucement le passant. Mais un jeune héros, lui, ne songe pas à réjouir ses yeux du splendide rideau de ces apparences et ne se contenterait pas d'une tranquille possession. Obligé par sa force propre, il court à son haut destin; il va droit à l'esprit. Quel drame! Le voyageur a jeté à terre ses vêtements et ses armes. Corps à corps, il affronte l'envoyé mystérieux du ciel. Comme un jeune bélier, il fonce, la tête en avant, légèrement inclinée, et sur ce dur petit crâne rond, on croit voir pointer des cornes.

Ce combattant, c'est une des plus belles images guerrières. Un jeune héros, d'un mouvement irrésistible, s'élance au cœur de la vie; il court à ce que les faits contiennent d'émotion; sur tous les domaines, il se fraye un passage jusqu'à l'esprit. Où qu'il débouche, c'est d'un tel élan que du monde de la nature il a pénétré dans le monde de l'âme... Celui-ci, que veut-il de cet ange ? « Laissez-moi aller, lui dit le mystérieux génie du ciel, car l'aurore commence déjà. » Et le jeune audacieux répond : « Je ne vous laisserai pas aller que vous ne m'ayez béni... »

Dans une sorte d'ivresse, devant tous les spectacles, les paysages, les événements, les objets, j'ai désiré confusément l'esprit qu'ils contenaient. J'ai voulu le discerner, le saisir, me mesurer avec lui. Non pour le détruire ! Je n'ai jamais rêvé de rien jeter à terre. Je combattais pour m'affermir et m'augmenter. Je voulais me conquérir dans tout. Je me suis opposé violemment à tout ce qui n'était pas moi, mais quand j'avais pris corps à corps l'esprit mystérieux, je lui demandais sa bénédiction, son amitié, son alliance. Que nous attaquions ce qui court, ce qui rampe ou ce qui vole, nous ne cherchons pas d'autre fruit de la victoire que de nous annexer plus d'âme.

Où cela nous a-t-il mené ? Me suis-je, comme je voulais, développé, haussé, totalement employé ? D'étape en étape, je distingue mieux au fond de mon être une force oubliée, dédaignée, d'abord assoupie, mais accrue de toutes mes alliances ; j'entends un désir qui n'a pas eu sa part et qui chante plus fort à mesure que tous les autres, rassasiés jusqu'à la satiété, se taisent. Cette voix profonde me hèle, réclame son ascension à la lumière et s'efforce mystérieusement de redresser le cours de ma vie.

« *Pax aut Bellum!* » m'a dit le solitaire de Monte Oliveto. J'ai répondu : « *Bellum.* » Aujourd'hui, je connais la stérilité de ces luttes, de ces heurts, où s'absorbe la jeunesse, et qui ne valent qu'autant qu'un mariage, une alliance, une étroite union les terminent ; je sais que, pour progresser, il faut s'associer avec un nombre de choses chaque jour plus considérable, prendre le pas avec tout ce qui marche, trouver le rythme universel, cesser de s'opposer, retrouver l'unité dont nous sommes issus, où nous devons rentrer. Après trente années, la voix du vieil homme s'est fait accueillir ; les cordes qu'elle devait frapper se sont mises à vibrer, et l'enthousiasme qui me disposait à une vie dangereuse se résout en une nostalgique aspiration à l'harmonie. Aujourd'hui si je rencontrais l'Ange, je n'engagerais pas la lutte ; je lui dirais : « Bel étranger, où est votre violon ? »

Pax! mot magique, formule d'un désir, vieux comme l'humanité, de nous soumettre, de nous déprendre de nous-mêmes et de nous hausser hors du monde de la nature aveugle et batailleuse. « Maintenant, plus que de la musique, » conseille la Sibylle à Socrate. « Je ne veux pas mourir sur le coffre, » déclarait Turenne. Jean-Jacques Rousseau fait un recueil d'airs, de romances et de duos qu'il intitule : *Les consolations des misères de ma vie.* Au terme de son âge, Beethoven compose dans sa *Messe en ré* le triomphe de la paix intérieure. Lamartine, chargé d'expériences et d'années, conclut que « l'homme n'a pas été créé pour autre chose que l'adoration ». Même le vieux Renan, un degré plus bas, disait : « Je lirai des romans. » Et j'en connais pour qui ces trois lettres, *Pax*, inscrites sur le marbre, ramènent la douceur dans un cimetière de novembre.

Ah ! puisse-t-elle ne jamais disparaître de nos villages, la haute demeure au front de laquelle rayonne ce grand mot, si puissant qu'il adoucit la mort. Que l'église s'écroule, où pourrons-nous rejoindre désormais le monde de l'âme, et, pauvres gens, écouter la musique de la Sibylle, les airs, les romances et les duos de Jean-Jacques, l'hymne adorant de Lamartine ? Faudra-t-il nous contenter d'une nature aveugle, implacable ? Où verrons-nous s'épanouir la fleur merveilleuse que nous demandons vainement aux chènevières, aux prairies et aux bois ? Où donc la nostalgique aspiration de l'âme apprendra-t-elle à briser, à faire éclater le moi individuel ? Où percevrons-nous ce qu'aucun laboureur n'a noté sur ses terres, et qui fait le suprême enivrement d'une vie pleine de jours, la chanson du grain de blé qui meurt dans le sillon pour renaître ?

CHAPITRE X

LA RÉUNION DE CAEN

Mon collègue Engerand m'a dit :

— Vous devriez venir à Caen nous parler des églises.

J'ai remercié et refusé.

— Caen est une ville admirable, que vous me montreriez mieux que personne. Mais j'ai décliné trente fois de faire des conférences sur les églises.

— Je vous comprends, m'a répondu Engerand ; ne pouvant pas aller partout, vous décidez de n'aller nulle part ; je ferais comme vous. Mais Caen est un lieu hors de pair, c'est la « ville des églises », la patrie de M. de Caumont, le siège de la première société d'archéologie française. Et puis c'est le pays de Chéron.

— Pourquoi me parlez-vous de Chéron?

— Ses amis n'ont jamais fait une difficulté pour l'entretien des églises. Écoutez des chiffres qui vous étonneront et que je vous garantis. La ville de Caen vient de consentir un sacrifice de 200 000 francs pour remettre en état Saint-Jean,

Saint-Pierre, Saint-Sauveur, enfin cinq églises ; et le Conseil général du Calvados nous a voté une somme complémentaire de 75 000 francs. Naturellement l'État y va de sa quote-part sur les fonds des monuments historiques. C'est votre système, n'est-ce pas ? Vous préconisez la triple collaboration de l'État, de la commune et des fidèles, Venez l'exposer chez nous ; nous-mêmes, nous vous dirons ce que nous faisons, et vous reviendrez à Paris avec des approbations et des exemples qui vous serviront devant la Chambre. Dites que vous acceptez, et la Société française d'Archéologie va prendre l'initiative de tout organiser.

J'ai cédé à l'insistance amicale d'Engerand, et je m'en félicite. Je reviens de Caen. La réunion de ce vendredi 31 mai 1912 a été excellente. M. Eugène Lefèvre-Pontalis, directeur de la Société française d'Archéologie, professeur à l'École des Chartes et membre de la Commission des Monuments historiques, présidait. Il a fait une belle leçon sur les églises du Calvados. Engerand, avec beaucoup d'esprit, a tracé un portrait en pied de M. Homais (qui n'était certainement pas dans la salle, car tout le monde riait de bon cœur et applaudissait). J'ai pris la parole. J'ai insisté sur ce fait qu'en venant dans cette ville célèbre par ses richesses architecturales, au milieu de la Société française d'Archéologie fondée par l'illustre Caumont sur l'appel de Montalembert et de Victor Hugo, je voulais marquer, d'une manière très nette, le caractère de ma campagne et préciser le terrain sur lequel peuvent se rejoindre, sans se donner de démenti, tous les défenseurs de notre trésor artistique, tous les hommes respectueux de la vie de l'esprit. « Empêchons les églises de s'écrouler, ai-je dit ; plus tard nous nous occuperons du règlement général des difficultés créées par la loi de Séparation. Une solution générale et définitive, tout le monde le sait bien, ne s'obtiendra que le jour où l'on voudra s'entendre avec Rome. Mais aujourd'hui, le problème urgent, pour lequel il faut une solution, fût-elle provisoire, c'est que les églises soient entretenues, sauvegardées, même si les conseils municipaux s'y opposent. »

Ce sont là les idées que je compte exposer dans mon prochain discours à la Chambre. Elles furent accueillies aussi bien que possible. Sur l'estrade avaient pris place, autour de Lefèvre-Pontalis et d'Engerand, M. Perrotte, maire de Caen, qui est un des chefs du parti radical dans le Calvados, Mgr de Bayeux, MM. Flandin, député de Pont-l'Évêque, Souriau, professeur à la Faculté des Lettres et président de l'Académie de Caen ; de Longuemare, président de l'Association normande ; Le Vard, président de la Société des Beaux-Arts, etc. La présence de l'évêque, du maire radical, des députés progressistes, des universitaires, des présidents de sociétés savantes, réunis en dehors de toute division politique pour affirmer qu'il faut sauver les églises, était à elle seule un programme d'action et un résultat.

Je suis très heureux de cette journée. En soi, c'est déjà quelque chose de beau et d'émouvant qu'une affirmation en commun, fût-elle sans effet immédiat : mais celle-ci me semble prophétiser le salut des églises. D'où pourrait venir un empêchement ? A la Chambre, M. Chéron vient de me dire que, s'il avait été libre, il aurait aimé assister à la réunion, et qu'il était heureux de mon succès. De nombreux radicaux m'apportent leurs signatures (32). Je suis plein d'espoir, nous allons pouvoir faire voter mon projet de résolution. C'est tout de même quelque chose qui aide à la réussite, que d'avoir si profondément raison.

CHAPITRE XI

HOMO SAPIENS

J'étais allé au Jardin des plantes préparer mon discours en me promenant. Je suis entré au Muséum. On y voit le tableau de la vie sur notre planète ; on y voit de vitrine en vitrine et d'âge en âge, à côté des premières gélatines animées, les familles d'êtres vivants surgir et mourir. Ces salles silencieuses, où sont réunies comme par ordre de disparition les plus vieux témoins du monde, je les parcours à chaque visite avec un double respect, respect pour ce mystère infini et respect pour les savants qui ont si bien cherché et classé. Quelle excitation pour l'esprit, et en même temps, quelle simplicité et quelle unité, ce grand spectacle dépose dans notre âme !

Au troisième étage, à son rang de haute dignité dans la série animale, figure l'Homo Sapiens. Il est là naturellement à plusieurs exemplaires, dont un superbe, fort saisissant, bien complet, un homme de l'âge de pierre, qu'on a découvert dans une grotte auprès de Menton... Il vivait, Dieu sait

quand, il y a au moins vingt mille ans, et déjà il
faisait de grandes choses ; il avait inventé le feu
(on l'a trouvé auprès d'un foyer) et ces flèches que
voilà près de lui, et puis c'était un artiste, il cou-
vrait de dessins et de peintures les parois de son
habitation. Il a bien mérité. Et chaque fois que je
le visite, je suis content de le voir installé dans ce
beau cadre, gardé par un descendant en casquette
et entouré de soins administratifs très dignes.

Hier, tout animé par les méditations auxquelles
je m'abandonne dans les marges de mon discours,
je le regardais avec plus de sympathie encore.
Il porte une résille de petits coquillages, et cet
ornement un peu affecté, maintenu dans sa che-
velure par une longue épingle qu'on a laissée auprès de lui, s'accorde bien avec son caractère intellectuel dont témoignent ses travaux. Mais c'est
sa personne même qui est parlante. Le voilà cou-
ché sur le côté, ses jambes repliées l'une sur l'autre,
ses mains jointes. C'est le geste du repos, c'est
un homme qui se couche pour mourir. Ce corps
fragile nous conserve l'attitude d'une âme. Des
pensées, des sentiments s'expriment dans la position de ces ossements. Nous sommes en présence
d'un être qui connaît la douleur comme les bêtes
et qui connaît la mort et ses terreurs comme nous
autres. Comme il souffre, comme il pense ! O mon
parent ! Ma foi, je me suis découvert, je me sentais gêné d'être là, le chapeau sur la tête, à le dé-
visager dans sa dure agonie.

Ce qui est venu jusqu'à nous, cela seul que nous
savons de certain sur ce lointain ancêtre, c'est ce

qu'il y a de plus immatériel, de plus insaisissable, de plus fugitif au monde, la dernière angoisse, la suprême lassitude de tout le corps d'un pauvre être. Ses fils l'entouraient-ils, le soutenaient-ils dans leurs bras? Avait-il autour de lui une petite société? Ou bien fut-il abandonné de sa femelle et de ses petits? Cela, je l'ignore ; les actes de ce mort sont écoulés, mais il reste de lui cette attitude tragique, ce rayon lointain de douleur qui, sous nos yeux, le sacre pareil à nous.

Oui, celui-là s'était déjà dégagé du limon de l'animalité. L'étincelle de l'esprit brillait dans son regard. L'amour, le dévouement, la piété, l'honneur, toutes ces forces, toutes ces beautés, il les portait en lui ; elles attendaient en lui.

Nous sommes étonnés, quand nous lisons les vieux chefs-d'œuvre, de voir que des sentiments subtils, délicats, poétiques, que nous croyons rares aujourd'hui, existaient chez les hommes d'il y a des siècles. Nous sommes encore plus étonnés quand nous voyons par les dessins comment ils marchaient, saluaient, s'accoudaient pour converser ou réfléchir. Mais nos nuances de physionomie, nos nuances d'âme, quelle stupeur de les trouver marquées sur notre plus lointain ancêtre ! Ce n'était pas seulement la même argile qui le formait, c'était le même feu qui l'animait. Il a connu les étoiles qui brillent dans notre ciel et les sentiments qui éclairent notre conscience. Pour traduire comment battait son cœur, il faudrait la même musique mystérieuse et indéterminée qui traduit la lenteur ou la précipitation de notre

cœur. Dans ce terrible moment où la terre l'a saisi
et gardé, nous le voyons, là, sous nos yeux, ce
mourant, qui se dépasse, qui prend conscience de
lui-même et qui s'interroge comme jamais il ne fit
dans les heureuses journées de sa vie. A cette minute où si souvent un éclair illumine notre âme, il
se demande : « Suis-je abandonné? Quel est mon
sort? Dans quel monde invisible vais-je entrer? »
La nature ne lui répond rien. Elle l'écrase. Il est
tombé à terre, désarmé ; longuement il appelle,
puis il courbe la tête, il se soumet, soit au silence
terrible, soit à une voix qui lui répond et qui l'enchante ; il s'abandonne aux mains de la mort avec
le sentiment de son ignorance devant quelque
chose de sacré.

Quelle image prodigieuse, dont je n'épuise pas
les leçons, ni le drame, cet ancêtre qui meurt auprès de son feu, entre ces hautes vitrines garnies
des silex éclatés dont il faisait ses flèches et ses
haches ! Son angoisse suprême est exposée devant
tous ; nous pouvons l'étudier tout aussi commodé-
ment que les outils de son industrie. Cette petite
salle du Muséum est un des miracles du monde.
C'est un de ces lieux où l'on n'est pas en présence
d'un individu, mais en présence de l'Homme (de
la même manière qu'en écoutant certaines réflexions de Pascal, c'est l'Homme que l'on entend
penser). Dans cette vitrine de notre aïeul, j'entends, je vois les premiers vagissements de la
science et de la religion. Sur ce frêle débris a passé,
aussi fugitif qu'un frisson de lumière, une angoisse
qui traverse les générations avec une puissance

qu'aucune mort n'arrête, qui nous rejoint et ne s'éteindra qu'avec le dernier homme. L'histoire de cette angoisse-là, c'est l'histoire du divin à travers l'humanité. Quel insensé croirait pouvoir écarter cette supplication venue du fond des âges et qui trouve sa voix, à chaque heure du jour, dans la liturgie de l'église de mon village?

CHAPITRE XII

DEUXIÈME DISCOURS DES ÉGLISES

C'est pour aujourd'hui, 25 novembre 1912. A mon banc, j'attends mon tour de parole avec un fond d'inquiétude. Au dernier moment, plusieurs jeunes radicaux et radicaux-socialistes viennent de m'écrire pour me reprendre les signatures qu'ils m'avaient données. Nous étions bien d'accord pourtant ; nous avions reconnu paisiblement, à tête reposée, que pour des raisons diverses nous voulions une même chose : le salut de notre architecture religieuse, le salut du plus beau monument du village. Et maintenant ils se dédisent, se retirent sans explication, en termes courtois et gênés. On m'assure que c'est l'effet d'une note menaçante parue dans *la Lanterne*. Mais laissons ; je ne dois pas penser à ces manœuvres qui ne peuvent que me troubler ; je ne dois à cette heure penser qu'à l'excellence de la cause et à l'honneur de la tâche.

M. LE PRÉSIDENT. — La parole est à M. Maurice Barrès.

M. Maurice Barrès. — L'ensemble de nos églises et de nos monuments d'architecture religieuse constitue un trésor national qu'il y a lieu de sauvegarder. Voilà le thème que je voudrais développer devant la Chambre pour lui demander qu'elle invite le gouvernement à assurer, par des règles légales, la conservation, la préservation de ces monuments. *(Très bien! très bien!)* C'est l'objet d'un projet de résolution que j'ai déposé entre les mains de M. le Président, et qui viendra aux voix sur l'article premier. Et je crois que cette idée peut nous mettre tous d'accord.

J'ai pour garant de mon espoir les signatures qu'ont bien voulu donner à mon projet de résolution un grand nombre de membres éminents de tous les partis. Comment douter du succès d'une cause qui réunit, de M. Denys Cochin à M. Albert Thomas, tant d'esprits aussi divers que MM. Villault-Duchesnois, Jules Siegfried, Joseph Thierry, Auguste Bouge, Joseph Reinach, Louis Barthou, André Lefèvre, Marc Frayssinet, Paul Dupuy, Henry Chéron, Ferdinand Buisson, Leboucq, Charles Benoist, Aynard, d'Iriart d'Etchepare, Jonnart, et je ne cite pas ceux de mes collègues auxquels me réunissent des affinités plus directes et plus resserrées.

Tout le danger (dont j'ai un sentiment si vif que je voudrais pouvoir renoncer à la parole) c'est que, par quelque point de ma démonstration, je nuise à cet accord. Il est fatal qu'appartenant à des partis si divers, nous ayons, pour vouloir sauver les églises, des motifs différents.

Il est possible que quelques-uns des arguments que je vais exposer satisfassent mal des collègues avec lesquels pourtant je m'entends sur le fond. Je les prie de considérer que je ne prétends parler au nom de personne, et qu'il ne faut voir dans mes observations que ma pensée propre. Je l'exposerai sans détour, et je suis convaincu que nous nous mettrons d'accord sur le but à atteindre, alors même que nous reconnaîtrions que nous y sommes conduits, les uns et les autres, par des voies variées. *(Très bien! très bien! à droite.)*

Il y a près de deux ans, la Chambre a examiné la situation critique de nos églises. Depuis deux ans, cette situation n'a fait que s'aggraver. Et cette aggravation du péril, à bien voir, est absolument inévitable, car elle tient à l'état même de notre législation.

Sous le régime du Concordat, il y avait les fabriques, corps ecclésiastiques constitués pour l'entretien du culte, et dont les revenus devaient être employés, en cas de besoin, aux réparations des églises ; il y avait les communes qui étaient obligées à ces réparations, en cas d'insuffisance du revenu des fabriques ; il y avait enfin un crédit dans le budget de l'État, qui comprenait des fonds destinés à être répartis à titre de subvention.

Aujourd'hui, par l'effet de la loi de séparation, les fabriques ont disparu ; les communes, tout en étant devenues propriétaires, ne sont plus obligées aux réparations, et enfin le fonds de subvention a été supprimé. Les fidèles même qui voudraient courir au secours de leurs églises, que peuvent-ils?

L'argent qu'ils apportent peut être refusé par la commune propriétaire. Si la commune l'accepte, elle n'en doit aucun compte, elle n'est tenue dans aucun délai, soumise à aucun contrôle : le souscripteur n'a aucune garantie.

Ainsi, dans la situation légale où se trouvent aujourd'hui nos églises, personne n'a la responsabilité de leur entretien. Et les meilleures volontés peuvent être écartées. Le résultat, c'est que toutes nos églises, dans un délai plus ou moins long, sont vouées à la ruine.

Eh bien ! de cela l'opinion publique ne prend pas son parti. J'ai déposé sur le bureau de la Chambre une immense pétition vous demandant de protéger l'ensemble de nos églises, de sauvegarder la physionomie architecturale, la figure physique et morale de la terre française. Cette pétition est chargée des noms les plus illustres ; elle contient quasi tous les membres de l'Institut, et des académies et sociétés archéologiques de province, et puis des représentants de notre Université. On y voit tous les âges. Auprès de grands artistes fameux se sont groupés les rapins de Montmartre. Et ce qui achève de donner son caractère saisissant à cette manifestation, c'est qu'elle est approuvée et contresignée par des savants fort éloignés d'une conception surnaturelle du monde. *(Très bien! très bien!)*

Une telle union d'esprits si divers, Monsieur le Ministre, nous entraîne sur un plan où les querelles de parti n'ont plus de sens. Désormais la question des églises est déclassée. Elle est soustraite à la polémique. Vous pouvez l'examiner et la régler en toute sérénité. Très évidemment, à l'origine de cette pétition il n'y a rien d'autre qu'un mouvement de sympathie et de vénération pour les églises de France, un mouvement d'amour. Puisse-t-il être communicatif ! On voudrait mettre en épigraphe sur cette pétition ce que Beethoven écrivait en tête de la partition de la Messe en *ré :* « Sortie du cœur, puisse-t-elle y retourner ! » *(Applaudissements.)*

Oui ! puisse cette pétition des églises retrouver ce qui subsiste de noble et de généreux chez des hommes durcis par les luttes politiques !

Elle a trouvé partout le plus favorable accueil. Vous citerai-je, en date de septembre 1911, un vœu émis à l'unanimité par le Conseil municipal de Paris et demandant « que l'État intervienne pour empêcher la destruction et favoriser la restitution des monuments possédant un caractère soit artistique, soit historique... *(Applaudissements.)*

M. Léon Perrier *(Isère)* et Charles Beauquier. — Nous sommes tous d'accord là-dessus.

M. Maurice Barrès. — ...ou ayant tenu une place dans l'existence nationale ou dans la vie locale des communes françaises » *(Applaudissements au centre, à gauche et à l'extrême-gauche.)*

Vous citerai-je encore, en date d'hier, cette fois, un vœu du Conseil général de la Seine-Inférieure, toujours émis à l'unanimité : « A quelque parti que l'on appartienne, nous devons tous être d'accord pour trouver la solution nécessaire et pour protéger l'une des plus importantes parties de nos richesses nationales. » Enfin, ici même, par l'organe de ses rapporteurs, MM. Dubarle et Bories, votre Commission des pétitions a accueilli très favorablement la pétition des églises, et je rends bien volontiers hommage à la bonne volonté avec laquelle l'administration des Beaux-Arts fait face à une situation difficile. L'administration préfectorale, elle-même, je constate qu'elle a réparé, comme elle a pu, une partie des scandales que j'ai dénoncés, soit à cette tribune, soit dans la presse.

Mais cette bonne volonté générale est toute désarmée. Des vœux et des mesures individuelles de grâce, ce n'est pas suffisant. Tout ce que nous avons gagné dans l'ordre sentimental n'empêche pas les intempéries, non plus que la malignité des sectaires. Pendant qu'elles triomphent dans les cœurs et qu'on les porte si haut, nos églises rurales s'écroulent sur le sol. Dans les chemins creux de campagne, combien d'églises qui meurent. On n'assassine plus en plein jour, mais derrière les haies. *(Interruptions à gauche.)*

M. CHARLES BEAUQUIER. — Vous équivoquez.

M. MAURICE BARRÈS. — Que voulez-vous dire, Monsieur Beauquier?

M. CHARLES BEAUQUIER. — Je dis que vous développez une équivoque. Tout le monde est d'accord pour conserver les églises artistiques ; mais vous confondez continuellement toutes les églises avec celles-là. Voilà l'équivoque! *(Très bien! très bien! sur divers bancs à gauche.)*

M. MAURICE BARRÈS. — Monsieur Beauquier,

permettez-moi de vous dire qu'il faut que vous désiriez bien que je tombe dans l'équivoque pour la soupçonner dès les premières secondes de mon discours. Mes collègues se rendent compte que j'essaye d'exposer clairement mes pensées propres ; j'ai dit que je parlerais et je parle de « l'ensemble de nos églises ». Il sera très facile, quand j'aurai terminé mes explications, que chacun voie quelle est sa position exacte par rapport à la mienne. *(Applaudissements au centre et à droite.)*

D'ailleurs, laissez-moi vous donner un exemple topique et permettez que j'entre dans de petits détails. Quelques faits bien précis éclairent mieux une situation que ne feraient les plus éloquentes généralités.

Dans une petite commune de l'Yonne, à Moulins-lès-Noyers, il existe un calvaire. Ce calvaire est composé d'un Christ en bois sculpté, de la première partie du dix-huitième siècle, et il est l'œuvre d'un sculpteur de mérite, Charles-Antoine Bridan, grand-prix de Rome, membre de l'Académie des Beaux-Arts. Ses œuvres sont remarquables. Vous avez probablement vu son *Vulcain présentant à Vénus les armes qu'il a forgées pour Enée.* C'est une des belles statues du jardin du Luxembourg. Je n'ai pas besoin de vous dire que nos sénateurs se mettent aisément d'accord, à quelque parti qu'ils appartiennent, pour l'entretenir parfaitement. *(Rires et applaudissements au centre et à droite.)* Mais j'ai le regret de vous dire que l'entente entre les partis est moins facile à faire à Moulins-lès-Noyers. *(Nouveaux rires.)*

Dans le courant de l'année dernière, on s'aperçut que le calvaire avait besoin de réparations. Le Conseil municipal, propriétaire, n'y voulait rien dépenser. Soit ! dirent les amis du c `vaire, qui se cotisèrent et trouvèrent les 900 franc., nécessaires. Mais le Conseil municipal, ô merveille ! leur refusa l'autorisation de réparer. Vous entendez bien : des amis du calvaire, des contribuables, avec leur argent propre, sans demander aucun sacrifice à la commune, offraient de restaurer cet objet intéressant, mais le Conseil municipal le leur interdit.

On m'avertit. Le cas ne m'étonna pas outre mesure ; il y a des exemples assez nombreux. Pourtant, je publiai dans *l'Illustration* un article accompagné de deux belles photographies. J'y invoquais M. Dujardin-Beaumetz. La direction des Beaux-Arts s'émut. Un architecte des monuments historiques vint à Moulins, et l'on me fit savoir que la question du classement était à l'étude et qu'il y avait bon espoir.

Mais, tandis que les bureaux méditaient, voilà-t-il pas que mon article et mes photographies faisaient auprès des marchands une belle réclame au Christ de Bridan. Elles avaient été reproduites dans un journal américain ; les antiquaires accoururent et, complication merveilleuse, en se promenant dans le village, ils dénichèrent un tableau intéressant à la sacristie de l'église. Tout naturellement, ils demandèrent à l'acheter.

Là-dessus, en novembre dernier, arriva la nouvelle que la Commission des monuments historiques me donnait raison et qu'elle se prononçait pour le classement du calvaire.

D'urgence, le Conseil municipal se réunit, et je veux que vous entendiez les considérants de la délibération qu'il prit, le 17 novembre, à sept heures du soir. Écoutez cet extrait du registre des délibérations :

« Considérant que, d'après la loi de séparation, il est interdit d'élever sur les places publiques tout monument ou emblème ayant un caractère religieux ;

« Considérant que la demande de réfection du calvaire n'émane que du curé seulement ; que la plupart des habitants s'en désintéressent complètement, estimant qu'elle n'est d'aucune utilité ;

« Considérant, en outre, que le Conseil municipal, désireux que la neutralité soit observée, ne saurait donner son approbation à la réfection d'une construction de ce genre *(Exclamations à droite et au centre)* qu'on se propose de réédifier dans un but de propagande religieuse ;

« Dans ces conditions, et pour ces motifs, le Conseil refuse son approbation à la demande de réparation, ainsi qu'à celle de classement. »

M. LE COMTE ALBERT DE MUN. — C'est une mentalité extraordinaire (33) !

M. MAURICE BARRÈS. — Par bonheur, cette fois, la Commission des monuments historiques n'était pas d'humeur à reculer devant cette réunion de Bouvards, de Pécuchets et de Homais. *(Rires et applaudissements à droite.)* Elle en appela devant le Conseil d'État, et, grâce à cette haute juridiction, l'injustifiable opposition du Conseil municipal de Moulins a été brisée en septembre dernier, après une lutte de vingt mois.

Cette histoire nous fait connaître un esprit qui règne dans un trop grand nombre de communes autour des monuments religieux. Il y a des communes qui refusent d'entretenir des édifices devenus leur propriété ; d'autres, qui refusent aux fidèles la faculté de subvenir à cet entretien avec leur argent, et d'autres enfin, qui refusent à l'État de les classer parmi les monuments historiques.

Vous allez me répondre, Monsieur le Ministre : « Mais, votre histoire le prouve, nous sommes armés pour maintenir contre cette inintelligence les droits des créations de l'esprit ; nous pouvons en appeler au Conseil d'État ! »

Ah ! Monsieur le Ministre, il est heureux pour le calvaire de Moulins que j'aie pu y intéresser la presse, sans quoi, c'en était fait : ni vous, ni le Conseil d'État n'en eussiez jamais entendu parler.

Renseignez-vous auprès des inspecteurs des monuments historiques. Ils vous diront tous que, dans les départements de Seine-et-Marne, de Seine-et-Oise et de l'Yonne, les églises dont les municipalités refusent le classement, sont dans la proportion d'une sur deux, c'est-à-dire que 50 pour 100 des monuments proposés par les architectes ne peuvent pas être classés, faute du consentement des maires et des conseillers municipaux. Et vous ne passez pas outre.

M. le Ministre de l'Intérieur. — Le Conseil d'État statue.

M. Maurice Barrès. — Comment ! le Conseil d'État statue ? Ah bien ! alors je vous demande ce qu'attend le Conseil d'État pour statuer sur le cas de l'église de Chars, en Seine-et-Oise, magnifique édifice du douzième siècle. Le dossier est prêt, les relevés sont faits ; mais on s'incline devant l'opposition du conseil municipal. Et le cas de l'église de Bornel (Oise) ? Il est encore plus beau.

A Bornel, un groupe de personnes généreuses offrait 15 000 francs à l'État pour restaurer l'église, superbe exemplaire de l'architecture du douzième et du treizième siècle, si on la classait. Les architectes réclamaient ce classement. Mais un épicier, forte tête du cru, s'est mis en travers, déclarant que l'édifice n'avait aucune valeur archéologique. Et l'affaire n'a jamais pu aboutir. *(Exclamations à droite.)*

On peut rêver sur ce cas. Vous le voyez d'ici, M. l'épicier de Bornel, qui tient conseil dans sa boutique entre ses sacs de pruneaux et son tonneau de harengs saurs... *(Rires à droite.)*

M. Vazeille. — Le Christ avait moins de mépris pour les petits.

M. Antoine Borrel. — Un épicier peut avoir des connaissances artistiques.

M. Maurice Barrès. — Mes chers collègues, nous demanderons conseil à M. l'épicier de Bornel quand il s'agira d'épicerie ; mais il fera bien, en matière architecturale, de s'en remettre à l'opinion de l'inspecteur des monuments historiques. *(Applaudissements à droite et au centre.)* Je ne puis admettre que ce soit à lui de décider qu'elles doivent périr, les fresques du douzième siècle, et qu'on a vu assez longtemps au-dessus du village ces restes de l'obscurantisme et de la barbarie.

Quels sont, Messieurs, vos sentiments devant l'épicier de Bornel? *(Mouvements divers.)* Moi, je me sens embarrassé devant lui comme si l'on me présentait un problème obscur.

Dans les autres régions, les architectes consultent officieusement les maires avant de déposer leurs rapports. De la sorte, les refus restent dans l'ombre, et la statistique est impossible à dresser.

Oui, il y a une procédure de recours au Conseil d'État pour contraindre une municipalité à laisser classer son église; mais la vérité, c'est que, grâce aux influences politiques, l'administration est impuissante contre les vandales. Chaque année est offerte une magnifique hécatombe d'églises : A quel Dieu? A quelles idées? Nous le savons tous : à l'épicier de Bornel.

Et, pourtant, Messieurs, quels trésors de noblesse et de poésie, quelle richesse matérielle aussi représentent ces églises de France, que nous sommes en train de laisser s'écrouler! Leur série à travers les siècles constitue presque à elle seule la belle chaîne de l'art français. *(Applaudissements à droite et au centre.)* Qu'avons-nous, en effet, d'architecture civile que nous ait légué notre passé, auprès de cette immense floraison, ininterrompue depuis plus de dix siècles et variée suivant les époques, suivant les régions, que dis-je! suivant les paroisses? Il n'y a pas sur la terre de France deux églises rurales qui soient en tous points pareilles, pas plus qu'il n'y a deux feuilles identiques dans la vaste forêt. Églises romanes, églises gothiques, églises de la Renaissance, églises de style baroque, toutes portent un témoignage magnifique, le plus puissant, le plus abondant des témoignages, en faveur du génie français. (*Applaudissements à droite et au centre.*) On ne peut comparer à une si belle tradition monumentale que la tradition de la musique en Allemagne. Encore cette tradition musicale allemande ne date-t-elle que du seizième siècle, tandis que nous avons des églises depuis le neuvième. Elles sont la voix, le chant de notre terre, une voix sortie du sol où elles s'appuient, une voix du temps où elles furent construites et du peuple qui les voulut. Il faut les sauver, Monsieur le Ministre; il nous faut une règle légale qui assure la préservation, la conservation des églises. (*Nouveaux applaudissements à droite et au centre.*)

Une règle légale, mais laquelle? Je vous le demande, à vous, Gouvernement; je vous demande quel est votre moyen et comment vous comptez sauvegarder les édifices religieux de la France?

C'est au Gouvernement à prendre l'initiative de la législation nécessaire. Pourtant, je ne veux pas me dérober aux difficultés de la situation, et voici quelques idées que je me permets de vous soumettre.

Messieurs, si les églises de France menacent ruine, qui est-ce que l'esprit de notre lgislation désigne comme premier gardien et sauveur de ces monuments? Assurément, c'est l'État. L'État est chargé de veiller à la conservation des choses publiques, et il ne dénie pas ce devoir ; il réclame de présider aux soins que doivent recevoir les monuments historiques, c'est-à-dire ceux qui présentent, au point de vue de l'histoire ou de l'art, un intérêt national. Il y préside grâce à la procédure du classement. Eh bien, je demande seulement que l'État continue, élargisse son action par le classement.

Il existe un rapport très intéressant de M. Bardoux, en date du 15 mars 1887, qui met bien en lumière le caractère national de notre architecture religieuse. Veuillez en accepter l'esprit, veuillez considérer que toutes nos églises jusqu'à la fin du dix-huitième siècle ont un intérêt historique, un intérêt d'art, un intérêt documentaire, un intérêt national. Je vous demande de rester dans l'esprit de la loi de 1887 et simplement, en présence des nécessités nouvelles, d'élargir la tradition administrative. (*Très bien! très bien! à droite et au centre.*)

D'eux-mêmes, les bureaux des Beaux-Arts s'orientent dans cette voie ; mais ils classent, qu'il me soit permis de le dire, un peu au petit bonheur, quel que soit le sérieux de leurs enquêtes, parce que la politique s'en mêle et qu'ils obéissent tout naturellement, personne ne peut leur en faire un reproche, aux suggestions des députés. (*Réclamations sur divers bancs à gauche.*)

Ah ! Messieurs, ne voyez là rien qui puisse désobliger aucun de mes collègues, ni l'administration des Beaux-Arts. Il est tout naturel que chacun de nous signale à celle-ci le coin de France qu'il connaît le mieux. Pour ma part, ce que je recommande le plus volontiers à M. le Ministre des Beaux-Arts, c'est toujours une église, un monument que j'ai pu visiter ou qui est cher à mes compatriotes. Il n'y a rien là que de conforme aux bonnes règles de l'esprit ; et si vous ne voulez pas que j'aie défini votre manière de procéder, j'accepte très bien d'avoir défini la mienne propre. (*Applaudissements au centre et à droite.*)

D'eux-mêmes, vous dis-je, les bureaux des Beaux-Arts multiplient les classements et regrettent de se heurter à trop de résistances. Vous aussi, mes chers collègues, je le sais, pressez l'administration de classer dans vos arrondissements de nombreuses églises. Eh bien ! pour tout simplifier, je vous propose — c'est là mon premier point — de classer en bloc toutes les églises jusqu'à l'année 1800 (34) ; oui, toutes les églises construites avant le dix-neuvième siècle, en réservant toutefois à l'administration la faculté de déclassement, je veux dire la faculté de déclasser celles qui tombent décidément en ruine et qui ne correspondent plus à rien d'utile.

Mais il ne suffit pas de classer. Le classement autorise la subvention ; il n'y donne pas un droit absolu. A qui incombera-t-il de faire les dépenses à la conservation de l'édifice ? Qui va réparer nos églises ?

Les associations cultuelles ? Il n'y en a pas, il n'y en aura pas. (*Mouvement divers.*)

(*A gauche*). — A qui la faute ?

M. MAURICE BARRÈS. — Est-il bien utile que je

vous fasse observer que la difficulté réelle que vous soulignez là, et que je n'ai pas évité de marquer, nous entraînerait à un examen historique de la question, et qu'il est plus raisonnable à des hommes politiques de se mettre aujourd'hui en présence du fait? Il n'y a pas d'association cultuelle. Ce qui me préoccupe, ce n'est pas d'établir des responsabilités historiques — ce serait là un autre discours que je ne vous ai pas annoncé — ce qui me préoccupe, c'est de sauver les églises, et de les sauver, non pas en contradiction avec qui que ce soit, en irritant la question, mais en vous soumettant le mal et les remèdes que j'y vois. D'ailleurs, je suis tout prêt à me ranger à de meilleurs avis si, comme je n'en doute pas, de meilleurs avis nous sont proposés pour faciliter la solution de cet angoissant problème. (*Très bien! très bien! à droite.*)

A défaut des associations cultuelles, qui peut réparer les églises? Les communes? Oui, en principe, cela peut se soutenir, c'est soutenu par d'excellents esprits. Ne sont-elles pas les propriétaires? Pourtant, je crois voir une grande difficulté à leur imposer des charges qu'elles n'ont jamais eues, qu'elles n'ont eues à aucun moment de notre histoire, ni avant la Révolution, ni après.

Dans l'ancienne France, qui est-ce qui construisait et entretenait les églises? C'étaient les bienfaiteurs, c'étaient des abbayes très riches, puis les évêchés, les archevêchés, à l'aide de leurs revenus propres. Les habitants n'intervenaient que par des aumônes volontaires, sous la forme de quêtes (35). Et, plus près de nous, sous le régime du Concordat, chacun se le rappelle, c'était la fabrique, autrement dit la communauté religieuse, qui était chargée de l'église. En fait, les fabriques n'ont jamais eu les disponibilités nécessaires pour les grosses réparations ; en fait, celles-ci étaient exécutées par les communes ; mais, théoriquement, la fabrique devait y suffire, et la commune n'arrivait qu'ensuite, à titre subsidiaire.

M. AYNARD. — Oui, mais comme dépenses obligatoires.

M. MAURICE BARRÈS. — Eh bien ! aujourd'hui, après la loi de séparation, pouvons-nous imposer à la commune des charges plus lourdes qu'elle ne les connut jamais ?

Ah ! la grande faute, laissez-moi vous le dire, c'est le Gouvernement qui l'a commise (*Interruptions à gauche*), vous le savez bien comme moi, le jour où il a distribué aux communes les restes du budget des cultes, sans conditions.

Je fais là allusion à un projet qui avait été déposé par MM. Briand, Caillaux et Clemenceau, et qui n'a pas été rapporté. Je crois bien qu'à cet instant, nous avons passé à côté d'une solution assez satisfaisante. Mais allez donc reprendre aux communes ce qu'on leur a donné sans condition (36) ! La commune dirait : « On m'a trompée. » Il n'y a pas aujourd'hui un gouvernement pour affronter cette mauvaise humeur, et je ne crois pas sage, pour aucun parti, de l'attirer sur lui et sur les églises.

Certes, je ne conteste pas que la commune soit

intéressée à la conservation, au maintien, à la vie de l'édifice religieux. C'est ma thèse, c'est mon sentiment le plus profond, c'est ma conviction raisonnée ; aussi faut-il que la commune puisse fournir autant que bon lui semblera sa contribution à l'église ; mais, à mon avis, sa libéralité doit être facultative ; je n'estime pas possible, ni historiquement, ni politiquement, de la rendre obligatoire.

Reste donc l'État.

L'État, en 1789, s'est approprié les biens qui servaient à l'entretien des églises. Cela lui crée une charge historique. Et puis, c'est lui qui a la haute main pour veiller à la conservation des choses publiques. Spécialement, il préside aux grands intérêts historiques et artistiques du pays, à la haute vie morale de la nation. Il est le grand réparateur. A mon avis, c'est sur l'État que porte la principale responsabilité du sort de nos églises.

M. François Deloncle. — Très bien !

M. Maurice Barrès. — Mais la charge sera lourde, s'il doit, à lui tout seul, réparer tous les monuments de l'architecture religieuse.

Qu'il accepte donc tous les concours : les concours des communes et les concours des catholiques.

Et comment ces trois éléments, l'État, la commune et les hommes de bonne volonté ou, si vous voulez, les fidèles, joueront-ils ensemble ?

L'État ? En inscrivant dans son budget une somme globale qui sera distribuée à titre de subvention. La commune ? En intervenant comme l'y autorise la loi actuelle. Quant aux fidèles, là gît la difficulté, qui ne me semble pas insurmontable.

La difficulté, n'est-ce pas? vous l'avez vue tout de suite : c'est qu'il n'y a pas d'associations cultuelles. A leur défaut, il s'agit de trouver une formule qui puisse être acceptée par la hiérarchie catholique et qui cadre avec l'ensemble de notre législation. Je vous propose que tout vote de fonds, émis par la commune pour réparation ou restauration de l'édifice religieux, donne droit à une subvention correspondante de l'État, et que tout contribuable, inscrit au rôle des contributions directes d'une commune, ait le droit de provoquer à ses frais la réparation ou la restauration des édifices religieux communaux, dans le cas où la commune refuse d'y procéder. Et là encore, l'allocation consentie par ce contribuable, après que les inspecteurs en auront reconnu l'utilité, donnera droit à une subvention correspondante de l'État. (*Interruptions à gauche. — Mouvements divers.*)

M. Félix Chautemps, *rapporteur*. — Vous rétablissez le budget des cultes.

M. Maurice Barrès. — Voilà, Messieurs, les idées que je vous soumets. Vous le voyez, ma préoccupation a été de concevoir un projet qui cadre avec l'ensemble de notre législation. Ma solution est provisoire, en vue d'un but immédiat et limité. Plus tard, bientôt, quand la poussière de la bataille en retombant laissera mieux voir à des esprits mieux reposés les nécessités de la vie française, un gouvernement causera avec Rome, pour un règlement d'ensemble de la situation religieuse. (*Interruptions à gauche. — Applaudissements à droite et au centre.*)

M. ANDRÉ LEFÈVRE. — C'est une conception personnelle.

M. LÉON PERRIER (Isère). — On ira à Canossa !

M. FRANÇOIS DELONCLE. — On aurait dû ne pas cesser de causer.

M. MAURICE BARRÈS. — Vous n'acceptez pas tous mon point de vue ; mais il est naturel que j'expose totalement ma pensée. Je ne prétends nullement parler à cette minute au nom des signataires de mon projet de résolution. Je vous dis, moi, que je reste dans l'intérieur de la législation actuelle, que j'apporte ici une solution provisoire, en vue d'un but immédiat et limité. A mon avis, vous aurez un jour à régler l'ensemble du problème religieux, laissé indéterminé dans plusieurs de ses parties importantes par la loi de séparation ; et ce problème, il saute aux yeux que vous ne pourrez pas le régler sans avoir une conversation avec Rome. (*Interruptions à gauche. — Très bien ! très bien ! à droite et sur divers bancs.*)

M. GROUSSEAU. — C'est l'évidence même.

M. FRANÇOIS DELONCLE. — Tout le monde en convient, personne n'ose le dire ; voilà la vérité. (*Applaudissements au centre et à droite. — Protestations à gauche.*)

M. CHARLES BEAUQUIER. — Pourquoi pas une conversation avec Dieu ?

M. MAURICE BARRÈS. — Monsieur Beauquier, maintes fois déjà vous avez indiqué que vous ne seriez satisfait que si Dieu lui-même se chargeait de réparer les églises.

M. Charles Beauquier. — Certainement. Vous niez sa toute-puissance. Vous n'avez pas la foi. (*Très bien! très bien! et rires sur divers bancs à gauche.*)

M. Maurice Barrès. — Je vais compléter votre pensée. Dites-le donc, vous ne serez satisfait que si Dieu en personne vous apporte les devis au Café du Commerce. (*Hilarité et applaudissements au centre et à droite. — Protestations à gauche.*)

M. Charles Beauquier. — Je serais satisfait le jour où M. Barrès et ses amis de la droite confesseront la toute-puissance de Dieu. Or, si Dieu est tout-puissant... (*Exclamations au centre et à droite.*) Vous êtes incapable de répondre à cette simple argumentation et, même dans une conversation avec Rome, le pape lui-même ne pourrait y répondre. Si Dieu est tout-puissant, il peut relever ses églises. Au moyen âge, il y en a eu des exemples frappants. C'est attesté dans de nombreuses vies de saints ; on a vu surgir de terre des cathédrales resplendissantes, on a vu des anges se servir de la truelle pour élever des clochers. On voit, représentés au musée du Louvre, des anges faire la cuisine pendant que le saint est en extase. Ne dites pas que Dieu n'est pas un maçon, qu'il ne peut pas s'occuper de ces choses-là. Si Dieu est tout-puissant, il a le pouvoir de relever ses églises, et, dans tous les cas, vous n'êtes pas des hommes de foi ni de bonne foi, puisque vous niez la toute-puissance de Dieu. (*Très bien! très bien! sur divers bancs à gauche.*)

|(*Au centre et à droite, ironiquement.*) — L'affichage !

M. Charles Beauquier. — Vous reconnaissez, vous déclarez à tout instant que la volonté de Dieu doit être obéie ; s'il laisse tomber ses églises, c'est qu'il le veut bien...

M. Engerand. — M. Homais l'avait dit avant vous !

M. Charles Beauquier. — ... Vous n'avez pas le droit de vous y opposer. (*Mouvements divers.*)

M. Maurice Barrès. — Allons ! Monsieur Beauquier, nous faisons l'un et l'autre ce que nous pouvons pour ne pas abaisser la discussion. Permettez-moi de continuer. (*Rires et applaudissements au centre et à droite. — Protestations à gauche.*)

M. César Trouin. — N'abaissez-vous pas la discussion quand vous renvoyez vos adversaires au Café du Commerce ?

M. Maurice Barrès. — Je vous ai exposé la situation. Pour y remédier, je recours aujourd'hui aux seuls moyens que notre législation met à notre disposition. Je m'en tiens à considérer les églises comme des monuments historiques, et cela me permet de leur obtenir des subventions, des subventions de tous, oui, le concours libre de tous les éléments laïques ou religieux.

C'est ainsi qu'on en a agi chaque fois que nos églises ont couru le péril où nous les voyons. Car, Messieurs, deux fois déjà la France a connu cette crise des églises rurales : elle l'a connue après l'invasion anglaise, au début du quinzième siècle, et une seconde fois au temps de la Fronde, lors des ravages des Espagnols dans le Nord. Et, dans ces deux époques, ce sont tous les éléments de la société religieuse et de la société civile qui sont intervenus pour les relever ou les réparer. Eh bien ! c'est ce qu'il faut faire aujourd'hui. Avec des formes nouvelles, c'est la même nécessité que jadis. Et cette vue qui agrandit l'horizon nous engage à croire que notre solution est juste, car, inspirée par les nécessités présentes, elle nous fait rentrer dans la vérité historique.

Messieurs, je vous ai exposé la situation et le remède immédiat que j'y vois : je l'ai fait sous ma propre responsabilité. Si mes solutions ne vous plaisent pas...

(A gauche.) — Non ! non !

M. Maurice Barrès. — ... cherchez-en, trouvez-en d'autres. *(Applaudissements au centre et à droite.)* Ce qui est impossible, c'est que le parti qui a la responsabilité du pouvoir ajourne plus longtemps d'agir. *(Nouveaux applaudissements.)* Cela ne lui est permis que s'il se connaît, au secret de son cœur, froidement décidé à accepter la mort des églises. Et, dans ce cas, expliquez vos mobiles, dites le fond de votre pensée, déclarez durement mais nettement : « Ce qui nous gêne dans les églises... »

M. Charles Beauquier. — C'est la religion.

M. Maurice Barrès. — « ... c'est qu'elles sont autre chose que des monuments, c'est qu'elles sont une idée, et cette idée, nous ne voulons plus la voir debout au milieu des villages. »

Cela, c'est une doctrine. Affreuse, mais qui possède une longue tradition. Elle a des représentants fameux. Edgar Quinet aurait voulu voir toutes nos églises par terre, et je sais de lui un mot qui jette dans cette discussion comme une lueur de pétrole. (*Exclamations à gauche.*) Il ne pardonnait pas à Robespierre d'avoir, par son décret de décembre 1793, arrêté le mouvement des icono-clastes hébertistes et la dévastation générale des édifices catholiques. « Ce jour-là, déclarait-il avec amertume, Robespierre fit plus pour l'ancienne religion que les Torquemada et les saint Domi-nique. »

Est-ce là votre pensée? Êtes-vous d'accord avec Hébert et avec Edgar Quinet dans cette doctrine de dévastation et de ruine? Êtes-vous de ceux qui, après avoir jeté pendant des siècles leurs sar-casmes et leurs injures contre les hautes murailles pieuses, croient le moment venu de les pousser à terre? Alors, venez à cette tribune; osez dire ce qu'au même Quinet écrivait Michel de Bourges : « Puissé-je m'endormir de mon dernier sommeil au bruit des temples catholiques s'écroulant sous les coups du marteau populaire (37) ! » Venez à cette tribune, étalez vos raisons, faites circuler les urnes, comptez les bulletins, osez décréter la mort de nos quarante mille églises paroissiales, de nos in-nombrables chapelles, calvaires, croix de carre-four, croix de cimetière. (*Applaudissements à droite et au centre.*) Donnez ordre qu'on les jette bas. Vous vous en défendez? Hé ! ne voyez-vous pas qu'en la rendant inévitable, sans la décréter, cette ruine, vous vous souillez d'un crime aggravé d'hypocrisie ? *(Nouveaux applaudissements sur les mêmes bancs.)*

M. ÉMILE LAURENT. — Ce sont vos amis qui ont créé cette situation, ce n'est pas nous.

M. MAURICE BARRÈS. — Il n'est pas digne de cette Assemblée, et il n'est de l'intérêt de personne de rétrécir l'horizon autour d'un si haut problème et de cacher, de taire l'élément moral qui fait le centre, oui, l'intérêt central de cette question des églises. Vous ne me demandez pas de diminuer, de dénaturer, de masquer ma pensée complète. J'invoquais tout à l'heure en faveur des églises leur beauté, les souvenirs historiques qui s'y rattachent, leur agrément dans le paysage, et je laissais de côté l'essentiel, quelque chose qui est en elles et qui éveille nos sentiments de vénération. Ce n'est pas facile à préciser, dès l'instant qu'on ne parle pas purement et simplement le beau langage du croyant, et pourtant cela existe en dehors d'une âme croyante. Je n'en veux d'autre preuve que cette immense pétition des églises où se rencontrent des hommes d'éducation et de pensée si différentes.

Pendant que s'organisait cette pétition, durant les longues semaines où, chaque matin, je voyais affluer de tous les points de la France ces noms illustres ou inconnus des défenseurs des monuments religieux, sans cesse me revenait à l'esprit le souvenir d'une discussion qui s'ouvrit, il y a quelques mois, devant la Cour de cassation. C'était à propos de la loi de séparation. La Cour se posa cette question : « A qui appartenaient les églises sous l'ancienne monarchie ? »

Les savants jurisconsultes répondirent : « A personne. »

Elles n'appartenaient à personne ! Cela s'explique, si l'on se représente comment était construite une église rurale. Il était d'usage que le curé construisît le chœur ; les puissants personnages la nef, et les habitants le clocher. Il résultait de là, non pas une propriété d'État, non pas une propriété communale, mais une chose publique, commune à tous, hors du commerce, affectée à perpétuité au culte divin. *(Applaudissements à droite et au centre.)* Les églises, dans l'ancien droit, ce sont des choses sacrées, la propriété de ceux qui sont morts et de ceux qui naîtront, un domaine spirituel, le domaine de Dieu. *(Nouveaux applaudissements sur les mêmes bancs.)*

Quel saisissement d'entendre l'histoire du droit nous apporter une affirmation que, d'instinct, nos pétitionnaires ont retrouvée ! Ils nous disent, chacun avec son langage : « Sauvez les églises ; elles sont ce qui ne doit pas périr, ce qui est une réalité au-dessus de la nature, ce sur quoi se modèle la vie, oui, le modèle, la part du divin au village. »

Les pétitionnaires dont je suis ici le porte-parole... *(Exclamations à gauche.)*

M. ÉMILE BENDER. — Seulement, vous faites ce qu'on appelle, dans le langage familier du Palais, plaider sur le dos de la cliente. *(Rires à gauche.)*

M. MAURICE BARRÈS. — Mon cher collègue, heureusement que vous êtes là et que, dans un instant, vous allez rétablir la véritable position par laquelle la cliente sera sauvée. *(Applaudissements et rires à droite et au centre.)*

Pourquoi voulez-vous que je mente à l'engagement tout naturel que j'ai pris au début de mon discours d'exposer ma pensée toute complète? Je le dois à la Chambre, je le dois à moi-même, je le dois à ceux qui ont signé la pétition des églises. Eh bien, eux, ils ne réduisent pas leur supplique à n'être que la défense de quelques pierres sculptées et heureusement dressées sur l'horizon. Si l'église fait bien dans le paysage, c'est qu'elle y est une âme, et que nous groupons tout naturellement sur elle les sentiments qu'en dépit des apparences il ne serait pas malaisé de retrouver en nous tous. *(Applaudissements à droite et au centre.)* Nous tous, nous nous sentirions exilés dans un village où il n'y aurait plus d'église et dans une France où les clochers ne monteraient plus vers le ciel. *(Applaudissements au centre et à droite.)*

Oui, l'église nous attire tous, elle attire le fidèle, et celui-là même qui n'a pas la foi *(Applaudissements sur les mêmes bancs.)* ou qui, du moins, ne se repose pas dans la tranquille possession de la certitude. L'un y trouve l'espérance et l'autre plus que le souvenir. *(Très bien! très bien!)* En jetant par terre les églises, vous ne renoncez pas seulement aux idées dogmatiques qu'elles renferment, vous renoncez aux pensées libres, aux impulsions profondes qu'elles éveillent depuis des siècles chez un homme de chez nous. *(Applaudissements au centre et à droite. — Mouvements divers.)*

Vous n'en êtes pas touchés! Ce beau clocher qui

est l'expression la plus ancienne et la plus saisissante du divin dans notre race *(Nouveaux applaudissements sur les mêmes bancs)*, cette voûte assombrie où l'on prend le sentiment d'avoir vécu jadis et de devoir vivre éternellement, cette table de pierre où reposent les grands principes qui sont la vie morale de notre histoire, rien de tout cela ne vous persuade, rien ne vous retient de renverser cette maison qui, par sa porte ouverte à toute heure au milieu du village, crée une communication avec le divin et le mêle à la réalité quotidienne? *(Applaudissements sur les mêmes bancs.)* Et comme autrefois l'humanité rejeta les dieux de l'hellénisme, vous croyez le moment venu pour que le Christ n'ait plus ni temples, ni fidèles. *(Applaudissements au centre et à droite. — Mouvements divers à gauche.)*

M. Charles Beauquier. — Oui! Très bien! *(Rires à gauche.)*

M. Maurice Barrès. — Si un tel calcul existe, ce calcul sera trompé et cette haine déçue; si quelqu'un se réjouit de pouvoir un jour, en passant près des églises rurales effondrées insulter le cadavre d'un ennemi, il n'aura pas cette honteuse satisfaction. Le catholicisme ne serait pas écrasé sous des pierres qui s'écroulent *(Très bien! très bien! à droite)*, il s'en irait dans les granges... *(Applaudissements au centre et à droite.)*

M. Charles Beauquier. — C'est la vraie solution.

M. Maurice Barrès. — ... et sur des autels improvisés. Et, je vous le prédis, une immense jeunesse l'y suivrait, indignée de notre brutalité et de notre ingratitude. *(Applaudissements au centre et à droite.)* Un opprobre éternel tomberait sur cette Assemblée si elle laissait s'écrouler les plus vieux monuments de notre vie spirituelle. J'ai la certitude que les nouvelles générations nous mépriseraient un jour, si elles dataient de notre passage l'écroulement des vénérables églises de France. *(Vifs applaudissements à droite et au centre. — L'orateur, en retournant à son banc, reçoit les félicitations de ses amis.)*

« Vous rétablissez le budget des cultes ! » m'avait crié le rapporteur, M. Félix Chautemps, et j'entendais sa phrase courir sur les bancs radicaux. Rien de plus mensonger qu'un tel reproche, car je ne faisais que réclamer l'exécution d'une promesse, vingt fois répétée par le gouvernement au long des débats sur la Séparation, d'inscrire au budget un crédit pour les réparations des églises. Mais qu'importe la vérité ! « Barrès veut rétablir le budget des cultes. Il veut refaire un concordat ! » C'est le mot habile, l'invention aisée et funeste. M. Dumesnil, représentant d'un des pays de France les plus ingrats envers leurs églises, se chargea de la développer. Il s'efforça de fournir aux indécis, aux poltrons, un motif légitime de me trahir ou de s'abstenir. Dans ces miasmes, Marcel Sembat, demandant la parole, fit l'effet d'un coup de vent salubre.

Quel homme d'esprit, ce Sembat ! c'est le contraire d'un cuistre, et il possède un don pédagogique de premier ordre. A la tribune, il s'installe en toute simplicité, familier, explicatif, indulgent à la bêtise, établissant avec ses collègues, qu'il interpelle sans les traiter d'honorable ni même de Monsieur, une espèce de dialogue où il fait, d'une voix formidable, les demandes et les réponses, et qui amuse, retient les esprits, débrouille tous les écheveaux... A la Chambre, comme au théâtre, il y a des emplois que les grands sujets se partagent. M. Aynard tenait le rôle d'un gros bourgeois du vieux répertoire, qui ne connaît que le bon sens et qui ne s'en est pas si mal trouvé ; Jules Roche, c'est un répétiteur que ne lassera pas la bêtise de ses élèves et qui prétend faire entrer les matières de l'examen dans la cervelle des pires cancres ; Briand, c'est un homme de bien qui s'est juré de nous éclairer sur nos véritables intérêts ; Delahaye, un vieux chasseur, trop connu des perdreaux, qui ne le laissent plus approcher ; Jaurès, un orchestre complet, toujours prêt à nous prodiguer les soli et les ensembles, qui enchanterait les mélomanes si quelques-uns, à certains jours, ne se plaignaient que le capelmeister remue trop, se congestionne, leur donne le mal de mer et les empêche, avec ses gesticulations, de voir la musique ; Augagneur joue les trappeurs, les émigrants, les Robinsons suisses. Avec ses deux larges mains, on le voit défrichant la forêt vierge, dépeçant les hippopotames et aussi, la matraque au poing, surveillant le travail des esclaves. Sembat, lui, c'est l'homme instruit, le Parisien qui a rencontré une bande de provinciaux à l'exposition universelle et qui les guide, pour rien, pour le plaisir de rendre service. Il a trouvé une baguette de démonstration et aujourd'hui il explique le tableau : Barrès sur le parvis défendant les églises de villages.

— Je pense, dit-il, qu'il y a deux choses qu'on ne peut pas refuser à Maurice Barrès et qu'il faut lui accorder. Il faut d'abord lui accorder que, depuis la séparation, il s'est produit certaines disparitions et certains écroulements d'églises qui ont été pour la nation entière une perte ; et en second lieu, il faut lui accorder qu'on s'est servi de la liberté que la loi laissait aux communes pour faire de véritables niches...

M. Aristide Briand, garde des Sceaux et ministre de la Justice, interrompt de son banc pour dire :

— C'est cela.

Et Sembat continuant :

— La loi de séparation n'est pas faite pour permettre aux gens de se jouer des niches les uns aux autres. *(Applaudissements à gauche et à l'extrême-gauche.)* Maurice Barrès a parfaitement raison de vouloir faire cesser ces petites taquineries de village. *(Très bien! très bien!)* Voilà, je crois, ce qu'il faut lui accorder.

Et avec l'assentiment quasi de tous, Sembat se déclare prêt à me rejoindre sur la place, devant l'église, à condition qu'on ne l'oblige pas d'entrer dedans.

— Je ne suis pas, dit-il, comme Beauquier qui se tourne vers Dieu et le somme de faire un miracle.

A ce moment, pour ses péchés, M. Beauquier crut devoir interrompre :

— Dieu devrait faire un miracle en faveur de ses églises, ce serait plus intéressant que de guérir des fistules.

— Ah ! Beauquier, lui répliqua Sembat avec une vivacité spirituelle qui souleva les rires sur tous les bancs. Ah ! Beauquier, si vous étiez un monument *(Hilarité)*, Maurice Barrès proposerait certainement de vous conserver à cause d'un certain cachet d'archaïsme. *(Nouveaux rires.)* Ce sont là des idées qui, je vous l'assure, ont fait leur temps.

Je note ces rires d'après l'*Officiel*, avec soin, parce que la courbe des sentiments suscités aux diverses séances des églises par les propos toujours pareils de M. Beauquier rend compte des progrès du bon sens dans la Chambre. Dans le premier débat des églises, le 16 janvier 1911, les députés s'étaient bien gaussés du Dieu des chrétiens mis au défi de rebâtir lui-même ses temples, mais, cette fois, c'est de M. Beauquier que tout le monde rit à gorge déployée. Nous avons fait du chemin, tout de même, et, telle est la force d'une idée vraie présentée avec naturel, que nul n'interrompt Sembat quand il se résume en trois déclarations de la plus grande importance :

— Nous ne pouvons pas, Maurice Barrès, laisser tomber votre campagne sans lui donner une sanction. Vous nous avez mis sous les yeux des faits qu'il fallait que nous regardions en face ; vous avez bien fait de nous obliger à les considérer. *(Très bien! très bien!)* Pour ma part, je vous ai indiqué les points pour lesquels très joyeusement je marcherai avec vous ; c'est d'abord pour la question du classement le plus large, c'est ensuite la fin des niches, c'est enfin l'obligation d'employer les fonds que les fidèles bénévolement offriraient pour réparer les églises. *(Très bien! très bien!)*

Pouvais-je, en écoutant ces arguments et ces bravos, douter de mon succès? Je me disais, avec toute la Chambre : le Ministre maintenant a toute facilité pour régler la question. Un socialiste unifié, grand dignitaire de la maçonnerie, aura sauvé les églises de France !

M. Steeg prit la parole, et d'une voix grise, sans allumer ses phares, avec des détours, mais en homme qui connaît bien le pays, il s'achemina en petite vitesse vers le centre du problème :

— La loi ne permet pas de contraindre les municipalités à réparer leurs églises, non plus qu'à accepter les offres de concours dont elles sont saisies. Allons-nous charger l'État des réparations de tous les édifices cultuels? Ce serait dire que ces églises sont des organes d'un service public et national, ce serait donner un démenti formel à la loi de séparation.

Les radicaux applaudissent. En effet, je ne vois rien de bon pour nous dans toutes ces phrases de M. Steeg. Mais attention ! voici qu'il indique comme « susceptible d'un examen très attentif et même bienveillant » l'idée de permettre au gouvernement « de venir en aide aux communes qui croiraient devoir assumer des dépenses facultatives mais utiles, pour assurer la conservation des édifices communaux affectés au culte. »

Bravo ! très bien ! je suis aux anges ! Je me garde

d'applaudir et même d'approuver de la tête ce prudent, cet excellent navigateur. Il connaît les écueils et le vent. Tout à l'heure, il louvoyait pour franchir plus sûrement la passe et mieux gagner la haute mer. Laissons-le manœuvrer. C'est bataille gagnée... Mais quoi ! voici qu'il s'arrête, se retourne, se dédit... Qu'a-t-il à me parler de Port-Royal, de « ses murailles rasées, de son église démolie, de ses tombeaux profanés »? Un chant de mort se dégage du milieu de ses arguments, il entonne un hymne de revanche.

— L'église fut autrefois le centre et comme le foyer de la vie intellectuelle, morale et sociale du village. Elle tenait lieu d'école et de maison commune. C'est un fait, mais un fait du passé. Ce qu'elle était, elle ne l'est plus. Il faut le reconnaître, et l'église ne le reconnaît pas toujours, Monsieur Barrès. C'est peut-être ce qui explique ces inimitiés obstinées, tenaces et de mauvais goût que vous signaliez ; elle se dresse en concurrente passionnée et organisée de la société civile qu'a fait surgir la vie moderne...

Et c'est une longue philosophie de l'histoire, un rappel de tous les temples de toutes les religions dont les débris jonchent le sol. Est-ce donc qu'il justifie la désolation des églises de France? Il se l'explique. Il préférerait la conciliation, certes ! mais..... « encore faut-il que dans cette œuvre de conciliation rien ne vienne s'interposer qui puisse contrarier ou annihiler l'effet de nos bienveillantes dispositions ». Et pour conclure, il demande l'ajournement, le renvoi à la Commission du budget.

Pauvres églises ! Aux yeux de M. Steeg et du gouvernement, le moment de les sauver n'est pas venu. Tout à l'heure, quand il me faisait tant de plaisir, ce n'était qu'un amorçage, un moyen de tenter Rome. Sur l'objet même que nous discutons, sur les nobles édifices qui périssent par milliers, pas un instant cet être insensible n'a porté son regard ni sa sympathie.

On vote et ma proposition est écartée par l'adoption de l'ordre du jour pur et simple qui maintient le *statu quo*, qui refuse de rien changer à une situation, de l'avis de tous, désastreuse.

La lecture de l'*Officiel* (après les rectifications) établit qu'il eût suffi de déplacer 13 voix pour sauver les églises de France. D'un mot, d'un seul mot, ce jour-là, le gouvernement, s'il l'avait voulu, les arrachait à la mort.

CHAPITRE XIII

NOS RADICAUX S'ÉLANCENT !

Mon discours tout de même obtient un résultat. Si les églises continuent de s'écrouler, une de leurs pierres les plus lourdes est tombée sur le nez du pauvre M. Beauquier. L'inintelligence et la bassesse ne sont plus de mode à la Chambre. On supporte impatiemment une trop grossière méconnaissance de cet ensemble de croyances, sentiments, règles et rites qui constituent la religion, et qui relient le fidèle avec la puissance enveloppée de mystère dont il se sent dépendant. Les plus acharnés rougissent de leurs congénères surpris en flagrant délit de besogne sectaire. Ils en rougissent. Que dis-je, ils les tuent ! (Ainsi des cambrioleurs, si l'un d'eux, blessé, ne peut s'évader, l'achèvent.)

C'est à la lettre. Ce matin, en pleine Chambre, M. Bouffandeau a voulu tuer l'épicier de Bornel. Tout d'un coup, sans rime ni raison, de son banc, il a crié :

— L'épicier de Bornel n'a jamais existé !

Et tous, autour de lui, de faire chorus :

— C'est un mythe, c'est un mythe !

— Permettez, permettez, leur disais-je. L'épicier de Bornel a vécu !

Et le Sous-Secrétaire d'État de déclarer avec un grand sérieux :

— Nous n'avons pas trouvé trace d'un épicier dans nos cartons.

Cette lacune est très explicable, Monsieur le Sous-Secrétaire d'État. Chaque fois qu'un épicier est maire, c'est en cette dernière qualité qu'il correspond avec vos bureaux. Vous n'avez pas connu l'épicier de Bornel? Le beau mystère ! C'est que, pour avoir l'honneur de vous parler, il devenait M. le Maire de Bornel. Allez en paix, vous en savez plus que vous ne croyez en savoir... Mais vous, Monsieur Bouffandeau, quel intérêt avez-vous à nier l'existence de votre compatriote? Je vous comprends. Je vous excuse. C'est délicatesse du cœur, c'est décence d'un digne fils qui ne veut pas étaler en public la nudité de son père spirituel.

Nous n'avons pas les devoirs de Bouffandeau. Profitons-en. Écartons le manteau de Noé, dévoilons l'épicier (38). Il s'appelait Nicolas Daix, en son vivant, maire de Bornel. Le *Journal de Méru* et *l'Impartial de l'Oise* nous le décrivent avec agrément : « Qui n'a connu dans notre région l'épicier-maire? disent-ils. Qui ne se rappelle ce vieillard actif, bien que marchant assez péniblement, appuyé sur son bâton, le buste incliné de côté, la tête en avant? Homme très poli, très affable, très empressé, très sociable, voulant contenter tout le monde (chose impossible, ajoute très sagement le *Journal de Méru*), mais excessivement sensible aux honneurs et se laissant prendre à la flatterie. »

M. Nicolas Daix, bon radical et radical-socialiste, fit voter la désaffectation de l'église de Bornel et rêvait de la démolir. « Mes amis, disait-il à ses administrés, si vous voulez être enterrés à l'église, dépêchez-vous de mourir, car on va bientôt la jeter bas. » Ce qui était encore la façon la plus radicale d'en empêcher le classement.

Le pauvre M. Daix est mort. Avant l'église ! Paix à ses cendres. Mais vous, Bouffandeau, qui, Dieu merci, êtes bien vivant, pourquoi vous faire le champion d'une cause détestable? Vous valez mieux que cela.

A le regarder paisiblement, M. Félix Bouffandeau me plaît. C'est un parent. Il est d'une instruction et d'une puissance de travail inférieures à celles de M. Théodore Reinach, auprès de qui je le rencontre chaque semaine à la commission de l'enseignement. Mais il est de chez nous. Je le vois sur les vieux vitraux, en saint Martin ; je le vois en homme d'armes ; je le vois à la procession ; je le vois, Dieu me pardonne, en curé-doyen ! Dans la longue suite de ses ancêtres, il apportait au prône de M. le curé la même docilité, le même enthousiasme obstiné qu'il montre aujourd'hui aux leçons de sa loge. Peut-être, au temps jadis, dans la série des Bouffandeau, la foi a-t-elle bâillonné l'esprit critique, et c'est dommage. Aujourd'hui, chez notre collègue, l'esprit critique bâillonne la foi, et jusqu'à l'excès. Mais tout de même, les siècles ont plus agi sur lui que trente années de vie électorale. Il a son trésor intérieur, un capital de sentiments accumulés. Quel dommage qu'il ne veuille pas s'en servir ! M. Bouffandeau ne touche pas au patrimoine de ses ancêtres, mais il le garde au fond de l'âme. C'est pour moi le dragon assis sur un trésor.

Des adversaires dont notre esprit est souvent occupé arrivent à faire partie de notre répertoire d'images et d'idées. Ils entrent dans notre familiarité. Et l'on finit, ma foi, par s'intéresser à eux et leur souhaiter du bonheur. L'autre jour, j'étais dans une église quand j'y vis pénétrer douze petits garçons, de six à sept ans, conduits par deux religieuses, un étrange bataillon d'humbles enfants, tous proprement vêtus de gris, avec de larges cravates bouffantes, nouées avec soin, et qui tenaient à la main leurs chapeaux de paille. Ainsi pareils à tous les enfants bien soignés du peuple ou de la petite bourgeoisie, et tels que nous fûmes jadis, Bouffandeau et moi, pourquoi leur défilé en rangs serrés et deux à deux me parut-il étrange? Ils cahotaient, semblaient un peu tituber. Je reconnus très vite qu'ils étaient six petits aveugles donnant le bras à six petits garçons aux yeux brillants et bien ouverts. Ils allèrent s'asseoir dans un bas côté, et quand le prêtre, qui circulait à travers l'église pour recueillir les offrandes, arriva près d'eux, au lieu de les quêter, il les salua doucement. Ce tableau d'ordre et de bonté me charmait, quand patatras ! je me surpris à penser à mon Bouffandeau de la Chambre.

Ah ! me disais-je, Bouffandeau, Beauquier, Baudet, Trouillot, Chopinet, Goujat, Cocula, ces aveugles ne trouveront-ils pas des camarades, des frères, pour les prendre par le bras et les mettre affectueusement dans le droit chemin?

Les dévouements ne manqueraient pas. Mais que la tâche est difficile ! Ce sont des éducations à reprendre par la base.

Deux jeunes radicaux, MM. Landry et Honnorat, ont senti que c'était humiliant pour eux tous (et impolitique) d'être les seuls à ne pas partager la sympathie soulevée par nos monuments religieux. Les voilà qui s'élancent au secours des clochers. Ils entraînent dans leur élan, M. Bouffandeau en tête, leurs coreligionnaires politiques. Nos vieux radicaux métamorphosés par cette jeunesse, ont décidé de sauver les églises. Mais de quelle manière? Je lis et relis l'amendement qu'ils viennent de signer à la suite de MM. Landry et Honnorat, et je me demande s'il est une mystification, une ruse de guerre, ou bien l'erreur de deux innocents?

Sous cette impression, j'écris à M. Léon Bérard, sous-secrétaire d'État aux Beaux-Arts.

« Paris, le 9 janvier 1913.

« Monsieur le Sous-Secrétaire d'État
aux Beaux-Arts.

« Qu'entends-je dire? Serait-il possible? Vous feriez vôtre l'amendement Landry-Honnorat-Bouffandeau? C'est là qu'aboutirait votre belle intention de sauver l'ensemble de notre architecture religieuse? Quel espoir dégonflé! Quand je pense que, dès le soir de mon intervention du 25 novembre, chacun s'en allait répétant : « C'est dé-« cidé. Le gouvernement trouve que l'état de « choses ne peut pas se prolonger. Au cours de la « loi de finances, il va régler la question des « églises. » Ah! laissez-moi écrire le gros mot de mystification.

« Mais l'on doit se tromper. Il faut que l'on vous calomnie, ou bien que, trop occupé par les mille soins d'un des ministères les plus encombrés, vous n'ayez pas pu appliquer sur le texte de ces messieurs votre esprit, que je sais clair et loyal. Vous n'êtes pas homme à vouloir dresser une fausse façade, un portant de théâtre, un trompe-l'œil derrière lequel achèveraient de s'écrouler nos églises. Vous n'êtes pas de ceux qui ont dit, après la séance du 25 novembre : « Il est impossible de « ne rien faire, l'opinion publique exige ces règles « légales de conservation que nous venons d'écar-« ter, on veut le salut des églises : ayons l'air de « nous en charger. » Non, le sous-secrétaire d'État Bérard ne pense pas ainsi, et ses bureaux pas davantage. Je connais leur zèle. Nul de vous ne cherche un artifice, un escamotage : vous voulez véritablement sauver ce trésor d'art et de spiritualité, maintenir la physionomie architecturale, la figure physique et morale de la terre française. Vous le voulez? Alors, prêtez-moi dix minutes d'attention et vous serez obligé de convenir que ce projet, que l'on veut vous faire endosser, ne remédie en rien à la situation tragique de nos églises rurales.

« Lisons, relisons ensemble le texte de l'amendement présenté par MM. Landry-Honnorat-Bouffandeau et une cinquantaine de radicaux et radicaux-socialistes... Mais d'abord, j'y vois quelque chose à louer et je ne veux pas m'en faire faute. Ces Messieurs, qui, pour la plupart, ont écarté, l'autre jour, mon projet de résolution, qui ont refusé de déclarer que « l'ensemble de nos monuments d'ar- « chitecture religieuse constitue un trésor national « et doit être sauvé. », conviennent maintenant qu'il y a quelque chose à faire, quelque chose de très sérieux et tout de suite. Cela est très bien. Le 25 novembre, ils votaient le *statu quo*, ils abandonnaient les églises ; dès le 2 décembre, ils se précipitent pour les protéger. Je les applaudis, je les remercie, c'est une réconciliation générale.

« Quelque chose m'inquiète pourtant, cette toute dernière ligne de l'amendement : « Ces « dispositions entreront en vigueur à dater du « 1er janvier 1914. » Eh quoi ! voilà une *réforme* déclarée capitale et urgente qui est ajournée à un an ! Comment résoudra-t-on d'ici à 1914 ces problèmes nombreux et très graves ? Comment protégera-t-on des milliers d'églises qui se meurent et d'autres qui, cet hiver, vont entrer en maladie ? On néglige de l'indiquer. En réalité, ces sauveurs des églises rurales commencent par leur infliger un nouveau bail de détresse.

« Mais passons avec eux en 1914 et voyons comment ils s'y prendront alors ; voyons ce qu'ils ont inventé pour sauver dans un an ce qui subsistera de notre architecture religieuse rurale.

« Ils ont inventé deux caisses, l'une pour les monuments classés, l'autre pour les monuments non classés. Voilà qui va bien. Mais ils s'abstiennent de rien mettre ni dans l'une ni dans l'autre. Voilà qui va mal. Deux bourses vides, ce n'est pas un cadeau à faire à des églises qui s'écroulent de misère.

« Au moins, s'ils ne mettent rien, absolument rien, dans ces deux caisses, nous permettent-ils d'espérer qu'elles recevront un jour quelque chose?

« Il faut distinguer.

« Dans ces deux caisses, l'une est favorisée : c'est celle des monuments classés. Elle pourra recevoir les dons et legs, les contributions des départements et des villes, les subventions de l'État, voire le produit des moulages du Trocadéro! A l'autre, le projet refuse et les contributions des départements et des villes, et les subventions de l'État, et le produit des moulages du Trocadéro! Il ne lui laisse en perspective que les dons qu'elle pourra bien recevoir des particuliers. Et le malheur, comme il saute aux yeux, c'est qu'elle n'en recevra jamais.

« Cette caisse, en effet, n'est pas une caisse pour les églises, mais une *caisse nationale de participation à l'entretien des édifices et monuments publics non classés*, qui entretiendra des mairies, des écoles, des fontaines, tout aussi bien que des églises et des calvaires. Comment un laïque qui s'intéresse aux écoles irait-il vous donner de l'argent, qu'il risque de vous voir distribuer aux églises, et comment un catholique ou un artiste qui se passionne pour les églises, s'exposerait-il à vous voir distribuer sa subvention aux écoles et aux mairies?

« Je vois bien que « les dons, legs ou souscriptions peuvent être affectés par leurs auteurs à un objet spécial »; je vois que je puis vous donner dix mille francs pour l'église de mon village. Mais je n'aurais avantage à passer par votre caisse que si mes dix mille francs devaient y être augmentés d'une souscription d'État. Autrement, pourquoi ce vilain détour? Il est plus simple que j'apporte directement ma libéralité à la commune propriétaire. Encore verrais-je un intérêt à vous prendre pour commissionnaire si vous étiez en mesure d'imposer à la municipalité ces réparations qu'à moi trop souvent elle refuse. Mais vous laissez subsister tout le scandale, et que je vote ou non votre amendement, c'est toujours le droit des municipalités propriétaires de laisser s'écrouler leur église, quelque argent qu'on leur offre pour la consolider.

« Voyons clair, Monsieur le Sous-Secrétaire d'État, c'est le plaisir des dieux. Ce projet ne nous délivre d'aucune des graves difficultés que j'ai à maintes reprises exposées, et dont MM. Landry-Honnorat-Bouffandeau ne croient plus qu'on puisse se désintéresser. Le problème reste toujours le même : l'église de mon village tombe en ruine; elle n'est pas classée; je désire la sauver. En quoi votre amendement me tire-t-il d'affaire? Dans quelle mesure votre caisse des édifices non classés m'offre-t-elle un secours? Comment puis-je l'ou-

vrir? Par quelle considération devrai-je l'émouvoir?
A quel titre reconnaîtra-t-elle mon église digne
d'intérêt? Pourquoi mon église plutôt que la voisine? Me faudra-t-il des apostilles politiques?
Faudra-t-il que mon conseil municipal ait « bien
voté »? Ou même que M. Bouffandeau intervienne
de sa personne?

« Je le crains, je le crois. Et cette opinion générale va détourner tous les dons et tous les legs
d'une caisse qui n'est obligée à rien et qui disposera
de ses ressources en subventions de bon plaisir.

« Il n'y a rien de changé en France, il n'y a que
deux caisses vides de plus.

« — Mais ce texte est dérisoire, disais-je, après
l'avoir lu ; ces caisses ne joueront jamais.

« — Vous croyez? me fut-il répondu. Eh bien,
nous en jouerons tout de même.

« Après cela, inutile de raisonner davantage.
Caisse nº 1, caisse nº 2, caisse des monuments
classés, caisse des monuments non classés, autant
de réformes en papier. Et les pauvres églises de
village, au grand déshonneur de notre terre, vont
achever de s'écrouler. La pluie, le vent, la neige,
les gelées continueront, tout cet hiver, leur œuvre
de destruction. Ce vain projet Landry-Honnorat-
Bouffandeau n'est qu'un leurre. Il laisse les églises
de nos villages en présence de l'État qui ne veut
rien connaître d'elles, en présence de municipalités, trop souvent pauvres et parfois malinten-
tionnés, en présence de fidèles pleins de bonne volonté à qui l'on refuse le droit de sauver avec leur
propre argent leur église. Votre projet ne sert

qu'aux partisans du *statu quo*, aux durs partisans
de la mort des églises, qui pourront dire :

« — Qu'est-ce que vous racontez que j'ai voté,
le 25 novembre, contre les églises ? Eh ! sept jours
plus tard, par mon amendement du 2 décembre,
je les ai sauvées avec Bouffandeau...

« Et de rire.

« Ce rire est affreux.

« Voilà de grandes habiletés, Monsieur le Sous-
Secrétaire d'État, des habiletés d'une espèce trop
fréquente dans la vie parlementaire dont elles font
la misère et l'indignité. Je ne veux pas en être
le complice, ni même en paraître la dupe. Et à ces
raisons qu'il fallait que je vous donne sur l'heure,
j'en ajouterai d'autres devant la Chambre, si
vraiment le Gouvernement ne veut pas accueillir
un projet plus efficace pour la conservation de
notre trésor national.

« Veuillez recevoir, Monsieur le Sous-Secrétaire
d'État aux Beaux-Arts, l'expression de mes sentiments très distingués et dévoués.

« Maurice Barrès. »

Si j'avais des doutes sur la vérité des réflexions
que j'adresse là à M. Bérard, ils seraient dissipés
par une prodigieuse conversation dont je reste
encore étourdi. Je suis tombé dans les couloirs sur
un radical tout épanoui d'avoir signé l'amendement Landry et qui m'a dit :

— Vous n'avez guère confiance dans vos idées,
Monsieur Barrès.

— Et pourquoi donc, Monsieur X...?

— Parce que, si vous aviez confiance dans vos idées, vous compteriez obtenir un jour la majorité, et quand vous aurez la majorité, eh bien, vous aurez la caisse.

Je n'étais pas revenu de ma stupeur, quand je fis la connaissance de MM. Landry et Honnorat. Je leur offris mon compliment de la belle réflexion que je venais d'enregistrer et de tout ce que je devinais de génie politique derrière leur amendement.

Ils repoussèrent d'une seule voix le dur *Væ victis* échappé à leur coreligionnaire dans un mouvement triomphal.

— Soit, leur dis-je, mais vraiment les paroles de votre ami ont quelque chose de naïf, de spontané, un accent irrésistible de vérité. C'est à placer dans la série des enfants terribles! votre ami a mangé le morceau.

Ces messieurs me répondirent en m'assurant de leurs propres intentions. Ils m'ont persuadé. MM. Landry et Honnorat représentent le nouvel état d'esprit de la dernière génération radicale, courtois, ouvert, mais bien incertain. M. Landry, plus poète, doué d'imagination, prompt à s'émouvoir de tout ce qui est noble et vrai ; M. Honnorat, tout rompu aux choses de l'administration, bien à l'aise dans l'atmosphère de la Chambre, rapide à feuilleter les recueils de documents parlementaires et à les enrichir de propositions nouvelles, d'amendements et de sous-amendements : l'un et l'autre représentants de régions (la Corse et les Basses-

Alpes) où les églises sont les plus malheureuses.

Nous avons bien des fois examiné la question en devisant sur les banquettes de la Chambre. M. Landry possède un sentiment très vif du péril de nos sanctuaires et de leur grandeur morale. Quant à M. Honnorat, il voit dans leur écroulement une conséquence de l'exode irrésistible des campagnes et ne serait pas éloigné de penser que c'est une fatalité, ce qui lui permettrait de soulager de cette responsabilité la loi de Séparation.

— C'est un grand problème, lui disais-je, que celui du déraciment de nos populations rurales ; c'est une belle occasion pour que vous me disiez vos vues générales, mais nous sommes en présence d'un mal bien déterminé, l'écroulement des clochers de France. Qui chargez-vous de les réparer ?

M. Landry, je crois, serait homme à suivre mon sentiment et à faire face franchement au péril ; M. Honnorat, lui, admirablement doué pour la procédure, sensible jusqu'à l'excès au plaisir des amendements, des sous-amendements, des projets et des contre-projets, où il excelle, veut doser son remède aux capacités du Parlement et se croirait déshonoré s'il proposait à ses collègues (comme il juge que je le fais) plus qu'ils n'en peuvent avaler. Je le soupçonne, d'ailleurs, de n'avoir guère plus d'estomac que les camarades qu'il ménage.

Après des semaines que nous discutons, je ne suis pas arrivé à les convaincre de l'inanité de leurs moyens. C'est en vain que, sur tous les tons, je leur ai dit : « Vos deux caisses, où, d'ailleurs, en dépit des promesses formelles de Briand et des projets de Caillaux et Clemenceau, vous n'osez pas mettre un sou de l'État, ne règlent aucun des problèmes posés. J'ai prouvé que l'administration des Beaux-Arts est impuissante à faire classer de nombreux édifices de premier ordre et que les catholiques n'obtiennent pas de secourir, fût-ce avec leurs propres deniers, les églises ; vous ne supprimez pas ce double scandale ! Avec votre système, l'épicier de Bornel continuera de s'opposer au classement de son église et tous les Conseils municipaux sectaires continueront de refuser les générosités des particuliers. » MM. Landry et Honnorat ne veulent pas m'entendre. Sauf quelques retouches légères, ils maintiennent leur texte et vont le soumettre au vote de la Chambre. Dois-je m'en faire l'adversaire intransigeant ? Est-il de mon devoir de le combattre à fond ? Ou plutôt ne devrais-je pas essayer de l'amender ?

Je vois l'inconvénient de collaborer à quelque chose de bâtard ; mais je vois aussi l'avantage d'améliorer peut-être, en quelque mesure, le sort de notre architecture religieuse. Faut-il être tout d'une pièce, s'en tenir au principe, réclamer le tout ou rien ? Faut-il combiner, transiger, faire au mieux ? Éternel problème ? A chaque jour de la vie parlementaire, la question se pose, mais cette fois elle me cause un malaise qui atteint à l'angoisse.

J'en causais hier avec un juriste éminent, de qui la science et les conseils ne me firent jamais défaut tout le long de cette campagne, avec mon confrère de l'Institut, M. Maurice Sabatier, et je pensais tout haut devant lui : voici une insuffisante initiative parlementaire, dois-je y collaborer?

— Non, non et non ! me disait-il. Le papier de ces messieurs n'est qu'une fantasmagorie. Et je devrais me servir d'un autre mot ! vraiment, c'est avec cela qu'ils prétendent résoudre la question des églises qui les trouble ! Je vous avoue que je ne vois pas d'amendement à un projet pareil. Il n'y a qu'à le combattre comme un trompe-l'œil.

— Eh ! répliquais-je, je puis faire partager vos vues et votre indignation, qui sont aussi les miennes, aux collègues qui ne sont pas suspects de se désintéresser des églises, mais il y a beaucoup de députés et surtout un immense public qui ne comprendront pas qu'après avoir critiqué Landry-Honnorat je ne dise pas ce qu'il faudra faire.

— Non, reprenait M. Sabatier. Vous avez fait votre campagne sur cette idée simple qu'il est monstrueux que les Conseils municipaux sectaires laissent tomber en ruines les églises et qu'elles ne puissent pas être réparées même aux frais des catholiques : c'est par là que vous avez ému la France entière... Votre rôle c'est de réveiller l'opinion, de mieux disposer les Conseils municipaux, bref, d'amener les esprits à un tel point que le Gouvernement soit obligé de déposer un projet. Mais les gens de bon sens ne peuvent pas réclamer de vous que vous vous substituiez au ministre pour conduire la majorité !

J'approuvai M. Sabatier, et pourtant je sentais que je ne pouvais demeurer immobile à mon banc au cours de cette discussion. Comment agir au mieux? Pour en finir, je descends de quelques marches au-dessous de ce colloque et de mon débat intérieur ; je recours à ma conscience, je me conforme à une espèce d'idée morale que je trouve tapie dans un coin de mes réflexions et qui me raconte que je dois craindre avant tout d'apporter dans une affaire d'un ordre si général et si haut des préoccupations personnelles. Je me résigne, je m'oblige à la solution qui me coûte le plus : je me décide à déposer un sous-amendement.

Soit ! je suivrai MM. Landry et Honnorat dans leur idée de « Caisse des monuments historiques ». Mais sur la base et dans le cadre qu'ils nous proposent, je maintiens les idées essentielles dont j'ai exposé la nécessité à la Chambre.

Je déclare d'abord que « ...sont réputés classés comme monuments historiques... tous les édifices religieux antérieurs à 1800 ».

Ensuite, par une disposition calquée sur l'article 123 de la loi municipale de 1884, je donne un droit au particulier contre les communes : « Tout contribuable inscrit au rôle de la commune a le droit de faire exécuter, à ses frais et risques, avec l'autorisation et sous la surveillance de la commission des monuments historiques, les réparations de toute nature qu'il jugera indispensables dans les édifices ou monuments religieux de la commune et que celle-ci, préalablement invitée à leur exécution moyennant l'offre d'une subvention, aura refusé ou négligé d'exécuter. Dans ce cas, la caisse des monuments historiques sera tenue de concourir aux réparations pour une somme au moins égale à celle qui aura été affectée par le contribuable. »

Enfin je supprime, j'élimine la seconde caisse de MM. Landry et Honnorat, celle qu'ils appellent « Caisse des édifices et monuments publics », et je la remplace par des *caisses privées*, ayant en vue l'entretien des édifices publics classés ou non classés, investies de la personnalité civile, des caisses diocésaines, si l'on veut, administrées par l'évêque, qui centralisera les ressources et distribuera des secours proportionnés aux difficultés. C'est peut-être hardi de donner la personnalité civile, sans examen du Conseil d'État, à une caisse gérée par des particuliers. Mais quoi ! je ne sors pas des cadres de la loi actuelle. C'est une liberté compatible avec notre législation.

Voulons-nous faire quelque chose d'utile et de pratique? J'en offre à mes collègues le moyen. Nous allons bien voir s'ils continueront de ruser avec ce grand problème et de se dérober, où s'ils s'aviseront qu'enfin il leur faut prendre soin de soutenir leur dignité politique et décidément parler clair.

CHAPITRE XIV

TROISIÈME DISCOURS

Ce 13 mars 1913, nos deux textes sont venus en discussion et j'ai exposé ma thèse dans la séance du matin :

M. Maurice Barrès (1). — Messieurs, la question des églises, depuis deux ans, a fait de grands progrès. Nous sommes maintenant d'accord, pour la poser tous de la même manière. Nous voulons assurer la sauvegarde de notre architecture religieuse, la sauvegarde de nos églises, de celles qui sont belles et qui ont mérité d'être classées, aussi bien que de celles qui n'ont pas au même degré un intérêt archéologique. Nous le voulons, les uns et les autres, pour des raisons différentes. Qu'importe ! Ce que nous poursuivons, c'est un but commun, et nous nous acheminons vers ce but avec des préoccupations d'ordre divers selon nos

---

(1) *Journal officiel* du 14 mars 1913.

natures, nos idées et notre philosophie. *(Très bien!
très bien!)*

L'accord est dans la Chambre ; il est plus encore
dans le pays. Je pourrais l'établir par des témoignages importants que je veux simplement men-
tionner, pour ne pas abuser de vos instants. Que ne
puis-je vous citer une belle page empruntée à la
Revue de l'enseignement primaire, que dirige M. Ferdinand Buisson! Elle est de M. Blanguernon, un
inspecteur de l'enseignement, qui apporte à ma
campagne son concours et celui des instituteurs
avec lesquels il a pris contact et qui, pour des
raisons nullement confessionnelles, s'intéressent à
la sauvegarde de l'église rurale. *(Très bien! très
bien!)*

Que ne puis-je encore vous citer l'appui éner-
gique que nous donnent un journal et une ligne
que préside notre honorable collègue M. Beauquier
et qui déclare « qu'un village sans église, ce sera
peut-être une colonie agricole, une ferme modèle,
ce ne sera plus un village de France ». C'est demander le salut de nos églises rurales...

M. CHARLES BEAUQUIER. — Des églises rurales
intéressantes au point de vue archéologique ou
architectural.

M. MAURICE BARRÈS. — Monsieur Beauquier, je
désire vraiment ne soulever dans cette discussion
aucune difficulté ; mais c'est bien de toutes les
églises rurales que votre ligue, par la plume de son
vice-président M. Augé de Lassus, demande le
salut. Au reste, je ne prétends pas disposer de
votre pensée et je prends acte que l'article dont je

parle paraît ne pas traduire exactement votre sentiment propre.

Ainsi, sur tous les bancs, dans tous les partis, nous nous entendons pour poser le problème dans toute son ampleur. Aujourd'hui, nous ne discutons plus pour savoir s'il faut sauver les églises de France, mais seulement pour savoir comment on les sauvera. Eh bien ! je dois le dire très nettement, je ne peux pas m'associer aux moyens proposés par MM. Landry, Honnorat et leurs collègues.

Ici, messieurs, une réflexion de méthode : la situation est assez délicate et me déconcerte un peu ; je me trouve avoir à exposer non pas simplement ma pensée propre, comme je le croyais, mais d'abord la pensée de MM. Landry et Honnorat que je désire contredire. *(Très bien! très bien!)* Cette procédure, qui peut être réglementaire, ne laisse pas d'offrir de grandes difficultés ; elle m'expose à dénaturer leur pensée. Je vais tout faire pour y échapper. *(Applaudissements sur divers bancs au centre et à droite.)*

Examinons leur papier. Tout d'abord, une chose m'inquiète. Ces messieurs ne veulent entreprendre leur sauvetage qu'en 1914. Pourquoi ? Quelle raison d'attendre si longtemps pour une œuvre que, par ailleurs, ils déclarent urgente ? D'ici 1914, c'est encore des mois bien durs qui vont tomber sur nos églises en péril ! Enfin, transportons-nous à l'année prochaine, et voyons ce que nos collègues nous proposent.

Nous sommes en 1914. Vous ouvrez deux caisses : une première destinée à venir au secours des mo-

numents classés, c'est-à-dire au secours de toutes
les espèces de monuments ou de ruines artistiques,
historiques, qu'ils soient religieux ou gallo-romains, voire, nous dit-on, pour subventionner des
fouilles archéologiques ; une seconde caisse destinée à venir au secours du troupeau, de la grande
foule des monuments, mairies, abreuvoirs, écoles,
halles et églises que vous jugez indignes d'être
classées.

Des caisses, c'est très bien, mais que contien-
dront-elles ?

¡De lui-même, le Gouvernement n'y met rien,
absolument rien du tout. J'ai le droit de m'en
étonner ; j'ai le droit de lui demander une preuve
de bonne volonté, puisque nous savons par un
remarquable article paru dans la *Revue de
Paris* (39) et qui est dû à M. Paul Léon, l'un des
hommes qui, au ministère de la rue de Valois,
connaissent le mieux la question *(Très bien! très
bien!)*, que l'on a toujours des disponibilités, que
l'on dispose d'une somme de trois millions provenant du budget des cultes. C'est cette somme, vous
le savez bien, que le Gouvernement avait en vue
quand, le 23 décembre 1908, MM. Caillaux, Briand
et Clemenceau voulaient créer un fonds de secours
et déposaient un projet qui, jamais, je ne sais pourquoi, n'a fait l'objet d'un rapport.

Je ne crois donc pas émettre une prétention
excessive en m'étonnant que le Gouvernement,
qui se rallie, si je l'ai bien compris, à la proposition de M. Landry et qui appuie la création de
caisses, ne commence pas par donner le bon

exemple au public en apportant lui-même son obole.

M. Lefas. — Très bien !

M. Maurice Barrès. — Nos collègues Landry et Honnorat avaient inscrit, dans le premier moment, comme ressource fixe, le produit des moulages du musée du Trocadéro. Je leur ai fait remarquer que c'était là un bien petit effort et qu'il était assez singulier de réunir tant de pauvres autour d'une table pour y mettre cette toute petite brioche. *(Sourires.)* Je me suis permis de sourire, comme vous faites. L'observation leur a paru juste ; mais ils se sont contentés de supprimer purement et simplement cette minime ressource. *(Rires et applaudissements à droite et au centre.)* Ils ont trouvé la brioche trop mesquine, mais ils ne l'ont pas remplacée. A cette heure, il n'y a plus rien sur la table. Ce que nous offririons aux églises de France, c'est tout simplement deux caisses vides, deux porte-monnaie dans lesquels il n'y a rien du tout. *(Applaudissements à droite et au centre.)*

Nos collègues espèrent que le public y mettra quelque chose. Pour la caisse des monuments historiques, je crois que vous obtiendrez quelque chose du public ; mais permettez-moi de vous le dire, vous aviez pris l'engagement — on nous l'a répété bien souvent à la Chambre, j'en prends tous mes collègues à témoin — d'entretenir les églises d'un caractère artistique et historique, et maintenant, vous passez cette charge aux hommes de bonne volonté que vous invitez à mettre de l'argent dans ces caisses ! Vous, État, jusqu'à cette heure, vous déclariez vous charger d'entretenir nos monuments d'un caractère historique et artistique, et maintenant, vous faites appel aux gens de bonne volonté, parlons net, vous faites appel aux catholiques et vous leur dites : donnez-moi donc votre argent, pour que j'entretienne non seulement ces belles églises que j'avais pris l'engagement d'entretenir à moi seul, mais aussi toute espèce de monuments d'un caractère historique et archéologique, y compris les fouilles. Je vous demande si c'est un procédé correct, et si vous pouvez espérer qu'en manquant ainsi à vos engagements, vous allez avoir un grand afflux d'argent dans votre caisse?

M. FERDINAND BUISSON. — Pourquoi pas?

M. MAURICE BARRÈS. — Jusqu'à cette heure, M. Augagneur et vingt personnes opposées à ma thèse avaient dit, au cours de nos discussions, que les églises d'un caractère artistique et historique seraient entretenues.

M. LE MINISTRE DES FINANCES ET M. LE SOUS-SECRÉTAIRE D'ÉTAT DE L'INTÉRIEUR. — Il n'y a rien de changé.

M. MAURICE BARRÈS. — Pardon ! aujourd'hui vous dites : nous ne les entretenons plus à nous seuls; nous faisons appel à l'argent des catholiques. Et bien plus, cet argent des catholiques, vous ne le réservez pas aux églises d'un caractère archéologique et historique, mais vous entendez le distribuer sur l'ensemble des monuments.

M. LE MINISTRE DES FINANCES. — Monsieur

Barrès, le texte même de l'amendement de M. Landry comprend un paragraphe ainsi conçu : « Les dons, legs ou souscriptions peuvent être affectées par leurs auteurs à un objet spécial. »

M. MAURICE BARRÈS. — Monsieur le Ministre, il m'est impossible de tout dire à la fois.

M. LE MINISTRE DES FINANCES. — Je m'excuse de vous avoir interrompu.

M. MAURICE BARRÈS. — J'ai commencé par vous dire que vous offrez aux églises de France des porte-monnaie vides. Je me demande ensuite si vous aurez quelque chose dans ces porte-monnaie, et je suis en train d'énumérer les raisons pour lesquelles je crois que vous n'aurez rien ou pas grand'chose.

Je vous concède que, pour la caisse n° 1, pour celle qui s'applique aux monuments d'un caractère artistique ou historique vous pouvez avoir quelque chose.

M. LE MINISTRE DES FINANCES. — Nous ne supprimons pas les crédits qui existent.

M. FERDINAND BUISSON. — C'est cela.

M. MAURICE BARRÈS. — Sans doute, vous ne les supprimez pas. Quel est ce système de discussion ! Vous ai-je dit que vous les supprimiez ?

M. LE MINISTRE DES FINANCES. — Je vous répondrai.

M. MAURICE BARRÈS. — Vous ne supprimez pas les crédits existants, mais vous avez pris, vous ne pouvez pas le nier, l'engagement solennel de classer peu à peu et d'entretenir toutes les églises d'un caractère artistique ou historique. Or, voici que

maintenant vous vous dérobez et que, pour entretenir les églises même historiques et artistiques,
vous réclamez un argent qui sera surtout l'argent
des catholiques !

Si nous passons à la caisse n° 2, à celle qui intéresse surtout ma discussion, à la caisse dont
relèveront les petites églises rurales, les églises qui
n'ont pas un caractère artistique ou historique
reconnu jusqu'à cette heure, vous ne pouvez, vous
ne devez obtenir aucun concours des gens de
bonne volonté, et je vais essayer de vous expliquer
pourquoi. Comment, moi — je prends un exemple...
(*Interruptions sur divers bancs.*) Comment, moi,
qui m'intéresse à l'église de mon village, qui veux
faire quelque chose pour elle, irais-je mettre dans
votre caisse l'argent que je voudrais voir employé
pour cette église ? Je le ferais si, en ayant recours
à vous, en faisant ce détour depuis mon village,
pour passer par votre caisse de Paris, en traver-
sant votre caisse, mon argent s'augmentait de
quelque chose. Alors oui, ma bonne volonté serait
récompensée, et j'aurais eu raison de tourner mes
regards vers votre caisse ; mais il n'en est rien. Je
mets mon argent dans votre caisse ; il est englouti.
Qu'en faites-vous ? Vous ne le donnez pas seulement à l'église de mon village : vous le donnez à
toutes les églises.

M. Paul Morel, *sous-secrétaire d'Etat de l'Intérieur.* — Vous oubliez...

M. Maurice Barrès. — C'est entendu ! Je
n'oublie rien.

Bien mieux : votre caisse s'applique à tous les

édifices appartenant aux communes ou aux départements. Dans ces conditions, vous comprenez bien que je ne veux pas, que je ne puis pas, moi qui ai en vue mon église, vous donner de l'argent pour une caisse qui l'emploiera peut-être à entretenir les mairies, les bornes-fontaines, les abreuvoirs, les maisons d'école. De même, si je m'intéresse aux mairies, aux écoles, aux abreuvoirs, comment irais-je mettre dans votre caisse de l'argent que vous pourrez employer à entretenir les églises?

M. LE SOUS-SECRÉTAIRE D'ÉTAT DE L'INTÉRIEUR. — Mais non !

M. MAURICE BARRÈS. — C'est entendu ; j'entends votre réponse, j'y arrive. J'arrive à l'objection que me font, à chaque virgule de mon discours, mes collègues, à savoir que le donateur peut donner une affectation spéciale à ses dons. Soit ! Je remets une somme à votre caisse nº 2, en disant : « C'est en vue de l'église de mon village que je vous donne cette somme. » Quel avantage ai-je à la placer chez vous? Il est tout aussi simple, sans quitter mon village, de la donner à l'église que j'ai en face de moi. Qu'est-ce qui m'empêchera de faire cette opération? Une seule difficulté. Le cas où je me trouverai en présence d'une municipalité sectaire, laquelle refusera mon concours. Eh bien ! pas plus que moi, vous ne pourrez triompher de cet indigne obstacle. Il n'y a rien dans votre proposition, qui oblige une municipalité sectaire à accepter l'argent de votre caisse. La municipalité sectaire qui veut la ruine de son église me refuse, elle vous refusera...

M. DE KERGUÉZEC. — Qu'est-ce que c'est qu'une municipalité sectaire? *(Exclamations ironiques à droite et au centre.)*

M. PAUL BEAUREGARD. — Il n'y a que vous qui ne le sachiez pas.

M. MAURICE BARRÈS. — Votre proposition a cette faiblesse que, pas plus que je ne puis obliger, moi, la municipalité qui veut la mort de son église à accepter mon argent, pas davantage, vous, avec votre caisse n° 2, vous n'êtes en mesure d'obliger la municipalité sectaire à accepter votre apport. Dans ces conditions, qu'y a-t-il dans votre projet qui puisse me rassurer sur l'appel que vous faites à la bonne volonté des catholiques?

M. JOSEPH REINACH. — Il y a mon amendement.

M. MAURICE BARRÈS. — Je prends déjà sur moi d'exposer les idées de M. Landry, je ne me reconnais aucune qualité pour exposer vos idées. Je prends acte du fait que vous avez déposé un amendement tendant à régler cette situation insupportable; mais cet amendement ne vise pas le projet que j'examine en ce moment et sur lequel la discussion a été appelée.

Enfin, il y a une troisième objection contre cette caisse à laquelle de l'argent aura été donné sans condition, ou avec attribution spéciale aux églises rurales pauvres; il y a une troisième objection, mais celle-ci formidable : comment sera distribué cet argent?

Je prie mes collègues et le Gouvernement de ne pas se froisser, mais c'est, une fois encore, un instrument de règne que vous voulez créer. *(Très bien! très bien! au centre et à droite.)*

Cet argent sera distribué comment? Vous me répondrez : « Avec la meilleure volonté, avec toute la droiture possible, en n'examinant que l'intérêt des églises. » Ah ! elles sont innombrables, les petites églises de village en péril, et je vous dis, moi, en simplifiant les choses — parce que nous sommes pressés et que la vérité se dit aisément en peu de mots — je vous dis : cet argent sera nécessairement distribué, quel que soit le ministère, aux communes votant selon les vues du Gouvernement. *(Exclamations à gauche. — Très bien, très bien! à droite.)*

Il est impossible, étant données les conditions du régime, que ce trésor des églises de France, constitué surtout par l'argent des catholiques et puis de quelques artistes et patriotes attachés à la physionomie de la terre française, il est impossible que ce trésor ne soit pas distribué selon les désirs de ceux qui font partie de la majorité. Tenez, j'en causais, il y a peu de temps, avec un de nos collègues, avec un des signataires de la proposition Landry-Honnorat et je lui disais mon objection qui est très importante, celle-là même que je viens de vous exposer, à savoir que vous ne réglez pas de quelle manière s'établira le rapport entre les églises en souffrance et votre caisse. « Nécessairement, lui disais-je, les subventions iront aux députés de la majorité, à leurs clients. » Il me répondit : « Vous n'avez guère confiance dans vos idées, monsieur Barrès. » — Et pourquoi donc, mon cher collègue? — Parce que, si vous aviez confiance dans vos idées, vous espéreriez avoir un jour le pouvoir et alors vous auriez la caisse... » *(On rit.)*

Moi, je travaille pour le bien des églises. Ce qui m'intéresse, ce n'est pas que soient entretenues les églises des circonscriptions qui votent bien, ce qui m'intéresse, c'est que la physionomie artistique, morale, spirituelle de notre terre de France, soit maintenue, respectée, encore améliorée. *(Applaudissements.)* La très belle conversation que je vous rappelle est pour moi une de ces expériences qui enrichissent un homme. Je ne peux pas oublier de tels propos. Ils suffisent, avec les autres raisons que je vous ai données, pour que je n'accepte pas la proposition de mon collègue Landry, à la bonne volonté de qui je rends volontiers hommage.

Est-ce à dire qu'il soit impossible de donner satisfaction aux églises? Nullement. J'accepte l'idée d'une caisse. Mais, pour décider l'argent des hommes de bonne volonté, que le Gouvernement sollicite, il serait bon que le Gouvernement lui-même fît un geste. MM. Caillaux, Briand, Clemenceau nous ont indiqué qu'il y avait moyen de faire un apport d'argent. Cet apport serait une indispensable indication.

Ensuite il faut briser la résistance des municipalités qui veulent laisser s'écrouler leurs églises. Pour cela, un moyen extrêmement simple, c'est le classement de toutes les églises construites avant 1800. Cette idée a été acceptée immédiatement, vous vous rappelez dans quels termes, qui ont frappé toute la Chambre et qui y ont fait l'unité, par M. Marcel Sembat.

M. Delory. — Avec des réserves.

M. Maurice Barrès. — Il est possible qu'il ait fait des réserves. Je me garderai bien de disposer de la pensée d'un absent. Pourtant, je crois pouvoir vous dire que M. Marcel Sembat s'accorde avec moi pour demander le classement de toutes les églises construites avant l'année 1800. Le classement, ne vous y trompez pas, Messieurs, n'entraîne pas l'obligation pour l'État d'entretenir les églises. Si l'idée d'un classement en bloc peut, d'abord, vous heurter, c'est que vous croyez que le classement d'office entraîne l'obligation d'entretenir l'église. Pas le moins du monde. Le classement rend l'église apte à recevoir un apport ; il a cet avantage de briser la résistance de ces communes qui veulent empêcher des gens de bonne volonté de faire un sacrifice en faveur de leur église.

Ah ! Messieurs, nous ne sommes pas loin de nous entendre. De tous les côtés, l'entente se prépare. De tous les partis, on apporte une pierre à la digue contre le vandalisme. M. Joseph Reinach propose d'obliger les communes à ne pas repousser l'apport des contribuables de bonne volonté. L'idée de M. Landry, l'idée d'une caisse dotée de la personnalité civile, c'est une idée en elle-même fort bonne et dont j'accepte le principe. Enfin, l'idée du classement en bloc de toutes les églises construites avant 1800, un grand nombre de nos collègues, je le sais, sont prêts à s'y rallier. Alors, comment est-il possible que le Gouvernement ne prenne pas en main l'élaboration de ce moyen légal qui sauverait le magnifique patrimoine de notre architecture religieuse?

Hélas! il est impossible de ne pas remarquer que le Gouvernement, loin de se préoccuper de la question, s'en désintéresse durement, et que, là même où il est armé, il ne fait pas son devoir.

Il n'est rien de tel que de citer des faits; je voudrais vous en citer, comme je n'ai jamais manqué de le faire au cours de mes précédentes interventions. Et c'est par là que je terminerai. Je voudrais vous montrer que, si nous sommes d'accord pour traiter de sectaires, d'hommes qui se déclassent du parti républicain...

M. BARTHE. — De vandales!

M. MAURICE BARRÈS. — De vandales, oui... ceux qui exercent leurs ignobles puissances de haine contre les édifices d'architecture religieuse, nous ne les désarmons pas : ils viennent encore de raffiner. Ils ne se contentent plus de vouloir démolir, ils ont la préoccupation de déshonorer les églises. Et ici avec une complaisance de la part du Gouvernement que je puis traiter de complicité. Mais écoutez-moi.

Dans la contrée privilégiée qu'on appelle le jardin de la France, il existe une ville aimable entre toutes, où subsiste un vestige charmant d'une architecture du quinzième siècle, quelque chose d'assez pareil à ce qu'est à Paris la tour Saint-Jacques. Les artistes, les catholiques, les citoyens amoureux de leur petite ville, ont désiré faire classer cette tour. Le Conseil municipal voyait la chose avec hostilité ; puis, à un instant donné, en présence du grand mouvement qui se dessinait, il a dit : « Eh bien ! vous voulez la conserver ; conservons-la, on peut toujours en faire quelque chose, elle peut toujours servir. »

Et savez-vous à quoi cette tour, pour laquelle il y a une instance de classement, pour laquelle déjà la commission des monuments historiques a donné un avis favorable, savez-vous à quoi ils la font servir? ils y installent des latrines publiques ! *(Mouvements divers.)* L'installation est commencée, elle se poursuit contre la loi, alors que le classement est décidé, est accordé en principe par un avis favorable de la commission.

Il s'agit, messieurs, de la tour Saint-Martin à Vendôme.

Au cours des travaux, des ossements humains et même un squelette entier ont été découverts ; au lieu de les transporter au cimetière, on les a enfouis sous les tuyaux de vidange. *(Vives exclamations.)* « Eh bien ! disent-ils... » je prends les termes du *Progrès du Loir-et-Cher*, qui fait l'apologie de cette utilisation de la tour Saint-Martin — « ... eh bien ! quoi? nous élevons en terrain bénit un temple au Dieu de la digestion. » *(Exclamations. — Mouvements divers.)*

A droite. — Quelle abjection !

M. LE MARQUIS DE POMMEREU. — C'est ignoble !

M. LE MARQUIS DE LA FERRONNAYS. — Ils n'ont pas changé depuis 93 !

M. MAURICE BARRÈS. — Pourquoi le Gouvernement, qui est armé, tolère-t-il de pareils procédés...

M. LE RAPPORTEUR GÉNÉRAL. — Le Gouvernement a-t-il eu connaissance de ces faits?

M. MAURICE BARRÈS. — ... de pareilles ordures? Il n'y a pas d'autre mot. *(Applaudissements.)*

Pour qu'il n'y ait pas de doute, je tiens les photographies à la disposition de mes collègues. J'espère bien qu'il se trouvera quelque journal illustré pour les mettre sous les yeux du public, et je serais très heureux si cela pouvait enfin décider le Gouvernement à prendre des mesures qui empêchent de se prolonger la situation périlleuse où s'enfoncent les églises de France. Le cas de Vendôme, c'est un cas abject, mais comme il éclaire l'ensemble de la situation !

Monsieur le Ministre, il faut régler enfin cette émouvante question de notre architecture religieuse, il faut sauver ces églises de France que des malheureux veulent démolir ; ou, ce qui est pis encore, déshonorer. De tels hommes, nous devons être unanimes pour les mettre au ban de la civilisation française. *(Vifs applaudissements sur un grand nombre de bancs.)*

Il était plus de midi, près d'une heure, quand je descendis de la tribune, tenant à la main les photographies des hontes de Vendôme. Ce fut une rumeur autour de mes documents. Tous mes collègues, le ministre M. Klotz en tête, disaient, en meilleurs termes que je ne puis faire ici : « Quelles ignominies ! »

Cependant, les auteurs des amendements se

rassemblaient. Mes critiques avaient porté. Ils décidaient d'urgence d'en tenir compte et déjà entouraient le ministre. Celui-ci aurait bien voulu aller déjeuner et donnait des signes d'impatience.

— Mais, Monsieur le Ministre de l'Intérieur, disait l'honorable rapporteur général du budget M. Chéron, il ne faut pas me tourner le dos !

J'allai prendre mon pardessus et mon chapeau. Quand je quittai le Palais-Bourbon, je vis le ministre, le rapporteur général, les deux auteurs de l'amendement Landry et Honnorat, les deux messieurs Reinach, M. Ferdinand Buisson et d'autres gens de bon conseil qui discutaient avec vivacité. Ils étaient en train de faire la toilette de leur ours et de le rendre un peu plus présentable pour la séance de l'après-midi.

Ils discutèrent, gribouillèrent, improvisèrent, et quand nous revînmes à trois heures, on n'avait plus de texte en mains : ils avaient déchiré leur ancienne rédaction, et de la nouvelle ne pouvaient nous offrir aucune copie imprimée, pas même dactylographiée, et c'était des « Je vais vous dire... nous supprimons ceci... nous ajoutons cela... ; vous réclamiez un texte d'ensemble, nous intercalons Reinach... ; vous vous plaigniez qu'il n'y eût pas d'affectation spéciale du Gouvernement, il pourra donner à ses crédits une affectation spéciale », et dans le plus grand désordre, ils multipliaient les explications à mon oreille, et, j'imagine, aux oreilles de mes six cents collègues quand un petit bout de papier eût seul fait notre affaire.

Cependant, le président, avec rapidité, **à voix** basse, selon la coutume, lisait le nouveau texte, puis, d'une voix haute, donnait la parole à M. Landry.

M. Landry indiqua « les satisfactions importantes que, d'accord avec le gouvernement et la commission du budget », il était à cette heure en mesure de me donner. C'était d'abord que la première caisse, celle des monuments historiques, comprendrait des subventions de l'État avec affectation spéciale (c'est-à-dire réservée aux églises) ; c'était ensuite la disposition présentée par M. Joseph Reinach pour briser la mauvaise volonté des municipalités qui s'obstinent à ruiner les églises et repoussent systématiquement les générosités des particuliers.

— Ces deux additions sont très importantes, concluait M. Landry, et je voudrais espérer que maintenant que nous les avons faites, M. Barrès ne persistera pas à s'opposer au vote de notre amendement.

Je commençai par rendre hommage aux tendances libérales de M. Landry, puis j'examinai ses nouvelles propositions.

M. Maurice Barrès. — En modifiant sur deux points votre texte, vous avez voulu d'abord faire tomber le reproche que je vous adressais ce matin de ne mettre aucun argent du Gouvernement dans ces caisses pour lesquelles vous demandez aux artistes et aux catholiques de faire un effort. Vous venez m'annoncer, ce soir, que le Gouvernement pourra donner quelque chose. Mais enfin que donnera-t-il? MM. Caillaux, Briand et Clemenceau avaient déposé un projet qui attribuait aux édifices religieux une somme annuelle provenant de l'ancien budget des cultes. Il y a quelques jours, dans son article de la *Revue de Paris*, M. Paul Léon nous disait qu'une somme annuelle de trois millions restait à la disposition de l'administration. Faites-vous état de cette somme de trois millions? Quel est le sacrifice que vous comptez faire? Comment se fait-il que vous n'y ayez pensé qu'aujourd'hui à midi et demi, et pourquoi faut-il que nous soyons dans l'ombre pour en discuter? *(Très bien! très bien! à droite.)*

M. LE RAPPORTEUR GÉNÉRAL. — Nous ne sommes pas dans l'ombre du tout.

M. MAURICE BARRÈS. — J'admets le principe d'une caisse dotée de la personnalité civile, mais telle que vous les créez, ces deux caisses m'apparaissent comme un instrument de règne. En effet, cet argent que vous aurez sollicité surtout des catholiques, comment le distribuerez-vous? Je ne mets pas en cause l'honorabilité des hommes que vous appellerez à procéder à la distribution de cet argent, mais les influences politiques sont toutes-puissantes. Dans le régime des partis, qui est notre régime constitutionnel, seules les communes bien en cour participeront aux ressources de ces caisses ainsi constituées. *(Applaudissements à droite.)* C'est pour cela que je proposais un fonctionnement automatique des caisses. Je vous proposais que chaque fois qu'un sacrifice sera consenti par

un homme de bonne volonté, dans des conditions
approuvées par la commission des monuments
historiques, il ait droit à ce que la caisse, fonc-
tionnant automatiquement, vienne le fortifier, l'aider dans sa bonne volonté.

Voilà ma réponse à votre première amélioration
que je trouve insuffisante.

J'aime mieux la seconde satisfaction que vous
me donnez.

Vous êtes disposé à contraindre les communes à
accepter l'offre d'hommes de bonne volonté. en
faveur de l'église. Cela est bien. La proposition de
M. Joseph Reinach rend service. J'y ferai pourtant
une objection. La commune sera tenue, dit l'amendement, de passer une convention écrite avec le
contribuable de bonne volonté qui veut faire un
sacrifice. Mais si cette commune est une commune
sectaire, qui souhaite l'écroulement de son église,
au moment de la rédaction de cette convention
elle retrouvera le moyen de susciter des difficultés.
J'entends bien ; le préfet peut intervenir. Mais le
préfet autorise trop souvent des choses mons-
trueuses, comme celle que j'ai signalée ce matin au
compte du préfet de Loir-et-Cher, à savoir l'installation de latrines dans une tour d'architecture
religieuse, dans un clocher classé de la ville de
Vendôme. Quelle confiance voulez-vous donc que
j'aie ? *(Très bien! très bien! à droite.)* La commune récalcitrante, la commune qui désire l'écroulement de son église, persistera à refuser la convention qa'un homme de bonne volonté lui ap-
portera et ce sera dans la rédaction même de cette

convention qu'elle fera surgir les difficultés qu'on veut fuir. Je voudrais donc que ce fût la loi elle-même et non pas la municipalité, ou le pouvoir discrétionnaire et arbitraire du préfet, qui décide obligatoirement dans quelles conditions le concours des hommes de bonne volonté sera automatiquement recevable pour sauver une église.

Enfin, les propositions qu'on nous apporte ne règlent en rien la question formidable du classement des églises. A l'heure qu'il est, Messieurs du Gouvernement, sachez-le donc, je vous l'ai dit, répété, et, si vous vous informez, tout le monde vous le dira, 50 pour 100 des municipalités s'opposent au classement de leurs églises. Quand la commission des monuments historiques a dit : « Voilà une église que vous voulons entretenir et sauver, parce qu'elle est belle, parce qu'elle importe à l'art et à l'histoire », — 50 pour 100 des municipalités répondent : « Non ; nous refusons le classement. » Dans tout ce qu'on nous apporte ici, rien ne fait face à cette difficulté. Moi, je vous disais : Comme vous ne pouvez aller en Conseil d'État pour chacune de ces espèces, en présence de chacun de ces refus, faites donc le classement en bloc de notre art religieux jusqu'à l'année 1800. Et vous avez applaudi, Messieurs, quasi à l'unanimité, le très remarquable discours de M. Sembat qui, s'emparant, avec son talent généreux, de cette idée, avait su la faire accepter par chacun de vous. *(Applaudissements à droite et au centre.)*

Il y a, à l'heure qu'il est, dans l'Assemblée, un véritable désir, je le crois, de régler cette question des églises. Il y a une bonne volonté générale à laquelle je rends hommage. Chacune de ces propositions, par fragments, vaut quelque chose. Mais pourquoi le Gouvernement ne se prononce-t-il pas comme c'est son devoir? Pourquoi s'obstine-t-il dans un mutisme qui finirait par indigner le plus pacifique? *(Applaudissements à droite. — Réclamations sur divers bancs à gauche.)*

Nous avons fait de très grands progrès vers l'accord depuis deux ans. Maintenant, il serait facile de faire accepter par le Parlement un règlement d'ensemble. Je sens bien qu'on répugne à donner raison à un homme politique, dont on ne partage pas par ailleurs les idées, encore que cette fois cependant on approuve sa thèse. Eh bien! c'est le rôle du Gouvernement d'intervenir et de nous apporter une conception d'ensemble, de donner aux églises une situation légale. Hélas! le Gouvernement ne se sert même pas des moyens légaux qu'il a entre les mains. Comment, Monsieur le Ministre, avez-vous toléré l'abjecte indignité que tous nous avons flétrie ce matin et qu'il faut flétrir une nouvelle fois, l'indignité de cette municipalité sectaire qui installe des latrines *(Interruptions à l'extrême-gauche. — Applaudissements à droite)* dans une tour d'église classée et qui proclame qu'elle est heureuse d'installer, dans un terrain sacré, un temple au dieu du ventre. *(Vifs applaudissements répétés à droite et au centre.)*

L'Assemblée flottait, demeurait incertaine. Pour tous les gens d'esprit, pour tous les gens de cœur, j'avais trente fois raison de supplier qu'on classât toutes les églises et qu'on leur accordât, dans certaines conditions, un concours modéré de l'État. Certes, oui, j'avais raison. Mais le reconnaître, vraiment était-ce possible? Un mot, toujours le même mot, dissipa les incertitudes. Quelqu'un m'ayant crié une fois de plus : « Vous voulez rétablir le budget des cultes », tous ceux qui luttaient contre leur sentiment de la vérité, tous ceux qui n'osent pas sauver les églises, s'efforcèrent de croire à ce misérable mensonge pour y trouver un motif légitime de m'abandonner, et même, fort pitoyablement, le sous-secrétaire d'État, M. Morel, prit à son compte cet argument de pauvre homme. Alors, quand vint le moment du vote, je fis la déclaration suivante :

M. MAURICE BARRÈS. — Dans l'amendement Landry-Honnorat, il y a du bon et du mauvais. Si mon sous-amendement est écarté, je ne demande pas le renvoi de l'amendement Landry à la commission du budget (c'eût été l'enterrement pur et simple). Je ne peux me satisfaire de ce qu'on nous propose ; néanmoins, je ne prendrai pas sur moi de voter « contre » et de vous empêcher de faire votre expérience. J'ai marqué quelles étaient les difficultés que je voyais à ce que vous proposez. Je crois que ce sera inopérant ; je fais les plus énergiques objections aux remèdes que vous apportez, et je me réserve de continuer, s'il y a lieu, ma campagne. Ceci dit, je souhaite vivement que l'expérience vous donne raison.

Il y eut sur mon amendement 522 votants qui se partagèrent en 201 pour l'adoption et 311 contre. Le Gouvernement avait déclaré qu'il le repoussait. Puis l'amendement Landry fut mis aux voix et adopté sans scrutin. C'était tant bien que mal un progrès, et *le Temps* du lendemain, 15 mars 1913, pouvait écrire : « M. Barrès n'a pas obtenu complètement gain de cause : il a tout de même gagné la partie (40). »

Au cours de la semaine, je reçus une lettre que je prie qu'on lise et relise, car une simple lecture n'en épuise pas le comique. Elle m'était écrite par un juriste éminent, M. Armand Lods.

« Mon cher confrère,

« J'ai applaudi au succès que vous venez de remporter... Vous avez pu créer un mouvement en faveur des églises. Malheureusement *le texte adopté par la Chambre ne s'occupe pas des édifices religieux, qui sont la propriété des associations cultuelles.* Cette fois, — une fois n'est pas coutume — les protestants et les juifs sont oubliés... »

Que dites-vous de cette Assemblée qui m'interrompt à chaque mot pour reprocher au Vatican de ne pas vouloir d'associations cultuelles et qui, elle-même, quand arrive le règlement de la question, les oublie (41) !

CHAPITRE XV

LES ACCROUPIS DE VENDOME

En écoutant l'histoire de Vendôme sur tous les bancs de la Chambre on murmurait : « C'est ignoble ! » Ni le matin, ni le soir, car à deux reprises j'ai raconté la honteuse aventure, il ne s'est trouvé une voix, une seule, pour tenter de couvrir ces malheureux. Et maintenant toute la France les regarde tapis dans les latrines de la tour Saint-Martin. Mais eux, dans leur fureur, au reçu du *Journal officiel*, ils ont dit : « De quoi ! de quoi ! pas un député ne nous a soutenus ! ces messieurs font les dégoûtés, ils parlent de choses respectables, ils se plaignent qu'il y ait des ossements sous les tuyaux de vidange ! Eh bien ! on va voir à les contenter ! ohé ! les délicats ! » Et pour fermer la fosse d'aisances, ils sont allés prendre au cimetière une pierre tombale.

C'est stupéfiant, c'est abominable, mais c'est ainsi. Écoutez ce que m'écrit de Vendôme M. Philippe Royau, deuxième adjoint et secrétaire du Comité de défense des monuments et sites vendômois :

« Il fallait deux pierres pour fermer d'une dalle la fosse. Le premier adjoint, M. Leguay, a envoyé les ouvriers au cimetière de la ville prendre les pierres de deux de ces pauvres croix de fonte que les malheureux érigent sur les tombes de leurs morts — croix et pierres qui tombent dans le domaine de la ville lorsqu'on procède au relevage des sépultures de ceux qui n'ont pas pu se payer une concession perpétuelle. Je viens du cimetière ; j'y ai vu la tombe brisée, et sur un fragment, j'ai pu lire : *Ici repose Virginie Savoir, veuve Doré, décédée le 20 mars 1900, à l'âge de 85 ans. Priez pour elle.* »

Ce que fut de son vivant cette femme française, je ne sais ; mais je sais que la pierre tombale, qui protégeait en terre sainte sa dépouille, recouvre maintenant les latrines du clocher Saint-Martin, et que cela réjouit le cœur des autorités de Vendôme.

Dénombrons ces étonnants personnages :

Le maire, M. Philippe Frain, a été élevé chez un vieux et pieux marquis qui voulait l'adopter, mais qui le rendit à ses parents, vers l'âge de treize ans, à cause de sa gourmandise.

Son adjoint, M. Leguay, a passé plusieurs années au séminaire de Blois. Avant d'y entrer, il jouait de l'ophicléide dans l'église de son village.

Le conseiller municipal socialiste, M. Piriou, professeur agrégé au collège de Vendôme, est un moine défroqué, élevé au juvenat eudiste de Kerlois-en-Hennebont.

Le préfet, M. Brissac, est un israélite (ce qui ne l'empêche pas de faire soigner en ce moment l'un des siens chez les Dames blanches de Tours).

Nous avons connu les dîneurs du Vendredi Saint, ceux qui se réunissent pour manger une andouille. Ces messieurs de Vendôme ont trouvé mieux. Ils annoncent la grande inauguration des latrines : elle est fixée au Vendredi Saint. Ce jour-là, les conseillers municipaux inaugureront en corps les latrines du clocher Saint-Martin. Quelqu'un serait-il tenté d'en douter? Écoutez un témoin, écoutez le second adjoint de Vendôme, M. Royau : « Il n'y a pas huit jours, écrit-il, mon collègue M. Leguay, premier adjoint, déclarait à qui voulait l'entendre, à ses amis, aux employés de la mairie : « La semaine prochaine, vous pourrez « p..... dans le clocher. » Et un autre conseiller ajoutait : « Nous ferons un gueuleton le Vendredi « Saint et nous irons c..... dans la tour (1). »

Je me reprocherais de supprimer un seul de ces détails qui eussent fasciné d'admiration le grand Balzac. Quelle peinture il eût tirée de la sombre ignominie où la politique, quand elle est pensée par des âmes basses, précipite les plus charmantes villes de France ! Et que le Gouvernement ne laisse pas sur ces messieurs de la mare stagnante toute la responsabilité. Il la partage avec eux. J'ai entre les mains la suite des dépêches adressées, en date des 20 et 28 janvier, des 3, 4, 8, 10 et 14 février, au ministre des Beaux-Arts, dépêches pressantes et précises qui n'ont pas permis à nos dirigeants d'ignorer que le conseil municipal de Vendôme

____

(1) Lettre de M. Royau publiée dans *l'Echo de Paris*, le 20 mars 1913.

poursuivait ses travaux contre toute légalité, dans un monument en instance de classement. « Il faut que cette immonde comédie se termine, disait l'autre soir *le Temps;* la honte d'un pareil scandale rejaillit sur nous tous. » Il le faut. Parlons net. Voici le projet d'affiche que j'expédie à Vendôme :

« Accroupis de Vendôme ;

« Vous avez décidé de transformer en latrines le « clocher de Saint-Martin ;

« Vous avez persisté à travailler à cette trans- « formation, alors que la procédure de classement « était commencée, et qu'un avis favorable avait « été donné par la commission des monuments « historiques, — ce faisant, vous portiez une at- « teinte à la loi ;

« Vous avez eu pour complice dans cette illé- « galité, le préfet Brissac et le sous-préfet Lebeau, « qui vous ont encouragés, approuvés ;

« Votre construction de latrines a un caractère « d'une bassesse sans égale, comme l'établissent « tous vos propos et notamment le texte infâme « que j'ai cité à la Chambre, d'après votre journal « *le Progrès du Loir-et-Cher :* « Nous élevons en ter- « rain bénit un temple au dieu de la digestion. »

« Votre bestialité éclate dans l'histoire des osse- « ments. Elle éclate encore quand vous allez prendre « des pierres tombales pour boucher une fosse « d'aisances.

« Tous ces faits sont accablants. Accroupis, « faites silence et démolissez rapidement vos la- « trines. »

Pendant que je rédige avec horreur ces notes, en m'appliquant à écarter les violences qui viendraient spontanément sous la plume la plus modérée, en m'obligeant à n'être qu'un scribe glacé qui laisse les faits parler tout seuls, mon chien, à mes pieds, sommeille paisiblement, et je m'arrête d'écrire, je pose ma plume, je m'évade de ces histoires infectes pour caresser la bête innocente et lui dire :

— O mon honnête compagnon, combien tu vaux mieux que ces grands dignitaires de la vie, que ce préfet, ce sous-préfet, ce maire, cet adjoint, ce savant agrégé ! Toi, du moins, lorsque tu t'accroupis, tu n'as jamais pensé faire d'une fonction naturelle une insulte à rien de sacré. Mais pour eux, c'est le moyen d'humilier le signe des plus hautes pensées de l'espèce dont ils sont, et des plus antiques vénérations qu'il y ait dans le monde. En vérité, la dernière des puces de tes poils est plus soumise à l'ordre universel, respecte mieux les lois et convenances de la vie, en un mot participe d'une moralité plus vraie qu'ils ne font... Un Vendredi Saint, la pierre d'une tombe, un terrain sacré... Ah ! mon bon chien, les malheureux (1) !

---

(1) Dans tous leurs détails, ces ignominies m'ont été certifiées, comme je le dis, par M. Royau et confirmées par M. Barillet, avocat à la Cour d'appel de Paris et conseiller municipal de Vendôme. Au reste, le maire, quand il a vu l'effet de ses actes auprès de l'immense public, a fait rouvrir les fouilles des latrines et reporter au cimetière la dalle de Virginie Savoir. C'était l'aveu.

CHAPITRE XVI

DANS LA CATHÉDRALE DE REIMS

De l'air ! de l'air ! ils m'ont empoisonné..... J'ai pris le train pour aller voir une belle chose de France ; j'ai traversé les plaines et les bois, et maintenant je suis à Reims.

Avec quelle plénitude paisible, ce matin, comme je me promenais dans la cathédrale, j'ai reconnu sur ses tapisseries les images de mon histoire sainte d'enfant : voilà le premier pain spirituel que j'ai mangé, le premier aliment fourni à mon esprit. Et hier, dans la boutique du photographe, comme j'étais ému devant la tête de saint Louis, le plus noble homme, notre Marc-Aurèle, devant les sainte Anne, les sainte Élisabeth, ces expressions de bonté, de dignité familière, cette majesté du cœur ! Comme les grandes œuvres de notre Moyen Age sont plus sonores pour moi que les statues antiques ou modernes ! Cela me parle nettement, cela saisit dans mon être, tout aisément, les cordes personnelles et profondes. Ici, l'art n'est pas une formule que je sais devoir admirer, et dont j'espère toujours qu'il va m'augmenter, m'ennoblir ; ici le choc est direct, je me reconnais dans ces pierres et je suis soulevé par elles. Ici je me trouve dans la plus belle de nos maisons de famille.

Ceux qui n'aiment pas nos églises, où vont-ils ? Au Parthénon ? Il était bien vide quand j'y suis monté, et moi bien désorienté. Et comparant l'immense univers catholique, ses parties claires et celles plus mystérieuses, avec ce monde antique où j'ai essayé de pénétrer en Grèce et sur les rives du Nil, je sens avec quelle étroitesse on pose généralement le problème de la croyance. Que me demande-t-on si je crois (42) ? Je suis sûr que j'appartiens à la civilisation du Christ, et que c'est mon destin de la proclamer et de la défendre. Ici, ma raison, mon être tout entier trouve son élément, son bien-être et son élévation. Dans une église, que m'importent les difficultés de mon esprit ! J'accueille le chant des chrétiens et m'y associe dans mon cœur. J'aime ces grands repos, cette quiétude où nous laissent, dans l'ombre des piliers, les longs exercices et les certitudes de la foi ; j'aime ces fusées sonores qui jaillissent, ces élans subits des foules croyantes, et sans plus ratiociner, je demeure en paix à mon banc, je porte mes yeux sur les fidèles, j'écoute ce que disent les prêtres, et je prends tout ce dont je puis faire profit, laissant le reste me baigner, me pénétrer s'il le peut...

J'en étais là de ma rêverie, quand soudain je vis les grilles si mesquines, les vitraux blancs, d'innombrables parties pauvres et neuves. Qu'est-ce là ? Tout ce que les bâtons, les haches et les pierres

ont pu atteindre a été détruit et remplacé misé-
rablement. J'ai le cœur serré, moins du passé que
de l'avenir, devant cet incomparable édifice me-
nacé. Comment défendre l'Église, les églises, ces
lieux de notre formation, ce bel endroit qui con-
tente notre âme?

A cette minute, dans une des chapelles latérales,
un gros petit garçon, un enfant bedeau distribuait
soigneusement des livrets sur une cinquantaine
de chaises vides. Je m'approchai.

— C'est pour la messe de communion du jeudi,
m'expliqua-t-il, et il me tendit un de ses petits
livres.

C'était, en une trentaine de pages, la liturgie de
la messe, brièvement commentée et suivie d'un
recueil de cantiques et de prières.

J'étais en train de le feuilleter, quand arriva
une bande de petits garçons et de petites filles, qui
se partagèrent en deux colonnes entre lesquelles
vint se placer, debout au milieu de l'allée, un jeune
vicaire. Et il se mit à parler, à droite, à gauche, un
peu à la manière d'un chef d'orchestre, stimulant
et dirigeant son petit auditoire, tandis qu'un
prêtre montait à l'autel. La messe de communion
des enfants commençait.

Le jeune vicaire lut à haute voix, dans le livret,
une brève explication de l'office, puis tout de suite
fit une prière, et tous ensemble, les cinquante
enfants lui donnèrent la réponse. L'officiant à
l'autel reproduisait le drame du Calvaire; ces
enfants menés par le jeune clerc faisaient le chœur
antique. Je ne les voyais pas, il eût fallu me retour-

ner, et ils n'étaient pas là pour me servir de spectacle, mais dans leurs voix qu'ils prodiguaient, je me délectais de ce qui s'exhalait de leur groupe, candeur, humilité de l'enfance, pureté des êtres sans alcool ni amour.

Quand vint le moment de la communion, ils se mirent en marche vers le chœur. Et le prêtre, portant le ciboire, descendit vers eux de l'autel.

Quel poète n'admirera l'Église quand elle élève l'hostie au-dessus du monde et que, tout d'abord, elle la donne à un enfant de sept ans ! C'est lui remettre une arme contre la bassesse, une flamme dont ceux qui la possèdent rendent témoignage qu'elle est leur trésor. Cette hostie divine, je n'ai pas qualité pour en faire le commentaire, mais je vois à travers les siècles toutes les hosties de l'humanité, toutes les nobles Iphigénie, toutes celles, tous ceux qui se dévouent, toutes les victimes immolées.

Et maintenant qu'ils regagnent leurs places, je les regarde, ces petits Champenois si clairs, si nets, si positifs déjà, à la mine assurée. Je pressens à leur allure, à leur port de tête que plus d'un rejoindra les mécréants, non par surcroît de curiosité, mais par défaut ; trop aisément tel d'entre eux deviendra un zélateur des choses vulgaires. Bref, ils me semblent sains et bornés. Mais ils chantent avec énergie : « Je suis chrétien », et qu'ils cessent un jour de le dire, ils le demeureront pourtant dans le principe de leur être.

J'admire l'intensité de la formation qu'ils subissent. Ce qui vient de leur être départi d'une manière mystérieuse, le jeune abbé le leur éclaire dans un petit discours entraînant qui s'achève sur ces mots : « Nous disons hautement, à la Bayard, à la Duguesclin, à la Jeanne d'Arc : Vive le Christ ! » Où trouver un plus beau patronage sous lequel placer un jeune Français? Il y a dans ces hautes figures qui leur sont proposées en exemple, et dans l'accent de ce petit discours, le résultat d'expériences plus larges et plus étendues que celles d'un individu. C'est le fruit de la plus longue réflexion collective. Faire saisir et répéter cela par des enfants, le placer à jamais dans des cœurs encore tendres, c'est assurer notre immortalité.

En créant chez ces petits communiants cet état d'émotion, l'Église scelle dans leurs cœurs, mieux que ne ferait aucune pédagogie, nos vérités françaises. Il s'agit que l'âme existe au plus tôt ; il s'agit de la promouvoir, de la nourrir, de la rattacher au monde héroïque. Les plus petits sont aptes, mieux que de plus âgés, à recevoir ce bienfait, encore qu'ils n'en aient pas la pleine connaissance, parce que les affections du cœur et les émerveillements de l'imagination précèdent le parfait développement de l'intelligence. Ce n'est pas la raison qui nous fournit une direction morale, c'est la sensibilité. Le vieux Kant s'est donné bien du mal, avec sa dialectique géniale, pour atteindre à son impératif catégorique, qui n'est que la leçon piétiste que sa mère lui faisait réciter quand il était petit. Notre conscience d'homme nous révèle surtout ce qu'elle a reçu dans la première enfance, à l'âge où notre entourage donne une inclination aux premiers souhaits du cœur. Il faut déposer dans une jeune mémoire des souvenirs, ces souvenirs d'enfance qui sont toujours très doux et auxquels viendront se rattacher et s'attendrir mille instants de notre dure vie. La caresse d'une mère, une belle promenade, des heures émerveillées par des récits heureux agissent sur toute l'existence. Devant moi, dans cette humble scène, l'Église vient de diriger et de fixer les puissances de vénération de ces petits sur ce qui ne doit pas mourir.

J'ai vu la mort envahir les parties les plus périssables de l'édifice, mais, je le jure, son âme demeure. C'est bien ici le lieu où l'homme reçoit, se compose une conception de son être qui le force à s'élever au-dessus de lui-même. Ici les générations héritent les leçons et les exemples d'une grande civilisation. Elles y trouvent des vertus, et puis l'énoncé de ce qui ne doit pas être mis en discussion. Ici, l'individu sent s'éveiller en soi des parties profondes auxquelles ailleurs rien ne parle si fort. Qu'un cantique s'élève à l'autel, un autre chant surgit dans nos cœurs.

La scène qui vient de se dérouler sous mes yeux donne une réplique à la demande que bien souvent je me suis posée : « Hautes églises de France, que pensez-vous faire? Dans votre péril, au milieu de tant de bassesse, d'ignorance et de haine, et quand l'ennemi brisant nos efforts donne l'assaut à vos murailles, quels moyens réservez-vous? » La vieille cathédrale me répond : « Je formerai les petits enfants. »

CHAPITRE XVII

LA MOBILISATION DU DIVIN

Accroupis de Vendôme, épicier de Bornel, Triboulets de Grisy, blackboulés de Moulins-les-Noyers, depuis trois ans que je vous observe, je ne m'explique pas comment vous pouvez vivre. C'est entendu, vous êtes les fils de la femme, vous buvez, mangez, respirez, mais avec quel ensemble plus vaste que votre individu êtes-vous rattachés? Quelles idées accueillez-vous? Quelles émotions gonflent votre cœur? Quel feu avez-vous reçu pour le transmettre dans la course des torches? De quelle communion vous réclamez-vous?

Je sais qu'il est d'autres fontaines que le christianisme. M. Gérard-Varet me l'a dit à la tribune de la Chambre : « Vous voulez savoir de quoi nous vivons? Nous servons les dieux de la Grèce. » Soit ! mais vous, Triboulets de Grisy, Bornel, Vendôme et autres lieux, n'essayez pas de me raconter que vous voulez abolir le culte du Christ parce que vous savez une meilleure culture de l'âme. Votre indécence tout animale autour de ces hautes demeures de l'idée, vos cris inarticulés, votre incapacité à nommer dignement, à définir les choses que vous haïssez, révèlent que vous êtes exclus du bénéfice de toute civilisation. De quoi peut se nourrir votre désir, votre esprit, votre âme? De rien, elle est quasi toute morte. Vous êtes privés, vidés de ce qui constitue l'humanité. En dépit de votre assurance et des pièces de cent sous que vous faites sonner dans votre gilet, vous souffrez de ce bel univers profond qui vous est fermé, où siègent les vérités toutes vêtues de songe et de rêve. C'est votre envie qui vous rend méchants. Vous voulez détruire ce qui fait tant plaisir aux autres et dont se prive votre désir. On vous plaint, malheureux, jusqu'au jour qu'il faut bien vous connaître et vous craindre. Vous voilà rassemblés en un vaste troupeau qui piétine les parterres, saccage les arbres séculaires et broute les jeunes pousses. Prenez garde! Je pressens, je vois se former contre vous une vaste coalition de tous ceux qui aiment les cultures. Déjà la pétition des églises devait vous donner à réfléchir; elle montre que les meilleurs s'offensent de votre audace barbare. Tremblez! il est temps que la haute civilisation se prémunisse et fasse contre vous la mobilisation du divin.

Mais je suis las de regarder ces malheureux! Assez de platitude et de méchanceté! Pour leur échapper, allons sur le vaste théâtre des idées en liberté. Celui qui veut garder son activité, son entrain, a droit à quelque récréation. Je me livrerai aux souvenirs et aux pressentiments. Pour quelques minutes, oublions ce qui ne mérite pas d'être connu, et ne voyons que ce qui répand une vertu de vie. Je veux capter tout ce qui frémit de sacré dans notre sang. Après tant de dissonances, j'ai besoin d'harmonie et d'un approfondissement de mon humanité.

Connaissez-vous cette sorte d'angoisse et cette protestation qui se forment au fond de notre être (telle est du moins mon expérience) chaque fois que nous voyons souiller une source, avilir un paysage, défricher une forêt ou simplement couper un bel arbre sans lui fournir un successeur? Ce que nous éprouvons alors, je fais appel à votre mémoire, c'est tout autre chose que le regret d'un bien matériel perdu. Nous sentons invinciblement qu'à notre expansion complète il faut du végétal, du libre, du vivant, des bêtes heureuses, des sources non captées, des rivières non mises en tuyaux, des forêts sans réseaux de fils de fer, des espaces hors du temps. Nous aimons les bois, les fontaines, les vastes horizons pour les services qu'ils nous rendent et pour des raisons plus mystérieuses. Une pinède qui brûle sur les collines de Provence, c'est une église qu'on dynamite. Une pente ravinée des Alpes, un flanc pelé des Pyrénées, les étendues désertiques de la Champagne, les causses, les brandes, les garrigues du plateau Central correspondent dans notre esprit à ces places de village où nos clochers s'écroulent. A quoi attribuer cette émotion d'une qualité mystique?

On dirait qu'à peu de distance sous terre l'amour

des forêts et des sources, l'amour des vastes solitudes rejoignent l'amour des sanctuaires et que des sentiments si divers ont des racines communes. Ceux qui s'emploient avec allégresse à dénaturer la face de la terre, nous les tenons d'instinct pour les frères de ceux qui disent : « Qu'importe que les églises s'écroulent ! » Les excès des uns et des autres nous remplissent d'horreur. La mise à mort d'une forêt, d'une rivière, d'un haut lieu offense l'univers, nous fait désirer des cérémonies de purification. Pourquoi cette rumeur de notre conscience? Pourquoi cet attrait religieux que nous inspire ce qui s'épanouit d'une manière intacte à l'air pur?

Les pensées de nos lointains ancêtres exercent toujours de mystérieuses et fortes poussées dans notre vie. Le peuple des fées et des génies qui vivaient dans les eaux, les bois et les retraites a disparu, mais en mourant il a laissé aux lieux qu'il animait des titres de vénération et gardé avec notre race des liens d'amitié ou de terreur. Les siècles comptent bien peu pour celui qui dans la solitude prend soin d'écouter sa conscience, d'en accueillir les murmures profonds et de recevoir au fond de son être les dieux dépossédés.

J'ai lu, relu avec une ivresse de plaisir le célèbre sermon où saint Éloi, au septième siècle, énumère et vitupère toutes les survivances païennes demeurées dans les mœurs de ses ouailles, nos pères : « N'observez, leur dit-il, aucune des coutumes sacrilèges des païens ; ne consultez pas les charlatans, ni les devins, ni les sorciers, ni les enchanteurs... ; n'observez pas les augures, ni les éternuements, et quand vous êtes en chemin, ne faites pas attention au chant des petits oiseaux. Qu'aucun chrétien n'observe quel jour il sort de chez lui, ni quel jour il y rentre... Quel nul, pour entreprendre un travail, ne fasse attention au jour ni à la lune ; que nul, aux calendes de janvier, ne se déguise en veau ni en cerf, ne tienne table ouverte pendant la nuit, ne donne ou reçoive des étrennes et ne se livre aux excès du vin ; que nul ne croie aux devineresses et ne s'assoie pour écouter leurs chants ; que nul à la Saint-Jean et autres fêtes des saints, aux solstices, ne pratique les danses, les sauteries, les caroles et les chants diaboliques ; que nul n'allume des flambeaux, ni ne fasse des vœux au pied des temples, auprès des pierres, des fontaines, des arbres, des enclos ou dans les carrefours ; que nul ne garde le repos de Jupiter (ô mes jeudis de collège !...) ; que nul ne suspende au cou d'un homme ou d'un autre animal des phylactères même offerts par les clercs et déclarés sacrés, sous prétexte qu'ils contiennent des passages de l'Écriture ; que nul n'ait la prétention de faire des lustrations, ni d'enchanter les herbes, ni de faire passer son troupeau par un trou d'arbre ou par un trou creusé en terre, parce que c'est là, en quelque sorte, le consacrer au diable ; que nulle femme ne suspende de l'ambre à son cou ; que nul ne se mette à vociférer pendant les éclipses de lune ; que nul ne croie au destin, à la fortune, à l'horoscope. En cas de maladie, n'allez pas chercher les enchanteurs, les devins, les sorciers, les charlatans, et n'appliquez pas des phylactères diabo-

liques aux sources, aux arbres, aux embranche-
ments des routes... Mais laissez là les fontaines et
coupez les arbres qu'on appelle sacrés. »

Quel trésor qu'un tel texte ! Il nous dispenserait
de tous les folk-lore du monde, ou du moins il
leur sert de préface, de commentaire et de conclusion. Il nous rend compte de tant d'usages injus-
tifiés qui nous plaisent absurdement et même nous
émeuvent, comme ce morceau d'ambre au cou
d'une femme, parce qu'ils ont, à notre insu, des
origines religieuses. Saint Éloi nous décrit là une
couche profonde de notre être, ce qu'il y a en nous
d'irrationnel et de si fort, et qui nous gouverne
encore d'une façon despotique. Au milieu de toutes
ces niaiseries que le bon sens avec le saint réprouve,
on distingue de l'excellent, de l'éternel. Saint
Éloi, n'exigez pas de moi que je vous sacrifie les
arbres séculaires et les forêts profondes, les sources
et les collines, les fleuves, les enclos, les solitudes
et les fontaines, non plus que les âmes des ancêtres.
Rien de tout cela ne me laisse insensible. Les
déesses des sources étaient bienveillantes, les dieux
des bois, redoutables. Quand je suis seul dans la
forêt, j'éprouve une angoisse ; auprès d'une source,
un sentiment d'amitié douce. Grand saint Éloi,
n'interprétez pas mal mon involontaire souhait de
désarmer le silence menaçant des bois et mon
désir de protéger la source !

Je me souviens, dans une chênaie, au pays des
étangs lorrains, d'un vieux chêne qui abrite dans
son cœur une statue de la Vierge et du plaisir que
nous éprouvions, Stanislas de Guaita et moi, à le

prendre pour but de nos promenades à vingt ans. Mon ami l'a chanté dans ses vers de jeunesse. Nous allions et venions du cabinet rempli des livres de tous les poètes à cet arbre vénérable, et bien à notre insu, sans rien analyser, nous éprouvions l'influence de son caractère sacré.

Chaque été, quand je reviens dans mon pays, je vais voir une source au bas d'une côte, dans un bois. J'en sais de beaucoup plus belles, mais de celle-ci j'ai l'habitude et nul autre ne la regarde. Cent journées nous sont communes, et demeurées sous cet ombrage, dans cette vasque, m'accueillent à chaque visite. Les souvenirs que j'y retrouve, je les respecte comme les émotions et les pressentiments d'un enfant. Est-ce qu'une fée celtique, une nymphe romaine, autrefois, furent attachées à la vasque charmante? Sans me répondre, l'eau murmure sous les arbres qui bruissent. Je me tiens debout, honorant une présence que, depuis les temps païens, nous ne savons plus nommer. Mon imagination enchantée se reporte aux jours de mon enfance, à l'heure naïve où, légèrement épouvanté de l'ombre et du silence, je venais admirer les libellules et les grands papillons de cette vallée humide. Quelque chose de mystérieux se présentait tout naturellement à mon esprit et m'envahissait, comme un brouillard d'automne parfois prend possession d'un jeune arbre. Je t'ai quitté depuis quarante ans, petit bois des côtes, et d'année en année la vie industrielle te resserre et te menace. Je t'aimais avec ce sentiment que tes jours dureraient alors que nous aurions passé près de ton miroir comme les éphémères, et voici qu'en te faisant ma visite j'entends les cloches et les rumeurs des fabriques toutes proches. Oh ! belle fontaine, toujours jeune, forte, pure, jaillissante, d'un instant à l'autre, peut-être tu vas périr ! Aujourd'hui, je me réjouis que la source du Bois des Côtes dans sa vasque de sable fin et sous un voile de cresson, ne soit pas encore captée.

Je ne riais pas quand le vieux curé de Portieux, mon ami le chanoine Pierfitte, me racontait qu'un soir de son enfance, au côté de son père, par la porte entre-bâillée de leur hutte de bûcherons, il avait vu les fées danser dans une clairière. « Ne bouge pas, petit, lui disait son père ; elles sont capricieuses, tantôt bonnes, tantôt méchantes ; le meilleur est qu'elles nous ignorent. » Je ne riais pas, je l'aimais davantage comme un homme privilégié. Les fées s'égaillent-elles toujours dans les clairières de la profonde forêt de Darney? Je crois plutôt qu'elles se répandent partout à travers le monde. Savent-elles cueillir encore les sept plantes magiques? Elles savent cela et tout le reste. Elles font et défont les enchantements ; elles apportent l'espérance même au lit des moribonds, mais souvent leur rire, quand elles fuient, déchire les cœurs. Ce sont elles qui placent dans l'âme les folles résolutions et le désir de se sacrifier à tort et à travers. Jadis le passant égaré au milieu des aulnes d'un paquis solitaire, s'il surprenait leur danse sous la froide lumière de la lune, se signait et s'enfuyait. Puissions-nous en user ainsi, toujours, avec ces enchanteresses !

Aujourd'hui, jour d'automne, les lointains sont dans la brume, pareils à la mer. Sur nous la jeune matinée resplendit de soleil. Les colchiques fleurissent la prairie ; les libellules frémissent et virevoltent sur les « mortes » auprès de la Moselle ; les poissons se chauffent au soleil. C'est une féerie ! Mais par-dessus ce monde accessible, j'attends, je sollicite, j'exige l'inaccessible. Il n'y a pas que le tangible, il y a tout le possible. Je ne me fie pas à mon regard borné, je franchis mes limites et j'appelle. Je sens un vide dans ce beau décor, et je vois la place où préside une invisible divinité.

Arbres fatidiques, dames fées des prairies et des sources, mystérieuse repiration des bois, vent du soir qui passe à travers les taillis, ô sentiments fragmentaires ! Je ne vois pas dans la nature les dieux tout formés des Anciens, mais elle est pleine pour moi de dieux à demi défaits. Toute une végétation subsiste au fond de nos cœurs, tout un univers submergé. La forêt de Brocéliande, le vieux domaine des chevaliers de la Table Ronde, où repose le prophète Merlin, est à demi détruite, et, dans sa fontaine de Baranton qui bouillonne toujours, le perron magique est brisé. La forêt des Ardennes a disparu, et nul pèlerin ne va plus éveiller à Niedermendig le souvenir de Geneviève de Brabant. Les Carmélites à Domrémy, sous le Bois-Chenu, boivent impunément l'eau de la Fontaine des Groseilliers. Depuis des siècles, le crépuscule est descendu sur les forêts merveilleuses. Leurs hôtes vaincus gisent au fond des lacs et dans les ravins sous les feuilles mortes.

Et pourtant à chaque fois que je traverse un champ du feu, une roche des fées, une solitude, je les appelle d'une voix insensée.

Quel est ce charme que je subis? Est-ce le son du vieux cor romantique et l'accent des premiers vers qu'à dix-sept ans j'ai entendus? C'est, de plus loin, un vieux monde qui m'appelle. A certains moments, j'ai besoin de me livrer aux vagues qui viennent du large, d'échapper aux rayons du phare ; je désire aller me reposer, me recharger loin des mesquines efflorescences de la pensée et me délivrer momentanément de moi-même. Mal résistant à la voix de la solitude et à l'appel des ténèbres, je me penche hors de la prison des choses claires sur le déroulement infini des flots obscurs. Des forces, longtemps contenues par la sévérité des châteaux de lumière, s'échappent dans l'immense horizon de la nuit. Je retourne aux lieux où se forme en moi le sens de ma destinée ; je retourne au primitif.

Aujourd'hui, après tant de courses errantes, je crois comprendre les conditions de mes plaisirs de voyageur, et je m'aperçois qu'entre tous les paysages, ceux-là seuls vraiment me parlent, me chantent, comme dit la belle expression populaire, qui me reportent aux âges antérieurs ou plutôt les réveillent en moi. Je comprends la richesse de la Lorraine industrielle et cette activité qui fouille de toutes parts la terre pour y puiser la houille et le fer ; j'aime la vieille civilisation des vignes mosellanes, belle image d'ordre et de prospérité, et j'aime la douceur de nos vergers de mirabelles

sur les pentes, mais à tout, je préfère les espaces
du plateau lorrain, cette immense étendue de
nuages, de forêts et de vallonnements, où les villages et les cultures même sont rares, vaste pays
de la tristesse sans déclamation. Le siècle n'a mis
aucune marque sur cet horizon qui n'est fait que
du grand ciel et des plis du terrain. Que j'aime
cette apparence calme et froide, l'aspect des plus
hautes œuvres de l'art et des plus fortes âmes,
l'attitude sublime d'un repos chargé de puissance !
Ce paysage d'excessive sévérité, muet et déplaisant
au plus grand nombre, atteint en moi des régions
secrètes. Il m'entraîne dans un ordre et sur un
plan supérieur au pittoresque, loin du domaine
sensible. Au babillage du plaisir, au murmure des
passions, à toutes nos agitations, un grand silence
vient de succéder. Une émotion indéfinissable,
toute calme, s'installe en nous, y répand ses
vagues, nous unifie, nous remplit d'harmonie.
C'est un ravissement mêlé de tristesse, une volupté
solennelle. Nous sentons un ennoblissement et
puis un profond repos. Cette patience qui l'emplit
donne au passant une idée des longs siècles de
l'humanité. Pour une minute il se croit vieux
comme sa nation. C'est l'horizon de l'éternité.
Dans ces solitudes, l'esprit se délivre du moment
et retrouve les anciennes orientations. Il retourne
à d'antiques volontés, se prête à ce qu'il sent se
ranimer en lui et retrouve des attachements, dont
il n'a pas une expérience qui date de sa vie.

Jadis, nous avions des maîtres visibles de tous
au grand ciel de midi. Ils ont passé, ces dieux de

notre terre, à la fois nos guides et nos emblèmes. Ils ont disparu, brisés par les apôtres du Christ. Mais leurs fantômes flottent toujours sur nos campagnes et voudraient reprendre corps. Il n'a pas suffi de les nier ou de les oublier pour les anéantir. Ils errent autour de nous, cherchent une prière, un accueil, un signe de bienveillance sur ces friches et dans ces bois où ils ont eu leurs derniers fidèles.

Quand le Christ établit son règne, il y a des siècles, sur ces terres, les grands dieux du paganisme lui cédèrent la place, émigrèrent. Comme les aigles et les vautours ont abandonné nos sommets, les Jupiter et les Vénus sont partis avec les fonctionnaires de l'Empire. Ces grands voiliers, tout prêts à déployer leurs ailes, sont retournés sur les îlots de la Grèce. Je les ai entrevus, ces oiseaux de haute mer, en naviguant à travers les Cyclades. Mais nos dieux locaux firent comme nos oiseaux de pays qui n'émigrent pas et qui passent l'hiver. Les paysans les transportèrent au fond des bois écartés et vinrent indéfiniment les honorer en secret. Malheur à eux, si quelque jour, le maître de la villa les surprend ! En vain résistent-ils, la force les disperse et l'idole antique est brisée. Ah ! puissé-je rencontrer leurs membres dispersés !

Mais quelles sont ces vapeurs qui s'élèvent des taillis et des dépressions du plateau, quel est ce trouble qui m'agite ? Sont-ce les dieux de mes aïeux qui m'ont reconnu et qui m'attirent au fond des bois ? Le corps frissonne et recule, l'intelligence est de glace, mais un cœur fidèle bondit. Ames du purgatoire, aïeux qui réclament des libations sur leurs tertres, génies des lieux et mes propres sentiments réveillés, toutes les épaves religieuses de la vieille race m'appellent. Petits dieux locaux de tous grades, ils nous attendent et nous demandent si nous sommes prêts à les reconnaître. Foule anxieuse, découronnée! Et moi, pour les saluer, je n'ai pas besoin du ménétrier des campagnes vosgiennes, qui, dans la nuit de la Toussaint, salue des sons de son violon les âmes invisibles répandues dans l'espace. Une fois de plus, j'ai reconnu avec émotion les dieux de mes aïeux. J'ai entendu leurs voix étouffées et timides. Un hymne se lève de mon cœur et se mêle au vent du crépuscule dans les arbres de la solitude.

Le soir tombe, les vais-je abandonner sur cette lande? Je ne le peux pas, je ne le veux pas. Ce serait trop me diminuer, m'appauvrir. Et puis le roi des aulnes a la main sur mon âme, elle se déchirerait si je voulais la lui arracher.

Quand nos pères furent si grands, d'âme si forte, ils ne s'étaient pas détachés du vieux domaine sacré, ils y avaient seulement planté la croix. Ils n'avaient pas détourné leur imagination de la vieille prairie, et ils buvaient toujours à la source jaillissante. Ils avaient gardé leur âme forestière, lacustre, agricole; seulement quelque martyr était installé auprès de la nymphe. Leur pensée, tout leur être était fondé sur la vie rurale; ils maintenaient leur confiance à la nature; ils étaient accordés avec le rythme des saisons et des soins agricoles. Ils avaient protégé leur esprit,

leur cœur, tout leur héritage moral, **en le reliant**
à une plus vaste humanité. Leur âme catholicisée
ne s'était pas faite indépendante du sol. Quand
ils construisent l'église du village, ils glorifient
les forêts où ils se rappellent avoir habité, et quand
ils dressent la sombre voûte, ils nous penchent
sur le monde profond du souvenir en même temps
qu'ils nous élancent vers une destinée supérieure.
Aussi bien les dieux ne les avaient pas abandonnés.
Quelques-uns continuaient la lutte, ceux-là sans
doute qui avaient été ulcérés par les brutalités et
qui avaient gémi sous les coups. Ils s'obstinaient
dans une résistance impossible. On a vu leurs tenants sur les bûchers jusqu'aux temps modernes.
Mais le plus grand nombre s'accommoda des chapelles que les prêtres les plus sages érigeaient auprès des bois et des sources, sur les hauts lieux,
aux carrefours. Que j'aime cette histoire racontée
par Grégoire de Tours du grand étang où les
paysans, chaque année, se réunissaient pour une
fête de trois jours. Contre cette pratique idolâtre,
l'évêque usa tour à tour, vainement, de menaces et
de prières. En désespoir de cause, il imagina de
bâtir sur les bords une chapelle, y plaça des
reliques, et les paysans déposèrent aux pieds du
saint les offrandes qu'ils apportaient jadis à la déesse
des eaux. Pourquoi refuser de croire que la pauvre
déesse se soumet, se convertit, se transfigure?
Pour moi, je la verrai toujours sur la rive vénérable quand j'irai honorer le saint, et je ne crois
pas que personne puisse lui refuser le salut du
poète : « O déesse, je te connais, je connais tes fai-

blesses, mais je sais aussi tout ce qu'il y a de bon en toi. »

Dans le haut moyen âge, un très grand nombre de ces pauvres esprits s'étaient rapprochés de l'église du village. Je ne puis voir sans émotion, au chevet de certaines de nos églises romanes, la petite fenêtre ronde, l'oculus, où de jour et de nuit, jadis, on exposait le Saint-Sacrement, de telle manière qu'on pût l'honorer du dehors. Pour moi, ce phare du cimetière, ce fanal autour duquel tournoient dans la nuit les ombres, c'est le signe le plus émouvant de l'appel jeté par l'église au profond des mystères de la lande, la marque de sa bonté.

Hélas ! aujourd'hui la chapelle du lac est ruinée, l'oculus éteint et l'église du village elle-même est menacée. Comme ces produits chimiques que l'industrie verse dans nos rivières, comme ces crasses de houille dont elle obstrue nos vallées, un détritus de plus en plus grossier s'accumule dans l'esprit humain et s'oppose à tout ce que l'âme produit d'intuition, de mystère, de poésie. A mesure que nous récoltons ce qui a germé spontanément dans le vaste empire de l'émotion, nous traitons de rêverie et de mensonge les puissances à qui nous devons cette récolte.

Téméraire ingratitude ! Il faut sauver l'antique royaume de l'esprit ; il faut dégager et unifier tout le domaine du sacré. J'ai besoin de relier ce qui est divers et qui semble s'opposer, et que pourtant mon cœur accueille. J'ai besoin d'unité dans l'univers et dans mon cœur. J'ai besoin de sentir

mes rapports avec toutes choses et que toutes les
parentés éclatent ; j'ai besoin qu'un dialogue, long
ou court selon les espèces, s'établisse entre moi,
toutes les choses et tous les êtres. Si mon regard
était assez fort, je voudrais n'avoir pas de limite ;
je veux, du moins, aussi loin qu'il se porte, comprendre, accepter mes rapports avec tout ce qui
survient dans mon horizon. La terre est enserrée
dans un réseau divin dont je ne voudrais rompre
aucune des mailles innombrables. Je n'éliminerai
pas ces demi-formes confuses, mais je les regarderai
et les justifierai. Je rallume en esprit la flamme
posée sur l'oculus.

C'est l'heure d'achever la réconciliation des dieux
vaincus et des saints. Je sens leur parenté ; elle
dérive pour moi de tant de siècles passés aux
mêmes lieux, et je crois qu'ils peuvent aujourd'hui
s'entr'aider. Un peuple a dans l'âme un sanctuaire
qu'il tend sans cesse à restaurer. Je veux sauver
les sources pures, les profondes forêts, à la suite des
églises. Et pour maintenir la spiritualité de la
race, je demande une alliance du sentiment religieux catholique avec l'esprit de la terre.

Je ne méconnais pas dans le Christ une doctrine de vie infiniment supérieure à celle que fournissent les divinités topiques, les dieux lares, les
pénates, le genius loci, la dame des fontaines et la
fée des hêtres. Je n'entends pas faire une place
aux dieux de la fable auprès de Celui qui les a
brisés pour réunir tous les hommes dans la même
communion, mais je voudrais que les saints locaux, qui si souvent recouvrent des pensées reli-

gieuses charmantes d'autrefois, se prêtassent plus que jamais à les laisser fleurir. Ces cultes de jadis, ces croyances indigènes, bien antérieurs à l'occupation romaine qui les a déguisés sans pouvoir les abattre, — d'où viennent-ils et faut-il l'aller demander aux grottes des Eyzies? — en même temps qu'ils se prolongent jusqu'à nous en vieilles pratiques misérables, demeurent à l'origine de notre plus grande poésie. Ces imaginations, ces rumeurs, si nous en faisions table rase, si elles disparaissaient des sommets, des bois, des vallées et de notre âme, quel appauvrissement ! Quel ennui dans nos promenades ! Au milieu d'un univers tout de clarté sèche, je périrais d'inanition. Ces formes vaincues, privées de leur culte, plus qu'à demi retombées dans le chaos des dieux, laissent toujours flotter sur le monde leur âme de vérité. O mon âme impatiente, comment rassemblerez-vous tout ce troupeau disséminé dans l'obscurité, comment ferez-vous en vous-même l'unité?

Églises du village, nature française, profondes forêts, sources vives, étang au fond des bois, comme tout cela sonne harmonieusement ensemble (43) ! Puissions-nous pieusement recueillir ces parcelles agissantes, organiser nos rapports avec ces vérités de brouillard, assister au retour des pauvres dieux locaux dans l'arche du divin, à leur purification et à leur salut ; puissions-nous les réconcilier avec Celui qui préside notre civilisation et créer en nous la plus riche unité contre les grossiers destructeurs.

Tout le divin, à la rescousse !

CHAPITRE XVIII ET DERNIER

LES ÉGLISES DE FRANCE ONT BESOIN
DE SAINTS

Aujourd'hui, après des mois et des mois de lutte, en cette fin d'année 1913, le complot contre les églises apparaît à tous les yeux ; l'éveil est donné, l'alarme sonnée, et même la concentration de défense quasi effectuée. Mais à quel résultat positif sommes-nous arrivés ? A discréditer la Bête. La Bête puante et méchante qui veut ruiner les églises de France est méprisée universellement. Elle n'ose plus nulle part élever la voix et se glorifier de ses œuvres de mort. Est-ce à dire qu'elle ait perdu son pouvoir ? Bien frivole qui le croirait. Le triple scandale subsiste : on refuse de constituer ce fonds de secours promis solennellement au cours des débats de la Séparation et qui a fait l'objet d'un projet gouvernemental signé de MM. Clemenceau, Caillaux et Briand ; on continue d'admettre que les communes sectaires refusent l'argent des fidèles qui veulent entretenir leur église ; on continue de tolérer que cinquante pour cent des municipalités s'opposent au classement d'édifices réclamés comme des chefs-d'œuvre par la Commission des Monuments historiques. Et même les pauvres mesures de salut que j'avais pu obtenir de la Chambre s'en sont allées en fumée. Nos sénateurs viennent par deux fois de les repousser. Ces hommes d'âge participent plus que nos députés, un peu assainis par la jeunesse, de la vieille passion anticléricale.

L'un d'eux, M. Chéron, a essayé de les justifier à mes yeux : « Ne vous méprenez pas, m'a-t-il dit l'autre jour dans les couloirs de la Chambre, ne vous méprenez pas sur les sentiments du Sénat. Ils sont excellents. Si la Haute Assemblée a voté la disjonction, ce n'est pas dans un sentiment d'hostilité à l'égard des églises. Elle les déteste si peu qu'elle a élaboré un projet par l'organe de M. Audiffred. Dans ces conditions, vous le saisissez, on manquerait de déférence envers le Sénat, qui a son texte propre, en lui demandant de prendre le texte de la Chambre. D'ailleurs, mon cher collègue, maintenant me voici sénateur, vous pouvez être tranquille... »

Ainsi nos églises doivent mourir, parce qu'elles ont deux médecins, l'un au Luxembourg, l'autre au Palais-Bourbon, et que ce serait grande indécence, lèse-majesté, de préférer Landry à Audiffred, Audiffred à Landry ! Quelle comédie !

Cette comédie dure depuis quatre ans. Depuis quatre ans, c'est entendu, à force d'articles, de démarches (et aussi d'admirables générosités que je salue), j'ai pu sauver une par une quelques douzaines d'églises, mais dans le monde gouvernemental, quel abîme d'indifférence et de lâcheté ! Quand j'essaye de me remémorer mes conversations avec les ministres de tous poils, voici notre dialogue, toujours le même.

J'expose un cas, je raconte que des catholiques voudraient réparer leur église à leurs frais et qu'on le leur interdit, ou bien que la Commission des Monuments historiques désire classer une église et que la Municipalité propriétaire s'y oppose... Et les ministres de m'interrompre :

— Ah ! mon cher collègue, vous avez plus raison que vous ne pouvez croire ! (et d'un air écœuré, ils me citent une série de cas pareils au mien ou même pires.)

Alors, je leur demande d'agir.

— Pardon ! pardon ! La loi est la loi, et nous sommes bien obligés de nous incliner devant elle tant que vous ne l'aurez pas fait changer.

Et moi de m'écrier :

— Mais la loi présente vous permet d'intervenir ; elle vous donne la faculté de classer par décret une église sans tenir compte de l'opposition du maire, et l'église classée serait apte à recevoir les libéralités de ces fidèles que la municipalité repousse ! De plus, si vos préfets voulaient parler un peu sec à ces vilains sectaires...

Ici Dujardin, Bérard ou Jacquier lèvent les bras au ciel.

— Nous ne pouvons pourtant pas entrer en guerre avec toutes les communes de France !

Ah ! qu'ils sont bas, les ennemis de nos églises !
Devant ces chefs-d'œuvre touchants, ils jouent
leur vieux jeu, déploient leurs roueries profession-
nelles. Ce qui jaillit d'une source pure est toujours
une action vive, mais d'un cœur méchant contre
des choses de lumière ne peuvent sortir que des
noirceurs. Nos parlementaires traitent ce qui est
sublime avec des moyens de basoche. La situation
demeure effroyable. Chaque jour nous perdons
une Joconde française.

Pour vous en assurer, jetez les yeux sur l'inventaire que j'ai dressé de notre ruine, regardez le
Tableau des églises qui s'écroulent (1), une partie
de mes dossiers, une partie des documents qui me
sont arrivés de tous les points de la France et sur
lesquels j'ai fondé ma campagne. C'est une collection de faits, sans commentaire. Je donne le nom
du village où meurt une église, la réparation la
plus urgente qu'elle réclame et le montant de la dépense indispensable. Rien de plus. Je n'aborde
pas la série des pourquoi et des comment. Pourquoi les églises croulent-elles ici et non ailleurs ?
D'où vient que certains diocèses fléchissent et que
d'autres résistent ? Est-il donc en France des ter-
ritoires que le catholicisme n'a pas imprégnés,
où il ne s'est pas confondu avec les éléments indigènes, où il demeure un étranger subi et sourde-
ment repoussé ? Je ne me flatte pas de pouvoir
répondre à ces grandes interrogations. J'apporte

____

(1) Gigord, éditeur, 15, rue Cassette, Paris, une brochure à 25 centimes.

seulement quelques données pour les résoudre et surtout la preuve patente du désastre.

J'ai relevé douze cents églises que la commune propriétaire ne peut pas ou ne veut pas entretenir et qui demandent, sous peine de mort, des réparations immédiates. Cette monotone énumération de toitures, de plafonds, de façades, de voûtes, de nefs, de chœurs, de chapelles qui crient misère, constitue un des chapitres les plus tragiques de l'histoire de la civilisation dans notre pays.

Est-il exact, mon tableau? Oui. Est-il complet? Non. Je suis loin d'avoir connu tous les cas, toute l'étendue du désastre. Je cite les églises dont j'ai entendu l'appel, celles qui voudraient vivre et qui, si nul n'intervient, vont mourir. Il en est d'autres, tout aussi menacées, dont la plainte ne m'est pas arrivée ; d'autres enfin qui ont passé cet état où on lutte encore, où l'on a la force de jeter un appel. Combien ne sont déjà plus que des cadavres et gisent abandonnées des hommes ! Dès aujourd'hui, parcourez maintes régions des provinces françaises. A chaque pas vous trouverez une voûte ruineuse dont l'entrée est interdite par arrêté de M. le maire. Le culte a été supprimé, l'église démeublée ; le prêtre est parti... O grande pitié des églises de France !

D'où viendra le salut? D'une coalition rassemblant les imaginations et les sensibilités, toute la haute intelligence. Au long de cette campagne, chaque jour, j'ai réclamé l'alliance de tous ceux, d'où qu'ils viennent, qui possèdent le sens du mystère et le génie de la vénération. Qu'ils unissent leurs forces, leurs puissances de souvenir, de désir et de dégoût. J'appelle tous les esprits nobles à se masser sous les murs du Christ civilisateur au village.

Mais que vaudraient ces puissants concours, ces armées du dehors si, dans la citadelle menacée, l'âme venait à défaillir ! Je m'en suis expliqué l'autre jour avec mon vieil ami Charles Le Goffic, l'un des chefs du celtisme, un de ceux qui se donnent pour mission de raviver et de maintenir, à la Mistral ! la vertu du sang. Lui aussi, il s'imaginait que j'étais à même de changer le cours des choses et que je pouvais intervenir contre les méchants à la manière d'un archange avec une épée fulgurante, et il m'avait écrit la lettre la plus touchante et la plus savante pour me demander de défendre les cimetières bretons menacés. Je lui répondis en toute vérité par cette épître, où l'on peut trouver l'expérience de mes quatre années de lutte et qui sera mon dernier mot :

Mon cher Le Goffic,

J'achève de lire les belles pages que vous m'écrivez, pleines d'un sens profond, sur le rôle des cimetières en Bretagne, sur le souvenir obscur que votre terre semble garder d'avoir été, au fond des âges, notre ossuaire national et le caveau où l'on portait les morts de tous les points de la Gaule. Elle est saisissante, l'interprétation historique que vous nous donnez des champs de repos dans la vieille Armorique. « Tout notre patrimoine artistique est rassemblé là, me dites-vous : châteaux d'eau merveilleux, comme les fontaines à vasques de Saint-Jean-du-Doigt et de Loguivy-lès-Lannion ; grands calvaires à figuration dramatique, comme ceux de Tronoën, de Guimiliau, de Guéhenno, de Plougonven, de Plougastel ; chaires à prêcher en plein vent, comme celles de Pleubian et de Plougrescant ; ossuaires magistraux, vastes comme des églises, à la décoration desquels la race semble apporter une volupté sombre, particulièrement sensible dans celui de Saint-Thégonnec. Avec ses pignons fleuronnés, ses colonnes corinthiennes, ses niches à coquille et les élégantes cariatides de son fronton, vous diriez un palais, — et c'est la maison de la mort. Ah ! que nous sommes loin des imaginations moroses du rationalisme et de l'obscur boyau où les morts de M. Bartholomé s'engagent avec une si compréhensible répugnance ! C'est par des arcs de triomphe que nos morts à nous entrent dans le repos éternel. »

Ces beaux signes des pensées les plus mystérieuses de votre nation, il paraît qu'on les déplace, qu'on les détruit. Vous m'appelez à l'aide, j'accours. Je me rappelle le temps où nous avions vingt ans, mon cher ami, et ce bel été inoubliable de notre jeunesse où vous me guidiez sur les chemins de votre sublime Bretagne. Nous allions à pied par monts et par vaux. Un jour, vous me faisiez entrer chez M. Renan, à Rosmapamon, dans la petite maison verdoyante de la baie de Perros où nous écoutions quelques instants le vieux magicien, et le lendemain, nous passions l'après-midi à sommeiller et rêver dans le kreisker de Saint-Pol-de-Léon. Trente années ont recouvert d'ombre ces heureuses journées, mais nous sommes restés fidèles aux sentiments qu'elles formaient en nous. La leçon du vieux clocher, nous l'entendons toujours, et en défendant les églises, les calvaires et les cimetières contre la haine ou la morne indifférence, nous sommes d'accord avec le vrai Renan de qui nous sommes allés interrompre les songeries bretonnes ; nous recueillons ce qu'il y a de plus vivant et de noble dans ce fils des Celtes chez qui sommeillait légèrement voilé par les poussières de la vie, le sens du divin, et que dégoûteraient profondément les grossiers iconoclastes et les ennemis de l'Esprit.

Ceux qui conspirent contre les églises, les calvaires et les cimetières, contre tous les monuments de la vie spirituelle sur notre terre, se proposent sciemment de jeter bas des principes et certaines lois de l'âme dont découle toute notre vie. Ces conspirateurs seront eux-mêmes épouvantés par l'abaissement de la dignité et de la raison dans les contrées malheureuses où ils pourront chanter victoire. Il faut que tous les esprits se tournent vers les grandes murailles menacées et se groupent sous elles ; il faut que l'Intelligence tout entière vienne au secours des églises. Ce faisant, l'Intelligence se protégera elle-même, car si l'on ruine les puissances de vénération dans notre France, c'est la civilisation même qui s'y va dégrader. Certaines personnes s'obstinent à croire que nous défendons les beaux vestiges du passé. Quelle vue étroite ! Quelle conception étriquée ! Nous défendons moins le passé que l'avenir. Parlons clair et net, nous défendons l'éternel.

Rien ne sert d'objecter que MM. X..., Y..., Z... et Mme Trois-Étoiles, adversaires déclarés du christianisme, font voir des vertus de sacrifice et le plus beau sens de l'honneur. Est-ce que l'on songe à le nier ? Le fait ne va pas contre ce que je dis. Ces antichrétiens vivent dans une société toute formée par le catholicisme ; ils classent leurs idées selon le catholicisme ; ils sont eux-mêmes compris et interprétés par une société catholique ; ils bénéficient de l'atmosphère, et leur noblesse morale, que des observateurs superficiels seraient tentés de prendre pour une qualité naturelle, ils la reçoivent de l'Église même.

Au fond de cette question des églises, mon cher Le Goffic, ce qui nous préoccupe, c'est le problème de l'éducation de l'âme. A la formation de quelles âmes voulons-nous travailler ? Nous voulons répéter, faire revivre les plus beaux types qu'a produits notre pays. Comment ? En maintenant à la disposition de chacun ce qui a toujours répondu aux aspirations du cœur et aux besoins de la pensée française. Si quelqu'un sur les ruines de l'église du village est en mesure de dresser un temple nouveau, ou je ne sais quelle chaire qui, dans toutes les circonstances de la vie, supplée l'église, nous sommes prêts à voir ses plans. Mais je connais la littérature de notre époque, j'écoute avec un grand soin mes collègues de la Chambre : je ne vois pas un constructeur, mais seulement des démolisseurs. Démolir ! quelle abjection !

Maintenant, mon cher Le Goffic, que pouvons-nous pour la sauvegarde des églises de France et des autres monuments de notre vie spirituelle ? Depuis quatre ans, nous combattons. L'intelligence française a sauvé son honneur en se dressant contre les barbares devant l'église du village. En cela, un résultat certain a été obtenu, et les parlementaires se sentiraient mal à l'aise d'afficher trop clairement un désaccord avec l'élite des penseurs et des artistes de notre pays. Mais nos ennemis sont puissants. S'ils ne nous contredisent plus guère, ils ajournent, ils rusent, ils cherchent à gagner des jours, des semaines, des années. Et pendant ce temps, écoutez-moi bien, Le Goffic, il se créera un droit.

C'est la grande phrase que m'a dite Briand dans son cabinet : « Une jurisprudence se crée, ne bougez pas ; *l'état de fait en se prolongeant se transforme en état de droit par le seul effet de sa durée.* » C'est une pensée vraie ; on ne l'épuise pas en la creusant.

Sous nos yeux, à cette minute, il se crée un droit. Au profit de qui ? Il ne s'agit pas de me raconter que le bon droit est avec les églises. Il faut qu'elles aient la force avec elles. Où manque la force, le droit disparaît ; où apparaît la force, le droit commence de rayonner. Le droit des églises à rester catholiques est essentiellement dans la puissance, dans la persistance de l'idée qui est en elles. Mon cher Le Goffic, on maintiendra les édifices à la disposition du prêtre et des fidèles tant que ceux-ci seront assez nombreux et ardents pour que la paix publique soit compromise par un retrait. C'est l'intensité de la foi qui maintiendra et recréera, en dépit de la loi, un droit légal au profit du catholicisme.

Si vous voulez que je vous confesse toute ma pensée, je dois vous dire, Le Goffic, que nos églises et vos cimetières ne peuvent être sauvegardés pleinement que dans la mesure où la vie religieuse se maintiendra au village. Le jour où les églises deviendraient des objets respectés à cause de leur passé, des monuments curieux, quelque chose comme des dolmens, des peulvans ou des cromlec'hs, bref de gros bibelots sur la colline, elles seraient perdues, et le reproche d'ingratitude ne suffirait pas à convaincre les générations de les maintenir. La solidité physique des sanctuaires, c'est d'être moralement féconds, et vos cimetières mériteront d'être conservés dans la mesure où les ombres des morts sauront encore parler aux vivants.

Parlons, écrivons, plaidons, projetons le plus de lumière que nous pourrons sur la noble église du village. La plus belle louange que nous en pourrons dire n'est rien auprès du service que lui rend le prêtre s'il la remplit de fidèles. Nos raisonnements iront bien difficilement émouvoir les conseillers municipaux qu'il s'agit pourtant que nous persuadions ; nous rejoindrons plus péniblement encore leurs électeurs de qui tout dépend en dernier ressort. Ne ménageons pas notre peine ; nous en sommes abondamment dédommagés par l'honneur de servir une telle cause, mais faisons des vœux pour que chaque église trouve un prêtre exemplaire. Tout est là, comme au temps des grandes invasions. Il y a des hommes qui, par la qualité de leur être, s'imposent au respect, persuadent, arrêtent les Barbares, s'en font des auxiliaires. Aux heures où l'esprit politique est vicié, semble anéanti, et quand le retour à la barbarie s'annonce par le discrédit où tombent les idées élevées, la vertu qui se fait reconnaître à ses œuvres devient une puissance. C'est elle, mieux qu'aucune page d'aucun écrivain, qui ramènerait les esprits à l'église. Quand je vois des Français, ni meilleurs, ni pires que leurs pères, en somme des êtres d'une excellente matière humaine, tirer gloire de dévaster ces beaux édifices de lumière et de charité qu'ils sont impuissants à remplacer, je désire de tout mon cœur pouvoir causer avec chacun d'eux, et je ne doute pas que je parviendrais à les convaincre, tant la cause est aisée, mais où les joindre et comment m'assurer en eux un peu de cette bonne volonté sans laquelle tout discours est vain? Alors devant ces églises, çà et là demi-désertées, demi-écroulées, je me surprends à murmurer la grande vérité, le mot décisif : les églises de France ont besoin de saints.

Étrange époque, crise inouïe, où tel doit être, en dernière analyse, le vœu ardent des philosophes et des artistes, l'appel inattendu des Renan, des Théophile Gautier et de leurs disciples, saisis par le flot qui monte de la grossièreté destructrice.

FIN

NOTES

Note 1, page 6. — *Nous préoccupons-nous assez de leur situation?*

Il y a quelques années, quand je demandai au ministère, pour l'étudier, la liste des monuments et objets classés, il me fut répondu : « Y pensez-vous, monsieur ! Nous ne la communiquons à personne... rapport aux cambrioleurs. » Le sous-secrétaire d'État eut la bonté de rassurer les bureaux. Je possède cette liste grossièrement incomplète, autographiée avec beaucoup d'erreurs en 1910. C'est en vain que depuis deux ans, on en réclame de l'administration des Beaux-Arts la réimpression. Voici du moins quelques chiffres officiellement fournis par le ministre :

Lors de la promulgation de la loi du 5 décembre 1905, relative à la Séparation des Églises et de l'État, 909 églises étaient inscrites sur la liste des monuments historiques. Depuis cette époque jusqu'au 25 octobre 1912, 817 églises ont été classées. (Ces chiffres comprennent les édifices classés soit dans leur totalité, soit dans certaines de leurs parties (nef, chœur, collatéraux) affectées au culte. N'y rentrent point les portails, portes, cryptes et clochers, classés à part. J'estime qu'on peut y ajouter 200 églises, maisons ou châteaux classés en 1913. Nous arrivons ainsi à un total d'églises classées inférieur à deux mille. Quelle misère ! Il suffit de s'être promené en France pour être bien persuadé que ce chiffre est dérisoire.

Mais quelles sont exactement les richesses archéologiques de notre pays? Personne, vous entendez bien, personne n'est à même de nous le dire. M. de Chennevières avait commencé à dresser un inventaire. On a dépensé beaucoup de temps et d'argent. Mais tout cela si mal conduit au ministère que nous ne savons rien de net. Nous n'avons pas à cette heure la liste complète de ce qui mériterait, au point de vue artistique, d'être sauvé.

Joséphin Péladan a publié dans le *Figaro* et va réunir en volume un répertoire, l'*Inventaire de nos dix mille églises artistiques et historiques à classer par listes départementales et alphabétiques.*

Quant à ceux qui ne peuvent pas rêver sur des chiffres, je les renvoie, s'ils veulent s'émouvoir, à l'admirable collection de photographies archéologiques de M. F. Martin-Sabon. Ce loyal serviteur des églises parcourt la France depuis des années, son appareil photographique à la main. Il a réuni près de treize mille clichés. Son premier catalogue daté de 1900 est épuisé. On peut toutefois le consulter aux bibliothèques du Musée de sculpture comparée du Trocadéro, de l'Union centrale des arts décoratifs, de l'École des Chartes, ainsi que les suppléments parus en 1905, 1907 et 1910. Et si l'on veut se procurer quelques-unes des épreuves, il faut s'adresser à M. Pierson, 41, rue Taitbout.

Note 2, page 14. — *Que m'importe que vous conserviez une église plus belle à Toulouse, si vous jetez bas l'église de mon village?*

Il est intéressant de noter en deux mots comment les ennemis des églises cherchent à échapper à l'accusation de vandalisme. Ils s'abritent derrière des principes qu'ils attribuent à Viollet-le-Duc conseillant de tenir compte pour le classement des édifices « de leur valeur comme type et comme point de départ ». Grâce à cette pédanterie, il ne s'agit plus que de garder quelques spécimens qui permettent de se faire *grosso modo* une idée de la noble espèce disparue.

Note 3, page 16. — Essai sur la paroisse de Cinqueux, par Amédée Baudry, secrétaire de la Société archéologique de Clermont. — La mort du clocher de Cinqueux, par Mme et M. Léon Houdart, membre du Comité archéologique de Noyon.

Note 4, page 17. — Lettre de M. le maire de Volx à M. le président du Comité des sites et monuments pittoresques du *Touring-Club* (*Journal des Débats* du 2 février 1906).

Note 5, page 24. — Anatole France, l'*Eglise et la République*, p. 113, chez l'éditeur Pelletan.

Note 6, page 24. — *Une tradition qui justifie la méfiance des catholiques.*

Une pensée constante, chez certains intellectuels qui poursuivent la lutte contre le catholicisme, c'est qu'en se proposant des buts trop ambitieux on manque des résultats immédiats et importants. De là une tactique de modérantisme que j'ai eu bien souvent l'occasion de constater à la Commission de l'Enseignement, chez certains de mes collègues, anticatholiques notoires, mais politiques avisés. Ils ne craignaient pas de se joindre à nous pour écarter des solutions qui les satisfaisaient en principe, mais dont l'application leur semblait prématurée. En les écoutant, je pensais à ce grand conseil que Quinet donnait à ceux qui, avec lui, rêvaient la démolition de l'Église : « Loin de m'attacher, disait-il, à la seule issue de la philosophie, qui est le plus difficile, et qui longtemps encore ne conviendra qu'à un petit nombre, je voudrais que les peuples sortissent en foule de la vieille église par les mille portes que l'esprit religieux des modernes a pratiquées dans l'enceinte du christianisme... »

Note 7, page 24. — *Qu'est-ce que vous allez faire, Monsieur Briand, pour empêcher nos églises de mourir?*

J'avais bien le droit de demander à M. Briand de résoudre la question des églises, car, au cours des débats de la Séparation, il a pris des engagements formels qu'il est nécessaire de mettre sous les yeux du lecteur. Ceux qui ont quelque habitude du langage parlementaire reconnaîtront, dans ses déclarations à la tribune, le même état d'esprit qu'il me montrait dans son cabinet.

Le 29 décembre 1906, venait en discussion, au Sénat, une disposition additionnelle de M. Denoix ainsi conçue :

« Les conseils municipaux et les établissements communaux d'assistance ou de bienfaisanee pourront engager des dépenses pour les grosses réparations des édifices destinés au culte et *recevoir des subventions de l'Etat.* »

M. Briand répondit :

« Messieurs, le gouvernement vous prie de n'apporter au projet de loi qui vous est soumis aucune modification. Cependant, je reconnais ce que les préoccupations de M. Denoix ont de légitime. A défaut des associations de la loi de 1905 qui devaient prendre en charge l'entretien et les réparations de toute nature des édifices cultuels, les communes, étant donné que ces édifices conservent leur affectation, risquent de se trouver dans une situation difficile. D'une part, elles sont propriétaires d'églises qui leur sont rendues. Elles sont donc appelées, si le ministre du Culte ou si une association formée par le ministre du Culte ne veut pas accepter la concession de jouissance permise par le projet de loi actuel, à subir tous les inconvénients d'une propriété dont la loi les empêche de tirer aucun avantage. C'est une situation qui n'a pas échappé à l'attention du gouvernement, et j'ai déjà fait pressentir à la Chambre des députés, par des déclarations antérieures, qu'il serait nécessaire, indispensable, de permettre aux communes, aux établissements communaux devenus propriétaires d'édifices maintenus pour leur affectation au culte, de les entretenir en bon état, et *il est certain, qu'en pareil cas, l'Etat devrait être appelé à venir au secours des communes.* C'est, Messieurs, une disposition budgétaire à prendre. Nous vous demandons, sur ce point, de vouloir bien faire crédit au gouvernement... »

M. DE MARCÈRE (de sa place). — Sur cette question de crédits à introduire dans le budget au profit des communes, M. le ministre a-t-il parlé au nom du gouvernement et pouvons-nous espérer que ce crédit sera introduit dans le budget dont nous allons commencer la discussion?

M. BRIAND. — Messieurs, vous comprendrez que je ne puis prendre un engagement aussi formel. Si la question avait été tranchée dans toutes ses modalités, le gouvernement aurait apporté sur ce point un projet complet. C'est précisément parce que la question n'a pas été entièrement résolue au sein du gouvernement que je me borne à la *promesse* que vous avez entendue tout à l'heure et qui ne porte que sur le principe. Mais je crois que notre bonne volonté de régler, selon la logique et l'équité, la situation que nous avons examinée tout à l'heure, doit suffire pour vous rassurer.

M. Eugène Lintilhac, sénateur radical, qui échappe par sa générosité naturelle et sa culture, au sectarisme de certains de ses coreligionnaires, intervenait pour dire :

— Je voterai l'ensemble de la loi pour ne point chicaner sur des points de détail le ministre... Je prends acte de ce fait qu'en considération des biens dont le refus par les catholiques de constituer des cultuelles va rendre dévolutoires les établissements communaux d'assistance ou de bienfaisance, suivant une proposition faite à la Chambre, approuvée là explicitement par le président de la commission, reprise ici par le président de la commission sénatoriale, fortifiée ici et là par le silence certainement approbateur du gouvernement, enfin confirmée à l'instant même par une déclaration personnelle de M. le ministre des Cultes, celui-ci proposera d'inscrire au budget un crédit affecté aux grosses réparations des édifices du culte.

Et M. Lintilhac, dans un mot qui fit fortune, concluait qu'il voterait la loi, persuadé qu'elle garantirait aux catholiques « l'église ouverte et couverte ».

Qu'en est-il advenu? On a supprimé cette déclaration de réunion publique que l'on prétendait exiger pour l'exercice du culte. Nous avons l'église ouverte. Mais non pas l'église couverte. Le gouvernement, comme je le dis à chaque page de ce livre, a manqué à ses engagements.

Un problème de psychologie en passant. Au Sénat, quand M. Briand prononçait les paroles que je viens de rappeler, fournissait-il de bonne foi des titres aux catholiques, ou bien ne faut-il voir dans son langage qu'un expédient pour faire voter sa loi? Faut-il comprendre : « Je vous livre ceci, soyez assez forts pour en tirer parti? » Ou bien, faut-il nous dire : « Il nous a endormis et joués. » Avec M. Briand, c'est toujours la même énigme. Il s'enveloppe de clartés éblouissantes au travers desquelles on distingue mal sa solidité. Est-ce un esprit qui se forme chaque jour, qui, en faisant la séparation a appris à connaître la raison d'être de la religion et qui veut ménager à l'Église sa place? Est-ce un ennemi de la religion et de l'Église qui, après un temps d'arrêt, reprendra le cours de ses destructions, un habile ennemi qui veut procéder petit à petit, en évitant des heurts trop durs? Je ne le sais pas et peut-être que lui-même l'ignore. Peut-être n'est-il ni cet homme entêté, ni cet homme éclairé, mais un troisième personnage qui fera selon les circonstances.

Quoi qu'il en soit, le parti au pouvoir a manqué à ses engagements que nous venons d'établir. Un jour, il a eu la velléité de les tenir. Mais rien qu'une velléité. Il est bon toutefois de l'enregistrer. Voici l'extrait du *projet de loi* déposé le 23 décembre 1908 par MM. Clemenceau, président du Conseil, Briand, garde des Sceaux, et Caillaux, ministre des Finances.

« A diverses reprises, on avait fait observer qu'il convenait de venir en aide aux communes qui croiraient devoir assumer des dépenses, d'ailleurs facultatives, mais utiles, pour assurer la conservation des édifices communaux affectés au culte. Le ministre des Cultes a eu l'occasion de déclarer qu'il ne méconnaissait pas ce qu'il pouvait y avoir de fondé dans ces suggestions. Mais il a maintes fois affirmé qu'il se refuserait à toute modification de la législation en vigueur, qui tendrait à rétablir indirectement et sous une forme quelconque des subventions de l'État en faveur du culte. Aussi le gouvernement vous propose-t-il de créer, au moyen des crédits non absorbés par les répartitions ci-dessous indiquées (répartitions entre les communes des sommes rendues disponibles par suite de la suppression du budget des cultes), un fonds commun fixé à 3 millions par le présent projet de loi et destiné à subventionner les communes qui, en raison de leur situation financière, se trouvent plus difficilement en mesure d'engager des dépenses pour des travaux intéressant les édifices communaux. Parmi ces édifices, figurent nécessairement ceux qui sont affectés au culte public... »

Jamais ce projet n'a fait l'objet d'un rapport. Mais il est facile de lire entre les lignes d'un article de M. Paul Léon, mieux placé que personne pour nous renseigner sur les services qu'il dirige, que les trois millions existent toujours. (La protection des églises, *Revue de Paris*, du 1er février 1913.)

Note 8, page 29. — *Le Conseil d'Etat, me dit M. Briand, dans une suite d'arrêts et d'avis, a beaucoup travaillé pour l'apaisement.*

Eh ! oui, je veux bien admirer le libéralisme du Conseil d'État. Ce corps de fonctionnaires *révocables* agissant sous l'influence du ministre se montre bien plus libéral, dans toutes les questions cultuelles, que la Cour de Cassation composée de magistrats *inamovibles*. Un bravo pour le ministre. C'est très bien... C'est surtout très inquiétant. Qu'une saute survienne, qu'un nouveau ministère modifie ses indications et ses directions, nos conseillers d'État ne modifieront-ils pas leurs manières de juger? Ne les verra-t-on pas admettre la légalité des arrêtés municipaux que, pour l'instant, ils infirment, mais que la Cour de Cassation est portée à accepter?

Note 9, page 42. — *Comment protéger nos églises? On le cherche partout en dehors du gouvernement.*

Je note une observation de M. Pierre Leroy, dans son ouvrage sur *la situation juridique des églises catholiques depuis la loi du 9 décembre 1905.* « La jurisprudence, dit-il, reconnaît une action aux contribuables d'une commune déférant au Conseil d'État des délibérations du conseil municipal qui engagent plus ou moins heureusement les dépenses de la commune ; aux commerçants qui se plaignent de quelque atteinte portée au principe de la liberté du commerce et de l'industrie. M. le commissaire du gouvernement

Chardenet (dans ses conclusions près le Conseil d'État,
arrêt du 8 février 1908) fait remarquer que l'intérêt des
catholiques de pratiquer leur culte étant d'un ordre beaucoup plus élevé, les fidèles de la commune et le ministre
du Culte auquel l'église est affectée ont qualité pour déférer
au Conseil d'État, pour excès de pouvoir, un arrêté par
lequel le maire a fermé l'église (p. 140 Leroy). » De même ne
peuvent-ils pas exiger que l'église soit en état? Le leur refuser, n'est-ce pas aboutir sous une forme détournée à une
véritable désaffectation? C'est, ce me semble, la pensée qui
dictait à M. Jules Roche une brève et mémorable consulta-
tion où il conseillait à des catholiques de l'Ardèche, dont la
commune laisse l'église se ruiner, de s'adresser au Conseil
d'État.

Note 10, page 45. — *...Des conseils municipaux, non
contents de refuser tout argent pour réparer les églises, vont
jusqu'à interdire aux catholiques de faire, à leurs frais, ces
travaux.*

Ces cas de sectarisme semblent plus fréquents chez les
radicaux que chez les socialistes. On voit assez souvent des
socialistes chassant de la mairie les radicaux et, pour les
embêter, autorisant, favorisant des restaurations de l'église.
Mais à cette disposition plus tolérante des socialistes il y a
mieux et plus profond qu'une raison électorale. Écoutez
cette réflexion du journal *le Socialisme* que dirige M. Jules
Guesde : « Le scandale des liquidations, écrit un de ses ré-
dacteurs, M. René Cabanes, ce scandale où les francs-
maçons notoires se sont enrichis, n'est pas fait pour attié-
dir le zèle des catholiques, mais bien pour désarmer la
volonté combative des anticléricaux sincères et simples.
Dans l'opinion publique, il a provoqué une détente dont
bénéficient les persécutés d'hier. »
J'entends bien que *le Socialisme*, quand il dénonce ce
scandale des liquidations, n'y cherche qu'un argument
contre « la stérilité de l'effort anticlérical bourgeois » et
qu'il ne songe pas à prendre l'Église sous sa protection.
Pourtant je continue de feuilleter ce même numéro du
Socialisme et j'y lis une nécrologie d'une révolutionnaire

russe, qui se termine par ces mots : « Ce qui est mortel de notre amie repose dans le cimetière Montparnasse. » Mots saisissants et qui donnent à réfléchir quand on les trouve sur les lèvres de ces contempteurs du passé ! Comment n'y pas sentir une conception de la destinée étroitement apparentée avec les notions de sacrifice et de survie que l'on prêche depuis dix-neuf siècles dans nos églises !

Je suis sûr qu'une heure viendra où des hommes, qui ont cru qu'ils favorisaient les œuvres de la raison en humiliant les œuvres de la foi, s'apercevront que la raison et la foi ne peuvent être séparées. Ils diront : « Nous ne faisons rien de bon si nous diminuons les puissances de vénération dans ce pays ; toute civilisation a besoin, pour vivre et sauvegarder ses plus hautes idées, que la notion du respect demeure dans les âmes. »

A de certains instants, cette pensée, comme une phrase musicale qui se montre et se dérobe, apparaît au milieu de l'immense symphonie orchestrale que Jaurès, à lui tout seul, déchaîne sur une assemblée dont il se charge monstrueusement d'exprimer les thèmes les plus divers.

Note 11, page 46. — M. GERMAIN PÉRIER (Saône-et-Loire). — *Vous êtes mal renseigné en ce qui concerne cette commune, car la municipalité n'est pas du tout hostile à la réparation de l'église.*

Voici mes renseignements. Ils ne laissent place à aucune contestation.

M. le curé de Saint-Gervais a écrit deux lettres à son conseil municipal pour demander une visite d'architecte. Ses deux lettres restèrent sans réponse. Lisez la seconde de ces lettres.

« Décembre 1908.

« Monsieur le Maire,

« Messieurs les Conseillers,

« Vous connaissez comme moi le mauvais état, la situation même inquiétante de notre vieille église.

« J'ai eu l'honneur souvent verbalement, et même une fois par une lettre restée sans réponse, de vous faire connaître mon opinion personnelle et celle d'architectes compétents.

« J'ai fait refaire une partie de la toiture restée plusieurs années découverte, mais je ne puis, malgré ma bonne volonté et l'intérêt que je porte à ce vieil édifice religieux et aux nombreuses personnes qu'il abrite très souvent, empêcher totalement sa désagrégation.

« Ne sommes-nous pas menacés d'un effroyable accident?

« Les poutres ne sont plus suffisamment assujetties.

« De nouvelles fentes se sont fait jour.

« Du côté du cimetière : des deux soutiens il n'en reste plus qu'un dans un état pitoyable.

« Je vous avais prié de demander une visite d'architecte. — Pas de réponse. — A qui donc m'adresser?

« Ma demande est-elle indiscrète, et mes terreurs des illusions?

« Je vous renouvelle ma prière, et vous demande avec insistance de vous souvenir de notre vieille église, l'orgueil de notre pays et de parer aux tristes éventualités dont elle nous menace.

« Veuillez agréer, monsieur le Maire et messieurs les Conseillers, l'expression de mes salutations et de mon dévouement sincère. »

J'accorde à M. Germain Périer que le maire de Saint-Gervais ne soit pas un adversaire des catholiques, mais c'est un faible ou un négligent et le curé n'a pu obtenir de lui qu'il fît procéder à une visite d'architecte. Je le répète : que faut-il faire quand un maire se désintéresse de provoquer une visite d'architecte? Rien dans la loi ne nous répond. C'est là un des nombreux problèmes de détail qui nous prouvent la nécessité de donner à nos églises une position légale et définie...

Note 12, page 54. — M. BRIAND. — *Il n'y a eu ni acte illégal, ni œuvre sectaire... Depuis 1898, l'édifice ne servait plus au culte...*

Que M. Briand se renseigne et il saura que depuis 1898 on n'a jamais cessé complètement d'utiliser l'édifice de

Brue-Auriac pour la célébration du culte. Et d'ailleurs, quittons ce bas argument de basochien. Pour mesurer l'attachement des catholiques de Brue-Auriac à leur église et la méchanceté de la municipalité, qu'on lise le document officiel sur lequel s'appuie mon affirmation ; qu'on lise cet extrait d'une lettre écrite par Mgr de Fréjus à M. le sous-préfet de Brignoles (Var) en date du 18 décembre 1909 :

« Monsieur le Sous-Préfet,

« Vous avez bien voulu déjà porter intérêt au cas étrange de la commune de Brue-Auriac, canton de Barjols, qui, par le fait d'une désaffectation illégale — avis préalable n'ayant pas été rendu en Conseil d'État, ce qui est expressément prescrit par la loi du 9 décembre 1905 — se trouve peut-être la seule en France privée à jamais d'église paroissiale.

« Une famille, nullement hostile aux institutions actuelles et très attachée à la population en presque totalité favorable à ce généreux projet, a offert au maire de Brue de se charger de la restauration de l'église (coût sur les devis des architectes : 6 300 francs) et poussant la générosité au delà même de ce que peut permettre une honnête aisance, offre 2 000 francs en sus à la commune pour l'installation d'un bureau de poste.

« ...M. le Maire, sur les bonnes dispositions duquel on avait lieu de compter, car on l'a gracieusement avisé au préalable, vient d'informer les donatrices par lettre du 27 décembre que le Conseil municipal, à l'unanimité, n'accepte la proposition des demoiselles Bon qu'à la condition qu'elles ajoutent à la remise en état de l'église — 6 300 francs — un don de 5 000 francs pour la construction d'un bureau de poste.

« De la sorte on ne rend à la population son droit au culte que par un marché que je vous laisse à qualifier, tant il blesse à la fois et toutes les convenances administratives et la plus vulgaire équité... »

Note 13, page 56. — M. MAURICE BARRÈS. — *Mon cher collègue, je vous indiquerai ceux qui rapportent le fait.*

Voici la lettre que j'ai reçue de M. Latouche, rédacteur à *l'Eclair*, le 5 décembre 1910 :

« Monsieur et cher Maître,

« Je reçois votre lettre, de retour d'un court voyage en Bourgogne, et je m'empresse de vous répondre. Les propos du Sous-Préfet de Clermont, que j'ai rapportés dans *l'Eclair* du 27 juin, m'ont été répétés et certifiés par plusieurs habitants de Cinqueux où je suis allé faire une enquête sur place. Une délégation de quatre ou cinq habitants avait été le voir pour lui dire : « Nous avons réuni des fonds pour tirer parti, moyennant certaines réparations, de ce qui reste encore de l'église. » Le sous-préfet, peu pressé, peu désireux d'autoriser et de permettre les travaux, leur répondit agacé : « De quoi vous plaignez-vous? Je vous ai fait des « ruines curieuses. Mettez un tourniquet. Les étrangers « viendront les voir. Faites payer un droit et vous aurez « de l'argent. »

« Vous pouvez hardiment maintenir l'exactitude de ces paroles entendues par plusieurs personnes et répétées dans le village de Cinqueux. Il y a des gens qui en témoigneraient... »

Note 14, page 61. — *L'école de demain complétée...*

Parfois, quand j'écoute M. Buisson nous faire le tableau de cette école de l'avenir, j'en arrive à me dire avec admiration : « Ah! quel bonheur! d'ici peu nous aurons élevé tous les Français à l'élite! »

Note 15, page 63. — *Le gémissement d'une vieille femme agenouillée... est du même accent... que la méditation du savant ou du poète.*

Les plus grands artistes, les plus profonds philosophes ne peuvent rien faire de mieux que d'atteindre, chacun dans leur ordre, à cette même soumission, à cette même paix du cœur devant les lois de l'univers ou devant les volontés de Dieu (c'est tout un).

Note 16, page 65. — *Ce besoin du divin, c'est un fait et qu'il n'est pas en votre pouvoir d'abolir dans l'homme.*

Croyez-vous donc que l'homme va cesser d'être un animal religieux et qu'il se passera d'un temple? Non? Eh! bien, alors, pourquoi jeter bas cette maison réservée aux grands états d'émotivité religieuse?

Je suis avec vous, voudrais-je répéter mille fois aux députés de la majorité, un tenant de la méthode scientifique, de la méthode expérimentale, de la soumission devant le fait. Conformément à cette méthode, mon esprit ne peut pas ne pas tenir compte d'un fait, c'est-à-dire d'une réalité constatée et constatable. Ici, le fait, c'est l'homme, et un homme déterminé, un Français. A quoi lui sert cette pauvre église de village? Regardez autour de vous. Elle est le point d'attache pour les grandes relâches de la vie. Pendant des années et des années, nous pouvons caboter à droite et à gauche, naviguer assez doucement de port en port; ce que nous avons appris en morale, les habitudes de notre profession, les mœurs générales nous offrent des ancres, des cordages, des liens secondaires et suffisants pour la vie de tous les jours ; mais rien de cela ne vaut pour les circonstances capitales, pour ces circonstances qui, justement, ne ressemblent à rien et devant lesquelles nous nous trouvons pris au dépourvu. C'est un fait qu'à ces moments-là, très souvent, les plus frivoles, les plus durs, les plus prosaïques, tous ceux qui semblaient le plus loin de l'émotion religieuse, se jettent dans l'église, y trouvent un appui, ne le trouvent que là. Pourquoi donc, sous ces vieilles pierres, glisser (comme on l'a fait déjà, çà et là, et comme sur des milliers de points on se prépare à le faire) une cartouche de dynamite?

C'est bien dommage qu'il ne soit pas possible d'apporter à la tribune de la Chambre, pour tout discours sur cette question des églises, une pensée de Pascal, suivie, sans plus, d'un bref commentaire! Ce serait élégant, mais ce serait déraisonnable. Pour tout dire, en un mot, je crois que l'on rirait. C'est fatal, cela tient au contraste trop fort qu'il y a entre la masse des idées nobles et sincères qu'un si grand nom éveille et l'atmosphère un peu théâtrale ou d'autrefois prosaïque qui enveloppe une tribune parlementaire. Ces grandes disproportions font toujours rire. C'est sans doute pour éviter cet inconvénient, qu'un Emmanuel Arène, s'il croyait devoir citer l'auteur des *Pensées*, ne manquait jamais de l'appeler ce brave Pascal. Il essayait de dégrader ce grand homme pour le mettre à sa taille. J'aime mieux m'abstenir. C'eût été bien, pourtant, de rappeler aux méditations de mes collègues cette simple ligne : « Le propre de chaque chose doit être cherché ; le propre de la puissance est de protéger. »

Note 17, page 66. — *Où trouverons-nous, si l'Eglise est fermée, cette satisfaction qu'elle donnait à l'inquiétude mystique...*

J'entends bien qu'un certain nombre des adversaires de l'Église ne pouvant pas nier qu'il y a dans l'humanité un besoin religieux nous disent : Soit ! nous aurons une religion, mais une religion nouvelle. « Dès maintenant, il y a chez nous, déclare M. Jaurès, aux applaudissements de la majorité, autre chose que la survivance des anciennes croyances ; il y a dans notre effervescence démocratique l'attestation d'une croyance nouvelle... » Mais M. Augagneur, dans le banquet annuel de l'Association Nationale des Libres Penseurs, affirme que « désormais la guerre est entre ceux qui croient et ceux qui ne croient pas » et qu' « il faut s'attaquer à l'idée religieuse elle-même ».

Sur cette question de la nécessité de tenir compte du sentiment religieux, les radicaux, radicaux-socialistes et socialistes sont profondément divisés. Il faudra qu'ils s'expliquent ; il faudra que nous sachions ceux qui ont reconnu en eux et dans l'humanité le sentiment du divin et ceux qui nient l'y découvrir. Et ceux qui ont reconnu la réalité de ce sentiment, il faudra qu'ils nous disent comment ils entendent le satisfaire... En tout cas ces derniers se rendent bien compte qu'une pareille entreprise, si elle doit aboutir, sera l'œuvre de plusieurs générations. Rappelez-vous le temps, les travaux, les laboratoires nécessaires pour établir une loi d'ensemble en physique. Que sera-ce pour établir un ordre immense qui doit régner sur toutes les puissances religieuses de notre être? Ah ! nous ne sommes plus au temps où l'on pouvait, comme un Michelet, comme un Quinet, croire que la maison allait être en rien de temps reconstruite ! Eh bien ! en attendant ce nouvel et problématique édifice, allons-nous laisser plusieurs générations exposées à toutes les intempéries?

Note 18, page 67. — ... *Le simple fait que ces murailles chargées de sensibilité orientent la pensée est un élément inappréciable de la philosophie du village.*

Le plus souvent, l'église satisfait un besoin senti. Ne fût-il pas senti, ce besoin existe. Si l'église, un jour de surprise, tombe, le village va travailler à la reconstruire. En la relevant, il y placerait les plus beaux débris, les joyaux de la morte... Vous secouez la tête, vous me dites que l'église se meurt, que vous avez entendu ses derniers chants et que vous ne les avez pas compris. Mais ne restât-il qu'un fidèle, il faudrait la maintenir. N'en restât-il plus, il le faudrait encore, car elle revivra demain.

Ce n'est pas un argument que de dire : « Ainsi l'a voulu la majorité d'un conseil municipal. » Il n'est pas permis à une génération de détruire les richesses, les ressources du sol où elle est campée, pas plus qu'il n'est permis à une caravane de souiller ou de combler le puits qu'elle va quitter à la prochaine aurore.

Note 19, page 70. — M. JACQUES-LOUIS DUMESNIL. — *C'est absolument inexact.*

Voici le témoignage d'un journaliste de talent, M. Jean Clair-Guyot, qui a vu, de ses yeux vu, les faits que je dénonce :

« Les faits scandaleux de Grisy-Suisnes rapportés à la tribune par M. Barrès sont rigoureusement exacts. J'en ai été le témoin. Je les ai rapportés moi-même fidèlement dans l'*Echo de Paris*. L'administration s'en est émue. Il y a même eu un début d'enquête. Et quelle enquête ! On a commencé par le curé ; on a voulu l'intimider en lui faisant déclarer qu'il était mon informateur. Quand on a su dans

Grisy que c'était bien moi qui, de mes yeux, avais vu, on s'est gardé de me convoquer, et l'enquête en est restée là ! »

Note 20, page 71. — *Ces églises... les seuls édifices idéologiques qu'ait le peuple, c'est-à-dire les seuls chargés uniquement d'idées qui ne représentent pas de la besogne.*

Les seuls qu'ait le peuple et supérieurs certes à ceux qu'invente la masse vulgaire des heureux de ce monde. Tous les soirs, tous les théâtres de Paris distribuent à la foule qui ne s'étonne pas et qui, bien plus, s'y plaît, des tableaux où il n'y a ni respect de l'honneur, ni fidélité à l'amitié chez les hommes, ni chasteté chez les femmes, ni regret des fautes, ni désir de perfectionnement. Ne faut-il pas qu'il y ait au monde un lieu qui nous ouvre la source du cœur, qui fortifie nos liens avec les morts et avec ceux qui viendront, qui nous fasse sentir les vivants comme des frères ?

Ce lieu existe jusqu'à cette heure dans la plus misérable bourgade. Très souvent, c'est le plus beau des palais que peut rêver un grand artiste. Fût-il le plus misérable abri, je le respecte. Il est impossible qu'un digne intellectuel n'ait pas une affection, une vénération pour le lieu qui ne veut servir qu'à l'esprit. Un jour, à Lausanne, par simple curiosité, je suis entré sous une tente dressée dans une prairie par l'Armée du Salut. J'y ai trouvé, mêlées aux plus déconcertantes platitudes, d'extraordinaires émotions, et je n'ai pas fini d'y réfléchir.

Dans un sanctuaire, nous satisfaisons les idées qui nous ont menés au pied de l'autel et, plus lentement, des idées qui sont en nous et qui ne savent pas ce qu'elles viennent faire là. Il est possible que dans l'église toutes les exigences de votre esprit ne soient pas satisfaites ; il est possible que plusieurs d'elles soient choquées, mais vous y trouverez encore assez : votre cœur sera gagné, voire enthousiasmé, et votre raison raisonnante suivra, car l'esprit qui veille là dedans possède la force d'imposer à une immense armée d'hommes et de femmes le sacrifice, comme une condition régulière de vie heureuse. Ici règne incontestablement une puissance bienfaisante, la plus haute idée.

Note 21, page 72. — *Je suis venu défendre à cette tribune l'église de village au même titre que je défendrais le Collège de France.*

C'est à la civilisation qu'il faut s'intéresser, si l'on n'a pas le sens de Dieu et si l'on est rassasié du moi. Eh bien ! la civilisation, où est-elle défendue aujourd'hui?

Dans les conseils d'administration? Je ne suis pas de ceux qui le croient.

Elle est défendue dans les laboratoires et dans les églises.

Note 22, page 96. — *Nous, artistes, qui avons trouvé auprès de ces modestes sanctuaires tant de sensations d'art.*

« Combien de chefs-d'œuvre les églises de France ont suscités, depuis le scrupuleux portrait tracé par Corot de la cathédrale de Chartres, jusqu'aux fantaisies inspirées à Claude Monet par les jeux de la lumière dans la dentelle de pierre qui pare celle de Rouen ; depuis le touchant clocher de Gréville, retracé par Millet avec une émotion qui ressemble à de la piété filiale, jusqu'aux subtiles variations de Sisley sur l'ossature capricieuse de la nef de Moret, de ses arcs-boutants et de sa tour fleuronnée. » Ainsi parle Étienne Moreau-Nélaton dans la préface des *Églises de chez nous*, et il ajoute :

« Ce n'est pas seulement l'extérieur de l'église qui, séduisant les artistes, leur inspire de poétiques créations ; ce sont aussi les lignes majestueuses des voûtes aériennes ; c'est la pénombre des chapelles éclairées comme à regret par des jours lointains ; ce sont les colonnades sveltes et les piliers massifs, baignant dans une lumière radieuse ou bien enveloppés de ténèbres transparentes, qui ensorcellent leur œil et allument dans leur âme un enthousiasme fécond. »

Je ne sais plus de qui, peut-être du peintre Émile Bernard, peut-être de Jacques-Émile Blanche, j'ai lu des notes sur les paysages d'églises auxquels demeure attachée la mémoire des grands artistes qui les ont portraicturés. C'est un travail plein d'agrément et fort persuasif qu'il faudrait que quelqu'un conduisît à bonne fin, un beau chapitre d'un livre qui pourrait avoir pour titre : *les Paysages inspirateurs.*

Note 23, page 97. — *Les archéologues signent la pétition.*

Voici une lettre où le savant professeur du Collège de France, M. Camille Jullian, l'auteur de l'*Histoire de la Gaule*, exprime avec l'autorité que tout le monde lui reconnaît le sentiment de notre jeune et admirable école d'archéologie à l'égard de nos églises.

« ... Un mouvement de rénovation s'est dessiné depuis quelques années dans nos études d'archéologie nationale et médiévale. M. Brutails a fait en Gascogne ce que M. de Lasteyrie, son maître et ami, a fait pour l'architecture religieuse de toute la France, ce que M. Mâle a fait pour l'iconographie chrétienne, ce que M. Lefèvre-Pontalis a fait pour nos cathédrales les plus voisines, et ce que M. Bégule vient de faire pour les vitraux du Lyonnais et M. Boinet pour la statuaire de Bourges. Le *Manuel* de M. Enlart a été, pour ces études, un guide précieux. Tous les savants se sont mis à inventorier les moindres débris laissés sur le sol de France par l'art religieux du Moyen Age ; ils ont cherché à les décrire, à les reproduire avec une exactitude scrupuleuse... Et puis, ils ont su analyser ces débris, les comparer, les classer, déduire de ce travail une manière de les dater dans les siècles ou de les grouper en écoles, et, enfin, apprécier la pensée morale qui les a inspirés. Car dans l'œuvre de tous ces hommes, s'il y a l'analyse et la pierre au début, il y a la synthèse et l'âme à la fin. Et c'est l'esprit du Moyen Age qui a fini par se dégager de leurs travaux.

« Le mouvement de protection inauguré et dirigé par M. Maurice Barrès s'est produit en dehors de ces recherches d'érudition. Mais il a concouru au même but. Et je vois que maintenant ces deux genres d'efforts vont s'unir pour une tâche commune. Je ne crois pas qu'il y en ait une plus utile à la connaissance historique de notre pays. D'autres ont dit le bienfait qu'elle pourra être pour sa vie artistique ou sociale. Qu'il me suffise d'en rappeler la portée purement scientifique.

« Une église, c'est ce qu'il y a d'ordinaire, de plus ancien dans le territoire de nos communes, Il est rare que le monde celtique ou romain ait laissé autre chose, dans la plupart d'entre elles, que des débris invisibles. Le passé romain, sauf quelques rares édifices, ne se voit pas. *Etiam periere ruinæ.* Le passé chrétien, médiéval, se voit toujours. Aucune commune ne manque de son église. Par là même, la commune touche à son passé, le continue et unit sa vie à celle de quinze siècles disparus. Elle est, l'église, le lien le plus fort qui enchaîne les générations successives d'une même société en une famille éternelle. La place même qu'elle occupe marque d'ordinaire le berceau de la société rurale. Les vieilles églises des campagnes et de la banlieue parisienne se dressent au point précis où s'est bâtie la ville gallo-romaine qui a créé le domaine destiné à devenir paroisse et bourgade. Il y a du passé non pas seulement dans l'édifice, mais dans le sol qu'il recouvre.

« La plupart de ces églises sont faites d'éléments très divers : j'en ai vu beaucoup qui portent, encastrés, des débris romains, des inscriptions latines. Presque toutes ont à la fois des parties romaines et des parties gothiques. Elles ressemblent à l'âme de nous tous, où se mêlent, à notre insu, du génie latin et de la pensée chrétienne.

« La tâche des archéologues est de rechercher les différents âges de construction, de faire l'anatomie des églises. Mais le devoir des patriotes est de les garder pieusement, pour l'archéologie, qui travaille sur elles, pour la fraternité française, qui s'est formée autour d'elles. Et il ne s'agit en cela ni de faire acte de catholique ni de suivre la direction d'un parti. L'église, à l'heure actuelle, doit être un enclos réservé, consacré au double idéal de la science et de l'accord social.

« Voilà pourquoi nous nous réjouissons tous de ce qui se fait et ce de qui se dit sur elle. »

Ajoutons, pour compléter ce tableau de l'activité de notre jeune école d'archéologie, que M. Jullian donne au Collège de France une série de leçons sur les églises en tant que monuments, sur les idées qui ont présidé au choix de leurs sites et de leurs noms, et sur leur place dans la vie collective de la société municipale. Ce n'est pas pour l'historien de la Gaule s'écarter de son grand ouvrage. C'est se préparer à traiter du rôle du christianisme dans l'empire romain. M. Jullian ne croit pas que le christianisme ait été la cause de la chute de l'Empire. Au contraire l'église a marqué dans une ville la place d'un foyer nouveau ; il y avait une cathédrale, *caput* d'une ville ; ce que la ville païenne n'avait pas et ce qui est nouveau. Et de même, le christianisme en unissant à un seul Dieu la vie de l'Empire romain lui a donné une impulsion nouvelle.

Voici la conclusion de M. Jullian sur cette question de la formation des églises : « L'église est le lieu de la terre où une cité des hommes se transforme en un quartier de la cité de Dieu. »

Note 24, page 97. — *Les littérateurs et les églises.*

C'est bien que les architectes, les sculpteurs, les peintres, les verriers, les orfèvres interviennent. Eux qui furent toujours les collaborateurs et les décorateurs du catholicisme, ils ne peuvent laisser ruiner leurs modèles et leurs propres ouvrages. Mais il s'agit d'obtenir que l'intelligence française réagisse sous des coups qui, sans la viser directement, l'atteignent. On attend que nos intellectuels, avec leurs moyens propres, plus qu'aucun autre décisifs pour la propagande du sentiment et des idées, appuient nos ouvriers d'art. Je fais appel aux jeunes écrivains. Point n'est besoin qu'ils aillent désormais à Venise, à Tolède pour voir mourir la beauté... Mais non, je me reprends, ne parlons pas de beautés qui meurent : des images divines veulent vivre et nous appellent au secours. C'est aux poètes, aux philosophes, à tous les intellectuels de proclamer que nos églises sont au premier rang de nos richesses de civilisation et qu'ils ne laisseront pas détruire ces sources de vie spirituelle. C'est à eux, avant tous, à cette heure, de prendre garde et de défendre l'Esprit contre la Bête. Qu'ils fassent leur examen de conscience et qu'ils disent s'ils veulent rester seuls au village en face du café du Commerce.

C'est entendu. A Paris, ils peuvent croire qu'ils trouveront des musées, des salles de concert, des chaires professorales, des assemblées de toutes sortes où se réfugie cette grande poésie qui remplissait la cathédrale. Mais au village? L'ensemble des questions que le café du Commerce agite ne peut pas arriver à nous faire prendre notre parti de la destruction d'un lieu où la curiosité des plus humbles s'élevait si haut, où le plus modeste était guidé, mis en rapport avec l'ordre universel.

Je ne doute pas de leurs réponses. Que de signes favorables déjà dans la plus récente production littéraire ! Nous en avons assez de l'humanité étriquée où des médiocres au cœur glacé et incapables de cataloguer tous les faits voulaient nous enfermer. Élargissons notre regard.

Ces mêmes jeunes troupes désintéressées qui auraient, à d'autres moments, combattu, rejeté un catholicisme oppressif, s'irritent, sont écœurées des insipides déclamations de l'anticléricalisme. Elles n'acceptent pas que l'on travaille à tarir les vieilles sources de la France. Elles se rassemblent d'instinct pour faire face à la Barbarie. Je voudrais tracer ici le tableau de la littérature nouvelle que je salue et d'où s'élève, plus ou moins haut, la grande flamme spirituelle que le café du Commerce ne voit pas, une flamme que nous serions bien imprévoyants, nous autres, artistes et gens de lettres, de ne pas protéger, car c'est dans son rayonnement que nous pouvons le mieux poursuivre tous nos songes. C'est autour de cette flamme que la tribu primitive s'étendait pour dormir : elle irrite la bête, mais la tient à distance.

Note 25, page 117. — *Ce serait folie de croire que la déesse Raison installée dans l'église, l'église durerait.*

Pour qu'elle subsiste, il faut que subsistent son contenu, son culte, car une église désaffectée, sans fidèles, sans prières, sans l'Eucharistie, se meurt et bientôt ne sera plus qu'un coûteux embarras.

Note 26, page 118. — *On se les arrache, nos églises.*

On veut les défendre même contre les curés ! M. Théodore Reinach a osé parler à la Chambre des « Vandales en soutane ». Les sectaires anticléricaux qui appellent de leurs vœux plus ou moins avoués la destruction des églises croient m'embarrasser en me disant qu'il y a un curé, je ne sais où, qui, d'accord avec l'inspecteur des Beaux-Arts, aurait abîmé de vieilles fresques et puis, autre part encore, un second curé qui aurait mis au rancart, en lui écorchant le nez, la statue charmante d'une sainte. (Sur ce second point, toutefois, je me demande s'il n'y a pas eu confusion et s'il ne s'agit pas de la statue d'Émile Zola, un saint blocard, comme vous savez, qui, d'après Paul-Hyacinthe Loyson, a été précipité dans les oubliettes les plus noires du Grand Palais par l'administration des Beaux-Arts.) J'ignore ce qu'il en est de ces deux cas. Admettons qu'ils soient exacts. On y verra des faits d'ignorance, non de méchanceté. C'est tout différent. C'est la maladresse de gens chez qui le sentiment de l'art fait défaut ; mais chez les autres éclate la volonté de faire de la peine, une rage, un système de destruction.

C'est ce que ne paraît pas avoir compris mon collègue à la Chambre, M. Georges Ponsot, dans un plaisant article publié dans la *Petite République* du 8 septembre, sous ce titre : « *Défendons, nous aussi, les églises.* » Georges Ponsot est homme d'esprit et blocard de son état. Il reprend un thème que Huysmans ne se lassait pas d'exploiter : le mauvais goût des catholiques, et, spécialement, de nos curés de campagnes. Il nous les représente « les manches retroussées, armés de pinceaux de toutes les dimensions, suivis d'enfants de chœur portant des pots de ripolin. Ils font le tour de l'église. Une rage sacrée les anime. Ils habillent les statues ! »

Fort bien, mon cher collègue ; mais ils ne pensent pas à mal. C'est beaucoup. Vous me dites, pour conclure votre article, que je reconnais n'avoir pas pu lire sans rire : « Nous sommes avec vous pour protéger l'église de village ; nous apportons une loyale collaboration à l'œuvre que vous avez entreprise. Avec vous nous protégerons les églises contre l'épicier de Bornel. » Et moi, je suis très disposé à souhaiter avec vous, avec tout le monde, que dans les séminaires on reçoive des notions d'archéologie et qu'on apprenne à moins aimer les plâtres de la rue Saint-Sulpice. Mais constatons que ce manque de goût a été partagé par tout le monde, et s'il est vrai qu'on peut retrouver sur le grenier des presbytères des saints mis à la réforme et bien plus

beaux que ceux installés à leur place, avouons qu'il n'y a
pas de grenier bourgeois où l'on ne puisse trouver de petits
objets, des pendules, des cadres, des meubles infiniment
plus agréables que ceux qui décorent le grand salon du bas.
Faute de goût n'est pas crime. Et reconnaissons que si, en
dépit d'erreurs vénielles, nos richesses d'art, en grande
masse, sont restées dans nos églises, il faut en remercier
le clergé.

Ce que nous flétrissons chez les Accroupis de Vendôme,
chez l'épicier de Bornel, chez les blackboulés de Moulins-
lès-Noyers, chez les dynamiteurs de Cinqueux, de Grisy-
Suisnes, en un mot chez la Bête, c'est la méchanceté, le
désir de brimer une minorité, le besoin de faire de la peine,
une ardeur malsaine, inexplicable (un sadisme), à offenser
ce que les autres vénèrent, et c'est enfin une conspiration
(que je ne vois nulle part dans le clergé) pour jeter bas
l'ensemble de notre architecture religieuse.

Note 27, page 118. — *Sommes-nous là devant un mot
d'ordre de l'anticatholicisme?*

Je lis dans le *Radical*, organe officiel du parti radical
et radical-socialiste, l'article suivant qui est un appel à la
confiscation des églises : « *Comme préparation à la République sociale, on pourrait commencer à organiser l'usage
commun, simultané des édifices d'éducation sociale et senti-
mentale que sont les églises de France.* Ne serait-ce pas un
merveilleux spectacle de fraternité pratique de montrer
tour à tour, dans ces vastes édifices communs, la parole
édifiante des diverses morales, s'élevant pour magnifier
les plus hautes conceptions de la vertu humaine? C'est en
organisant ainsi devant les familles la *concurrence morale*
des diverses prédications que l'on sollicitera la réflexion
des consciences, une active impulsion de la vie intérieure.
Les catholiques se prétendent d'excellents apôtres de bonne
volonté humaine, mais ils gardent avec égoïsme l'usage
d'édifices qui appartiennent cependant à tous. Ils s'en
servent pour la propagande électorale. Ils en font des offi-
cines de parti. Il est temps que le parti républicain complète la loi de Séparation par une loi réglant la mise à la

disposition de toutes les prédications morales des édifices qui sont la propriété commune du peuple. » (Mai 1912.)

Note 28, page 119. — *Je leur parle de la pluie, du vent...*

On parle toujours de la pluie, des tempêtes, de la neige, des années, contre lesquelles nos églises ne sont pas protégées. Il y faut joindre la foudre, l'incendie... La commune n'est pas obligée à souscrire une police d'assurance ; les fidèles non plus n'y sont pas obligés. Et voilà l'église en péril. Mais supposons que les fidèles, dans leur affection pour l'église, consentent à souscrire une police et à payer chaque année la prime d'assurance. C'est toujours la commune, puisqu'elle est propriétaire, qui touchera l'indemnité. Et alors, quel moyen d'obliger la commune à affecter cette indemnité à la reconstruction de l'édifice?

Note 29, page 122. — *...Un sentiment amer de leur brutalité...*

Ils croient qu'ils en veulent au catholicisme. A bien voir, la plupart d'eux n'en veulent-ils pas à tout système de vie où règnent le sentiment de l'honneur, la notion du sacrifice, bref, l'esprit héroïque? Leur idéal, c'est le moindre effort, un bien-être vulgaire. Et par exemple, j'ai constaté maintes fois qu'il est impossible d'intéresser à la question des églises les gens qui haussent les épaules devant la question d'Alsace-Lorraine. (Bien entendu, je parle des Français nés catholiques. Quant aux Français nés protestants que n'émeut pas la détresse de nos églises, on n'en peut pas conclure qu'ils manquent du sens de la vénération. Ils l'occupent ailleurs.)

Note 30, page 122. — *Il leur arrive de reconnaître aux catholiques quelques supériorités.*

L'attitude des catholiques abandonnant leurs richesses plutôt que de renoncer à aucune de leurs idées, et se réjouissant de récupérer, au prix des plus grandes pertes matérielles, la liberté de leurs choix épiscopaux, en a imposé à leurs adversaires même comme un fait de désintéressement héroïque.

Note 31, page 123. — *Ils se mirent d'accord pour consta-ter qu'en dehors du monde religieux on n'obtenait rien qu'avec de l'argent et des rubans.*

On cause, on constate, on ne conclut pas ; chacun s'en va de son côté. Mais permettez, une fois qu'on est seul, il faut bien réfléchir. Ces dévouements catholiques ne sont pas des produits du hasard, des *lusus naturæ*, des jeux de la nature. Ils sont des résultats. Nous sommes là en face d'âmes soutenues par une force morale, par l'Eucharistie. L'Eucharistie est efficace. Voilà un fait et qui jette du trouble dans nos idées claires... Je me rappelle un bout de dialogue entre Renan et Sainte-Beuve :

— Il y avait des esprits forts au temps de saint Louis, disait Renan.

Et l'autre de répondre :

— Ce n'est jamais si difficile d'être esprit fort.

La difficulté, quelque système que nous ayons adopté, c'est d'être toujours prêts à accueillir les faits.

Note 32, page 136. — *De nombreux radicaux m'apportent leur signature.*

Si l'on veut comprendre la pensée politique de certains ennemis du catholicisme qui signent en faveur des églises, j'imagine qu'il faut avoir présente à l'esprit la pensée de la Convention et de Robespierre : « Tous les hommes d'État qui avaient la charge de conduire les destinées de la Révo-lution ont blâmé la déchristianisation comme une lourde erreur et presque comme un crime... Robespierre, tradui-sant l'opinion de l'immense majorité de la Convention, s'opposa à la déchristianisation pour des raisons d'oppor-tunité à la fois politiques et sociales. Le philosophe chez lui souhaitait ardemment la disparition de tous les cultes, mais le législateur, l'homme d'État, savait que la violence ne ferait que les consolider et deviendrait fatale à la Révo-lution. Le législateur prit le pas dans sa conduite sur le philosophe. » (Albert Mathiez.) — Et n'est-ce pas le même esprit qui guidait certains radicaux, quand, à l'étonne-ment de beaucoup de leurs collègues, ils me donnaient leur signature en faveur des églises?

Note 33, page 151. — *C'est une mentalité extraordinaire.*

Extraordinaire et assez fréquente. Écoutez plutôt ce compte rendu d'une séance du conseil municipal de Bourbourg, dans le Nord, tel qu'il m'a été communiqué par un jeune avocat, M. Joseph Belle, qui y assistait.

Conseil municipal de Bourbourg,

Séance du 21 octobre 1913.

La question à débattre regarde la proposition de classement de l'église. M. Longueval, le maire, lit une lettre du sous-préfet, qui demande l'avis du conseil municipal. Puis (comme toujours en pareille circonstance, car M. le Maire ne s'aventure jamais sur un terrain inconnu, il passe la parole à M. Pilon, adjoint, pour expliquer la question).

M. PILON. — On nous demande de donner notre avis sur le classement du chœur de l'église. Il paraît que c'est un monument curieux qui remonte au treizième siècle. Quels sont les avantages du classement? L'État intervient pour partie dans les réparations, c'est entendu, mais il a le droit de nous imposer les réparations qu'il veut et qui sont parfois considérables. De plus, il faudrait envoyer des plans et des photographies qui coûteraient fort cher. Je ne suis pas du tout partisan du classement.

M. HURTREL. — Moi non plus. Il y aura certainement un jour ou l'autre de grosses réparations à effectuer, il vaut bien mieux les faire à notre convenance. D'ailleurs si l'église est un bâtiment communal, c'est un joli cadeau qu'on nous a fait !

M. PILON. — Un joli cadeau ; vous pouvez le dire : et nous voilà obligés de le supporter, malgré nous.

Le docteur MILLIEZ. — Je m'en moque pas mal, de l'église. Je n'y vais jamais, moi !

M. HURTREL. — Qui donc a pris l'initiative de cette demande? Quelle est la personne qui s'en est occupée? N'y a-t-il pas une société qui est venue l'autre jour à Bourbourg? (Le Comité flamand de France.)

Le MAIRE. — Oui, ce doit être la Commission historique.

M. Buns (*vétérinaire*). — Mais n'y avait-il pas une poignée de porte qui a été classée dernièrement?

M. Victor Vandenbroucque (ancien maire, vénérable ∴). — Si ! On l'a envoyée à l'exposition de 1900 d'où elle n'est pas encore revenue !

M. Pilon. — Pardon, elle est revenue depuis quelque temps et le curé l'a enfermée dans son coffre-fort à la sacristie.

M. Buns. — Pourquoi? On pourrait la mettre sur la porte de l'église. Il paraît que cette poignée a de la valeur.

M. Pilon. — Peut-être pour certains. Il n'y a pas pour quarante sous de bronze *(sic)*, mais comme la poignée est couverte de vert-de-gris, pour certaines personnes, elle a beaucoup de valeur *(resic)*.

M. Buns. — Alors, qu'on la mette au musée de la ville.

M. Mormentyn. — Pour qu'elle soit volée comme les collections de médailles.

M. Pilon. — Pour ce qui est de l'église, les gens de la campagne pourraient aussi payer et tous ceux qui pratiquent le culte.

La discussion devenant très confuse, le maire met aux voix la demande de classement qui est repoussée par quinze voix contre une... Voilà les maîtres de nos monuments et voilà comment ils en décident la mort.

Note 34, page 157. — *Je vous propose de classer en bloc toutes les églises jusqu'à l'année 1800.*

Je n'ignore pas que de bons esprits dénoncent comme très dangereux le classement d'un édifice. A les croire, de tous les vandalismes, le pire, c'est celui des architectes, et mieux vaut laisser périr une église que de la mettre entre les mains du service des monuments historiques. André Hallays, Moreau-Nélaton, entre autres, ont publié un grand nombre de faits attristants qui justifieraient cette thèse. M. Gustave Dupin a pu m'adresser en 1913, dans la *Renaissance contemporaine*, deux lettres ouvertes où il affirme que la question « est de savoir s'il est d'un intérêt ou d'une moralité quelconque de composer avec Bouvard, Pécuchet et Homais. L'épicier de Bornel est légion ; mieux : suffrage !

Toutes éventualités sont préférables à une abdication et à un déshonneur inutiles. On suffoque dans cette humanitairerie parlementaire, administrative, consciente et organisée. Qu'elles s'écroulent sur nos têtes, les voûtes harmonieuses élevées par nos pères. Il vaut mieux, pour ce que vous appelez un domaine spirituel et une chose sacrée, mourir en noblesse et en beauté que de vivre en carte ».

Cette vue contient assez de vérité pour que personne ne puisse complètement s'y soustraire. Elle pénètre plus ou moins l'esprit de tous ceux qui examinent la question, et moi-même, jadis, j'ai prêché cette grande thèse triste : « Laissons aller à la mort ce qui veut mourir. » Mais il s'agissait de Venise, et de favoriser le plaisir des esthètes. Quand nous parlons des églises de France, c'est leur esprit, la réalité qu'elles protègent, le contenu et le contenant que nous voulons maintenir. Je ne puis m'associer à ces vœux désespérés. Je dis qu'il faut maintenir et augmenter le budget des monuments historiques, mais toutefois, d'urgence, le soustraire au bon plaisir des architectes.

Je fais mienne la réforme que préconise André Hallays, de remplacer par une rémunération fixe et annuelle les honoraires de cinq pour cent alloués aux architectes sur les travaux exécutés. « Notre mode de paiement est absurde, dit le critique des *Débats*. Il encourage les architectes à laisser les édifices tomber en ruines, afin de se ménager un jour à l'occasion de travaux considérables et lucratifs. C'est ainsi que les *restaurateurs* défigurent, saccagent et détruisent tous les monuments de France, les uns après les autres. » Et l'éminent écrivain va jusqu'à dire : « Tant qu'on n'aura pas rendu les architectes inoffensifs, nous hésiterons à augmenter le nombre de leurs victimes. »

Ces justes critiques valent celles qu'on adresse aux médecins. Ils sont bien dangereux, c'est vrai, mais ayez un malade, vous courez chez le docteur et chez le pharmacien.

Note 35, page 159. — *Dans l'ancienne France, les habitants ne participaient à la construction et à l'entretien des églises que par des aumônes populaires.*

Et si parfois, très rarement, ils subissaient de ce fait des taxes et des impositions, elles étaient paroissiales, religieuses, non municipales.

Note 36, page 159. — *Allez donc reprendre aux communes ce qu'on leur a donné sans condition.*

Sans condition, oui, mais avec des conseils et, ne vous en déplaise, fort bons. Il y a une circulaire de Briand (du 17 avril 1906) qui est une des cent indications sur lesquelles peuvent méditer ceux qui veulent le comprendre. Il donne des moyens aux catholiques, c'est certain, et d'un air fort honnête. Mais ne seraient-ce pas des moyens dérisoires ! Il expose qu'au moyen des sommes réparties à chaque commune (37 millions par an provenant de la suppression du budget des cultes), les conseils municipaux pourraient dégrever les contribuables d'une somme équivalente et, *par ces dégrèvements, leur permettre de subventionner* le culte... Dans son esprit, cette répartition était donc une subvention indirecte pour les dépenses du culte. (Mais combien de communes ont-elles procédé à ces dégrèvements?)

Note 37, page 166. — « *Puissé-je m'endormir de mon dernier sommeil au bruit des temples catholiques s'écroulant sous les coups du marteau populaire...* »

Ainsi écrivait Michel de Bourges (l'idole d'Henri Brisson) à Edgard Quinet, en date de juin 1850... Mais voulez-vous que nous fassions un pas de plus dans l'étude de cette question des églises? Je commence à voir clair au milieu d'actes de vandalisme en apparence inexplicables. Au fond, le plus souvent, c'est des questions d'argent.

Je m'explique. Tout cet été (1912) j'ai lu sur les murs de nos villages lorrains les affiches d'un antiquaire parisien disant : « J'achète très cher toutes les vieilles statues de piété, toutes sculptures de pierre ou de bois, même brisées. Je me déplace pour venir voir et estimer les objets. »

Un texte pareil, s'il est médité à la lumière des expériences que depuis deux ans j'ai faites, est excellent pour nous déniaiser. Je tiens cette affiche pour aussi précieuse que la lettre de Michel (de Bourges). Les deux se complètent. Cette conspiration haineuse et cette publicité commerciale rendent compte de la destruction de l'art chrétien à laquelle nous assistons. Michel (de Bourges) et Quinet appellent « le marteau populaire ». Ce marteau, à bien voir, c'est le marteau du commissaire-priseur. Une double bande s'est élancée sur les trésors de notre génie et sur un Dieu détesté.

Note 38, page 180. — *Dévoilons l'épicier.*

Et donnons toutes précisions. C'est M. Lequesne et un groupe de ses amis qui offraient dix mille francs pour restaurer l'église si on la classait. Le rapport, favorable au classement, fut rédigé par M. Acher, architecte à Beauvais ; l'inspecteur général, M. Selmersheim, l'approuva, ainsi que la Commission des monuments historiques.

Note 39, page 200. — *Un remarquable article paru dans la* Revue de Paris.

Cette étude de M. Paul Léon dans la *Revue de Paris* du 1er février 1913 (il en existe un tirage à part), doit être lue avec attention ; elle donne des détails précieux sur le fonctionnement de la commission des monuments historiques qui prouvent : 1º que d'après la loi de 1905, combinée avec celle de 1887, la protection des églises peut être étendue indéfiniment (p. 543), ce qui justifie le classement en bloc ; 2º que le classement des églises a pour conséquence de les faire bénéficier effectivement du crédit transféré aux Beaux-Arts en vertu de la loi de séparation (p. 550, en haut), ce qui justifie le recours à l'État ; 3º qu'ainsi que je l'ai dit et redit, on peut actuellement grossir le crédit d'une somme annuelle de trois millions (p. 539) ; 4º que la plus grande confusion règne dans les travaux de la commission des monuments historiques (*passim* et notamment p. 550) ; 5º qu'il faut trouver autre chose que l'organisme existant (le seul capable de suppléer aux défaillances des conseils municipaux), en même temps que le moyen d'augmenter les ressources.

Tout cela est très bien et m'appuie singulièrement. Me voilà donc d'accord avec l'adminstration sur les principes et pour faire appel à une action du Gouvernement devant les Chambres.

Note 40, page 220. — *M. Barrès a tout de même gagné la partie.*

Hélas ! non, pas encore, car voici, mis en forme législative, ce que je voudrais obtenir du Parlement. Voici, — en attendant qu'à la suite de conversations avec Rome, le Parlement accepte de voir dans les églises des édifices religieux, — voici comment, à mon avis, nous devrions compléter la loi du 30 mars 1887 réglant « la conservation des monuments et objets ayant un intérêt historique et artistique ». Voici les dispositions complémentaires que je voudrais que la Chambre votât.

ARTICLE PREMIER. — Les édifices religieux de toute nature, antérieurs au 1er janvier 1800 sont classés comme monuments historiques, dans les conditions de la loi du 30 mars 1887, sauf les dispositions suivantes :

ART. 2. — Tout vote de fonds émis par les départements, communes et autres établissements publics pour réparation ou restauration des monuments historiques ci-dessus classés, donnera droit à une subvention correspondante de l'État, dans les limites du crédit annuellement inscrit au budget du Ministère des Beaux-Arts.

ART. 3. — Tout contribuable inscrit au rôle des contributions directes d'une commune aura le droit de provoquer, à ses frais, la réparation ou restauration des édifices religieux communaux, dans le cas où la commune, régulièrement appelée à en délibérer, a refusé d'y procéder.

Dans ce cas, les travaux devront être autorisés par la commission des monuments historiques, et l'allocation consentie par le ou les contribuables donnera droit, comme dans l'article précédent, à une subvention correspondante de l'État.

Note 41, page 220. — *La Chambre oublie les associations cultuelles!*

Quant aux tribunaux, ils les mettent hors la loi ! Ils les tiennent pour schismatiques et, comme telles, indignes d'occuper une église. Après cela, c'est vraiment merveilleux qu'il y ait toujours quelqu'un à la Chambre ou dans la presse pour me renvoyer aux associations cultuelles.

Note 42, page 228. — *Maurice Barrès et le catholicisme. (Discours prononcé le 24 janvier 1910 à la Chambre.)*

MAURICE BARRÈS. — Monsieur Jaurès, me permettez-vous de présenter une observation ?

M. JAURÈS. — Très volontiers.

MAURICE BARRÈS. — Messieurs, je ne dirai pas que M. Jaurès a trahi ma pensée, mais enfin, avec sa courtoise autorisation, je voudrais la préciser en deux mots.

J'ai combattu à la tribune les excès de l'esprit critique à l'école primaire. M. Jaurès me dit : « Sur quels principes vous appuyez-vous, vous qui ne vous confondez pas avec les croyants catholiques ? »

Vous comprenez qu'une telle question, qui va si avant dans la conscience d'un homme, doit lui importer et le toucher profondément ! *(Très bien, très bien à droite.)*

Il y a une vingtaine d'années — j'étais alors secrétaire d'âge de la Chambre — j'eus occasion de rencontrer, pour la première fois, Brunetière. Dans la conversation, je lui dis : « Pourquoi n'avez-vous pas la curiosité d'entrer au parlement ? » Il me répondit : « Une chose m'embarrasserait, c'est que dans la discussion des questions religieuses, on me poserait telle question directe à laquelle, pour le moment, je ne désire pas répondre. »

Je n'éprouve pas cet embarras, et je diminuerais trop mon autorité, quelle qu'elle soit, si je me dérobais à cette sorte de question... oui, à une question qui se trouve nécessairement dans la voie où s'engageait M. Jaurès. Je répondrai donc nettement.

Je suis de ceux qui se détournent de la recherche des causes. Je suis de ceux qui substituent à cette recherche la recherche plus immédiate des lois. Ma connaissance de l'histoire, si insuffisante qu'elle soit, et mon expérience de la vie, me prouvent que les lois de la santé, pour la société comme pour l'individu, sont d'accord avec le décalogue que nous apporte l'Église. *(Applaudissements à droite.)*

Voilà une des raisons pour lesquelles je suis un défenseur du catholicisme.

J'en donnerai une seconde. Je vois dans le catholicisme l'atmosphère où se développent le mieux les plus magnanimes sentiments de notre nation. Et, par exemple, il y a quelques semaines, je visitais Rouen et j'y sentais, avec une extrême vivacité, que ce n'est pas à Burgos, ni sur les routes de l'Andalousie que le *Cid* est né, mais bien à l'ombre des églises de Normandie. *(Applaudissements à droite.)*

Voilà, messieurs, les deux motifs principaux de mon attitude.

Santé sociale, exaltation des plus hautes puissances de l'âme, telle est la double vertu que je constate à travers notre histoire, dans le catholicisme. Voilà de quoi il est générateur. Voilà pourquoi je le défends avec un respect filial. *(Applaudissements à droite.)*

Note 43, page 249. — *Profondes forêts, sources vives, étangs au fond des bois.*

Ainsi, me dit un contradicteur, cette méditation, vous pouvez la mener chez vous, à la promenade, à travers les champs, dans toute solitude. — Non, monsieur, j'aime que ma pensée ait sa maison de prière. La pensée d'un homme de notre pays, comme ces divinités gallo-romaines qui portent un petit édifice dans leur main, est une déesse porte-temple.

Note dernière sur quelques compagnons de lutte.

Je ne suis pas à même de donner une bibliographie de cette question des églises. Je n'entreprendrai pas de citer les noms des livres que j'ai consultés avec fruit, car je travaillais au gré des circonstances, sur la matière vivante. Mais dans le même moment, j'avais des frères d'armes à

qui je voudrais d'ici envoyer mon salut amical. Je sais trop
que je vais à mon grand regret oublier plus d'un excellent
défenseur ; qu'ils me pardonnent, nous nous retrouverons
dans la bataille.

Connaissez-vous (dans le *Correspondant* des 10 juin,
10 juillet et 25 novembre 1911) l'enquête technique publiée par M. Max Doumic, architecte, sur l'état des églises
de l'Yonne, de l'Aube et du Jura, et, dans la même revue,
les articles de M. René Le Brethon où la science d'un char-
tiste soutient la poésie d'un promeneur solitaire.

Connaissez-vous, de M. et Mme A. Forel, le *Voyage au
pays des sculpteurs romans* (chez Frédéric Boissonas, à
Genève), album d'un poète qui commence son tour de
France à la recherche des sculptures et des architectures
romanes et qui mêle au texte le plus agréable les pastels
et les croquis.

Connaissez-vous *Nos églises sont en danger*, l'excellent
exposé qui a été dressé, sans nulle peur des coups, par
MM. Auvray et Roger Duguet, et le vibrant réquisitoire que
mon ancien collègue et ami, Georges Grosjean, a publié
sous ce titre : *Pour l'art et contre les Vandales*.

Connaissez-vous *De la conservation des églises depuis
les lois de Séparation*, par F. de Valavieille (à la librairie
Lecoffre). Et plus récemment la *Situation juridique des
églises catholiques depuis la loi du 9 décembre* 1905, par
M. Pierre Leroy (chez Arthur Rousseau, éditeur, Paris,
1912). M. Leroy réunit et groupe les effets de la loi de Séparation quant aux édifices cultuels. Les églises et les catholiques n'ont pas d'organisation légale, puisque la loi ne
fonctionne pas ; leur statut est presque uniquement juris-
prudentiel. M. Leroy essaye de le préciser, de le dresser
en système.

Connaissez-vous la *Protection des objets mobiliers d'intérêt historique ou artistique*, une thèse pour le doctorat,
par Jean Marguery (chez Arthur Rousseau, 1912)? L'auteur nous demande d'étendre aux œuvres d'art, quelles
qu'elles soient, notre campagne des églises, et après avoir
examiné ce qui a été fait en France pour la conservation
des objets mobiliers d'art et d'histoire, il indique quels

perfectionnements nous pourrions emprunter à la législation italienne.

Connaissez-vous, de Frédéric Rücker, les *Origines de la
conservation des monuments historiques en France*, 1790-
1830 (chez Jouve, éditeur, 1913) que l'on doit éclairer
par les études de M. Albert Mathiez, professeur à l'Université de Besançon (voir par exemple sa préface aux *Débuts
de la Déchristianisation dans le Cher*) et par les leçons de
M. Gustave Gautherot, à l'Institut catholique de Paris
sur le *Vandalisme jacobin*. Ces deux historiens placés aux
deux extrémités de la pensée politique, s'accordent pour
nous fournir un tableau effroyable des destructions de la
Révolution.

Connaissez-vous l'*Etat des églises dans un arrondissement français*, par Georges Maze-Sencier (Bureau d'infor-
mations, 42, rue de Grenelle, Paris). C'est une brochure
de 0 fr. 15 c., exposant la situation des églises dans l'arrondissement de Confolens et, en outre, les formalités
exigées pour faire classer une église comme monument
historique.

Connaissez-vous cet ouvrage charmant et touchant,
les *Églises de chez nous* (mille photographies et une intro-
duction qui forment trois volumes), où le peintre Étienne
Moreau-Nélaton étudie avec tendresse toutes les églises
du pays qu'il habite, les cent trente-sept églises de l'arrondissement de Château-Thierry? L'admirable homme
n'a pas omis un seul sanctuaire. Or, écoutez bien ceci :
parmi ces cent trente-sept églises, deux seulement sont
récentes, presque toutes sont du dixième au seizième
siècle, et presque toutes, je le dis à notre honte, sont en
passe de devenir un monceau de décombres! De ces cent
trente-cinq merveilles, trente-trois seulement sont complètement classées! J'aime ce livre de tout mon cœur, ses
images et son texte. Il est d'une force irrésistible pour
persuader. Et pour éprouver les êtres. Il révèle comme
étant une brute celui qui l'ayant lu persiste dans l'indifférence.

Connaissez-vous encore le grand livre de M. Brutails
sur les *Églises de la Gironde*, couronné par l'Université

de Bordeaux et par l'Académie des inscriptions et belles-
lettres, et dont M. Monis, en sa qualité de président du
Conseil général, a fait l'éloge à Bordeaux en disant : « Il
est bon de nous préoccuper de ces richesses (les églises)
parce que le mouvement des temps et des idées a créé une
situation plus difficile pour la conservation de quelques-
unes d'entre elles. Il ne faut pas les laisser périr...? » Ah !
les bonnes paroles, mais comme j'aurais voulu que M. le
sénateur Monis les répétât au Sénat, quand cette assemblée
s'est donné la honte de rejeter le peu qu'avait tenté la
Chambre en faveur de notre architecture religieuse !

Enfin, plus portatif et d'un format courant, laissez-moi
vous recommander un livre de Péladan, *Nos églises artistiques et historiques*, plein de savoir, de passion et tout
animé par ce talent auquel on est loin de rendre une suffi-
sante justice. Péladan dédie à la mémoire de sa mère ces
pages qu'il consacre au service des églises de France. Son
sentiment sera compris de tous ; d'un instinct naturel,
nous rassemblons et associons tout ce qui est vénérable :
les églises et nos mères ont formé nos âmes. Mais alors
pourquoi Péladan se désintéresse-t-il des églises qui ne
sont pas les plus belles? L'église la plus humble, une église
laide, s'il peut en être (ce que je ne conçois pas), fait encore
la figure la plus noble du village. Mais je ne veux pas cri-
tiquer Péladan : je l'applaudis et le félicite affectueusement.

A tous ces frères d'armes et à ceux que pour l'instant
j'omets par défaut de mémoire, mais non par ingratitude,
merci. Continuons et redoublons. Nous n'avons rien fait
que jeter de la lumière sur le péril. Tout reste à faire sur
ce champ de mort. Ce qu'il faudrait pour maîtriser les destructeurs, ah ! je le sais ! Plus encore que des raisonnements
sur le droit et sur la loi, il faudrait l'image douloureuse
des églises que l'on assassine. Il faudrait que, des photographies en mains, je puisse dire chaque semaine, chaque
jour, aux indifférents qui, tout de suite, en seraient émus :
« Regardez cette merveille qui voulait vivre et qui meurt
à cette minute par la faute du citoyen un tel, une brute
méchante... »

Mais je m'interromps. Je n'ai que trop pensé à ces êtres de cauchemar. Ici, pour finir, je remercierai ceux qui aiment et défendent nos églises, et nous fermerons ce livre en nous répétant ce que dit Shakespeare du fond de sa tombe, le beau vers touchant, la supplication du génie inscrite sur son épitaphe dans l'église de Stratford :

Bleste be the man that spares these stones.

Béni soit l'homme qui respectera cette pierre.

TABLE DES MATIÈRES

Cet ouvrage a été achevé d'imprimer par

Plon-Nourrit et Cie,

à Paris, le 5 février 1925.

ŒUVRES COMPLÈTES DE MAURICE BARRÈS

Édition à tirage limité, dans le format in-8° écu, comprenant des exemplaires sur chine, sur hollande, et 1100 exemplaires sur papier pur fil des papeteries Lafuma.

*Souvenirs d'un officier de la Grande Armée, publiés par Maurice Barrès, son petit-fils... 1 vol.

LE CULTE DU MOI

*Sous l'œil des Barbares. 1 vol.

*Un Homme libre...... —

*Le Jardin de Bérénice. —

LES BASTIONS DE L'EST

*Au service de l'Allemagne......... 1 vol.

*Colette Baudoche.

*Le Génie du Rhin.

LE ROMAN DE L'ÉNERGIE NATIONALE

L'Appel au soldat.

*Les Déracinés...................................... 3 vol.

Leurs Figures.

CHRONIQUE DE LA GRANDE GUERRE

*I. (1er février-4 octobre 1914).

*II. (14 oct.-31 déc. 1914).

*III. (1er janvier-11 mars 1915).

*IV. (12 mars-31 mai 1915).

*V. (1er juin-24 août 1915).

*VI. (25 août-11 déc. 1915).

*VII. (12 déc. 1915-9 avril 1916).

*VIII. (11 avril-24 août 1916).

*IX. (3 sept. 1916-28 juin 1917).

*X. (1er juill.-1er déc. 1917).

*XI. (2 déc. 1917-23 avril 1918).

*XII. (24 avril-7 août 1918).

*XIII. (8 août 1918-29 mai 1919).

*XIV et dernier. (1er juin 1919-4 juillet 1920).

*Un Jardin sur l'Oronte. 1 vol.

L'Ennemi des lois.... —

*Du Sang, de la Volupté et de la Mort......... —

*Amori et Dolori sacrum. —

*Les Amitiés françaises. —

Scènes et doctrines du nationalisme. —

*Le Voyage de Sparte... 1 vol.

*Une Enquête aux pays du Levant..............

*Greco ou le Secret de Tolède...............

*La Colline inspirée.

*Huit jours chez M. Renan...

*La Grande Pitié des Églises de France.

Les Familles spirituelles de la France.

La Guerre à vingt ans, par Philippe Barrès.............

Les volumes précédés d'un astérisque sont en vente (janvier 1925).

PARIS. — TYP. PLON-NOURRIT ET Cie, 8, RUE GARANCIÈRE.